成都工业学院应用型高等教育教学研究文集

罗刚 宋鸣 主编

西南交通大学出版社
·成 都·

图书在版编目（CIP）数据

成都工业学院应用型高等教育教学研究文集 / 罗刚，宋鸣主编. —成都：西南交通大学出版社，2023.4
ISBN 978-7-5643-9245-1

Ⅰ. ①成… Ⅱ. ①罗… ②宋… Ⅲ. ①地方高校 - 教学研究 - 成都 - 文集 Ⅳ. ①G642.0-53

中国国家版本馆 CIP 数据核字（2023）第 058733 号

Chengdu Gongye Xueyuan Yingyongxing Gaodeng Jiaoyu Jiaoxue Yanjiu Wenji

成都工业学院应用型高等教育教学研究文集

罗刚　宋鸣　主编

责任编辑	罗爱林
封面设计	墨创文化
出版发行	西南交通大学出版社 （四川省成都市金牛区二环路北一段 111 号 西南交通大学创新大厦 21 楼）
发行部电话	028-87600564　028-87600533
邮政编码	610031
网　　址	http://www.xnjdcbs.com
印　　刷	成都蜀通印务有限责任公司
成品尺寸	170 mm × 240 mm
印　　张	18.5
字　　数	277 千
版　　次	2023 年 4 月第 1 版
印　　次	2023 年 4 月第 1 次
书　　号	ISBN 978-7-5643-9245-1
定　　价	79.00 元

前　言

2022 年党的二十大胜利召开，正是学校统筹推进“十四五”教育事业发展规划实施，深入推动“对标竞进、争创一流”，加快建设全国一流四川引领的应用型高校的关键之年。为全面贯彻党的教育方针，落实立德树人根本任务，贯彻落实学校“三个大会”的精神，深入推进学校教育教学改革，全力开创育人新局面，高等教育研究所与教务处于本年 3 月开展了年度高等教育学术交流论文征集活动。征文选题聚焦“放管服”背景下学校治理能力提升的研究与实践；“三全育人”工作格局的构建与实践；“五育并举”人才培养体系的研究与实践；应用型大学学科专业建设、课程建设、教学模式探索以及产教融合等方面的研究与实践。

本次论文征集活动得到了全校教师的积极响应，尤其是长期投身教学一线的教师，从以上选题方向撰写了 100 多篇论文。其中，涌现出许多教育教学改革的理论研究和创新实践。现将学术观点较新、研究较深入，具有一定理论水平和实践操作意义的论文汇编为《成都工业学院应用型高等教育教学研究文集》一书出版。

本书客观地展示了成都工业学院广大教师对应用型教育教学改革的探索和深入思考。这些成果既包括宏观层面应用型高校的建设、人才培养体系的构建等理论与实践探讨，又有微观层面涉及专业、课程建设、教学模式改革的实践操作路径，是非常接地气的校本化研究成果。当然，这些成果也存在一些不足，希望得到大家的批评指正，主要目的是供大家交流、借鉴，启发大家进行讨论思考，引起大家的共鸣，为推进下一步的教育教学改革，提升应用型人才培养能力提供有效的帮助。

编　者

2023 年 1 月

目 录

课程建设与教学改革

思想政治教育

人才培养与院校发展

课程建设与教学改革

基于创新能力培养的“自动控制原理”PBL&CL教学方法改革研究与探索

◎ 苗雅男 耿玉茹 杨林森 周依

（成都工业学院网络与通信工程学院 四川成都 611730）

【摘 要】基于传统 LBL（Lecture-based Learning）的教学模式往往过度依赖于课堂、教师和教材，从而遏制了学生在学习过程中发挥主观性和能动性，使他们只能按照老师的安排，亦步亦趋，不利于学生创新性和创造力的培养。与之不同的是，PBL（Problem-based Learning）的教学模式则以学生为主体，强调设置在教学过程中问题或项目的指导性，学生以自主探究和协作式学习 CL（Collaborative Learning）的方式解决问题，从而掌握隐含在问题背后的深层原理。本文基于 PBL&CL 的教学模式，以“自动控制原理”课程为载体，通过构建创新型人才培养模式、探索创新型教学体系、制定创新型考核方式，开展基于创新能力培养的课程研究与探索，以推进课程教学改革和创新，促进教学有序进行，形成良性循环。

【关键词】自动控制原理；教学改革；PBL&CL 教学模式；创新能力培养

2020 年，中央财经委员会提出推动成渝地区双城经济圈建设，使成渝地区成为具有全国影响力的重要经济中心和科技创新中心[1]。千秋基业，人才为本，成都工业学院地处“极核”成都市电子信息产业功能区中心，以卓越工程师和高技能人才的创新培养为第一要务，坚持“地方性、应用型、开放式”的办学定位和“根植地方、魂在应用、产教融合、协同育人”的办学思路，全面深化教育教学改革和应用型人才培养改革[2]。网络与通信工程学院依据学校的办学定位和思想，全面启动了面向成渝经济圈新工科 ICT 应用型人才多方协同培养模式的研究，响应“新工科”时代号角，探索“课-训-赛-创”四位一体专业教育与创新创业教育深度融合的育人新模式。

本文以“自动控制原理”课程为例，阐述创新创业素质教育背景下为提升课程教学质量而进行的教学方法改革研究与探索。

一、“自动控制原理”课程简介

课程是培育人才的最基本单元，“自动控制原理”涵盖了高等数学、复变函数、电路以及电子技术基础等多门数理应用基础课程，涉及多学科的交叉，同时又融合了运动控制、电力控制、现代控制等专业知识理论，知识覆盖范围广。该课程可以帮助学生了解自动控制的经典理论和共同规律、理解自动控制系统的工作原理、掌握自动控制技术在工业控制中的重要应用。课程内容虽然以经典控制理论贯穿始终，但自动化技术作为现代科技发展的重要推动力，必须将工程应用与理论紧密结合，因此，如何将问题和项目引入教学、如何调动学生自主学习的积极性、如何打破学生的思想束缚使其真正成为课堂的主人、如何营造良好的课堂互动氛围，如何有效持续改进教学质量，是“自动控制原理”教学团队面临的严峻考验。

二、“自动控制原理”教学中存在的问题

课程教学随着信息化技术发展和行业需求变化出现了一些新问题，具体表现在以下方面：

（一）以教师为主体，重知识讲解，轻知识探究

在传统的“自动控制原理”课堂上（LBL），难以体现理论知识与应用实践并重的教学理念，往往以教师为教学主体，教师进行集中的理论讲解与操作演示，而留给学生消化理解、操作体验与知识扩展探究讨论的时间有限，忽视了学生在教学过程中的有效参与情况，从而出现“师动而生不动”的局面，单向的知识传授难以得到反馈，形成闭环互动。如此，一味注重理论知识的讲解而缺少知识探究与应用讨论的教学模式难以平衡好“教与学”之间的关系，对满足市场需求的应用型人才培养十分不利。

（二）教学内容脱离实际生产应用，缺乏与时俱进

随着社会科技的日益发展、专业技术的不断更新，行业对应用型人才的技能要求也在逐步提高，但现有的教学内容并未根据行业用人的实际需要进行及时更新，存在教学内容过度理论化、单一化、陈旧化等问题，缺乏与时俱进性。同时，教学中也缺乏对学生创新创造思维和综合实践能力的培养，导致学生难以融入生产实践的实际应用环境，造成学生难以应用所学理论知识解决实际生产问题的困境，难以实现高素质技术应用型人才的培养，难以为区域经济发展提供专业人才支撑。

（三）实践教学体系不够完善，实践教学活动不连续

实践教学是应用型本科教学中的重要环节，也是“自动控制原理”课程中必不可少的重要教学组成部分。但现有的课程实践教学培养计划缺乏整体规划性，实践教学体系不够完善，并且大部分实践教学活动都是分阶段实施的，在时间和内容上都过于分散，缺乏连贯的逻辑性和关联性，不利于学生在实践中形成系统的知识结构体系框架，更不利于专业技能的全面培养。

（四）学生自我意识强烈，缺乏团队协作意识

一个人单打独斗的时代已经一去不复返，当今竞争激烈的社会环境为大学生创造良好机遇的同时，对团队配合与协作能力（CL）也提出了更高要求，团队协作意识与协作能力必不可少。但“00后”大学生群体因特有的生活时代背景和成长经历而具有明显的自我意识强以及合作意识弱等特点，不利于个人潜力的发挥，更不利于组织凝聚力的提升。

（五）考核形式单一，难以反映学生真实的学习状况

传统的考核方式通常以单一的课本知识掌握情况以及简单的课程实验考核为主，难免存在应试教育的弊端，难以反映学生真实的学习状况，难以全面展现学生的综合能力和素质，无法作为学生综合能力高低评价的衡量标准，也无法反映教学过程中存在的具体问题，不便于教师进行深入的教学反思以及更正教学过程中的不足。

三、PBL&CL 教学模式探索

随着高等教育的普及，出现了生源质量参差不齐、学生个性化需求突出等问题，传统以讲授为主的灌输式教学方法（LBL）已经无法适用于当今的教学发展需求。为了解决课程教学中存在的这些问题，“自动控制原理”教学团队决定尝试采用以问题为导向的教学方法（PBL），将学生作为教学主体，把学习内容以问题的方式设置在具体的应用情境中，引导学生以小组协作（CL）的形式共同探讨并解决问题。

（一）PBL&CL 教学模式概述

PBL 基于问题学习法，强调把学习建立在问题情境中，CL 基于协作学习法，强调学生通过小组讨论以协作学习的方法共同解决问题。两者都是实践应用型教学的典型方法，通过该方法培养学生具有自主分析和解决问题的能力，具有创造性思维和创新性应用的能力，具有热爱集体、团结协作、共享资源的能力[3]。

（二）PBL&CL 教学改革措施

PBL&CL 的教学模式符合我国当前高校教学发展定位[4]。通过该模式可以构建出知识获取与理解、问题发现与解决、方法探索与创新的基本教学改革框架，为“自动控制原理”教学改革的实施提供有力支撑[5]。

（1）以学生为教学主体：教学形式由讲授变为探究，鼓励学生自主探索解决相关问题，激发学生学习的主观能动性，培养学生实践的集体性思维和协作性意识，构建“知识教-学共同体”。

（2）将教学内容融入生产实际：避免陈旧案例脱离当下行业发展趋势，将教学内容带入实际应用场景，借助驱动问题设定具体的教学内容，便于学生进行探讨，给予学生更多的实践条件和创新空间。

（3）完善实践教学体系：PBL&CL 教学模式以问题驱动作为实践教学核心，让学生在问题框定的范围进行研究[6]。因此，搜集整理适合于不同情境中的项目案例，丰富实践教学内容，完善实践教学体系，培养学生解决实际问题的能力，实现从“授人以鱼”变成“授人以渔”。

（4）增强学生团队协作意识：在 PBL&CL 教学模式中很难将固有的问题解决方法照搬到不同的情境，因此，需要学生集思广益，发挥团队优势[7]。同时，需要启发学生形成创造性思维、系统性思维以及创新设计思维，培养学生的凝聚力、执行力以及创新创造力，鼓励学生各司其职，发挥各自优势，进行分工合作以及团队协作，增强团队意识。

（5）创建多层次能力培养体系：改变课程教学模式，优化教学内容，提升教师教学能力，创建具有层次化、模块化、阶梯化的创新型人才培养课程教学体系，培养学生的创新意识和工程实践能力，构建基于课程建设、实践实训、学科竞赛、创新创业于一体的“课-训-赛-创”教学体系，培养新时代所需要的创新型人才。教学体系如图 1 所示。

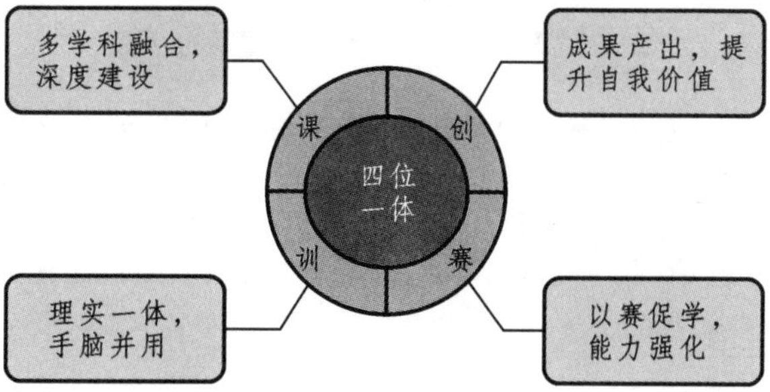

图 1　教学体系

（三）PBL&CL 教学实践

以大创项目“一路护行：一种跌倒检测装置设计”为例，阐述 PBL&CL 的教学模式在培养学生创新创业能力方面发挥的积极作用。具体教学实践流程如图 2 所示。

（1）提出问题（基于 PBL&CL 模式，提出应用型问题）：

人口老龄化问题不仅给家庭带来意外开支，也给社会造成了一定经济压力。

师：如何在不影响老年人正常活动的情况下，通过自动控制技术对老年人活动状态进行实时监测和提醒，以降低老年人跌倒的风险，减少老龄化问题产生的社会压力？

生：同学们自由组队，按人数分为 9 组，每组 4 人，明确设计要求后，集体思考中……

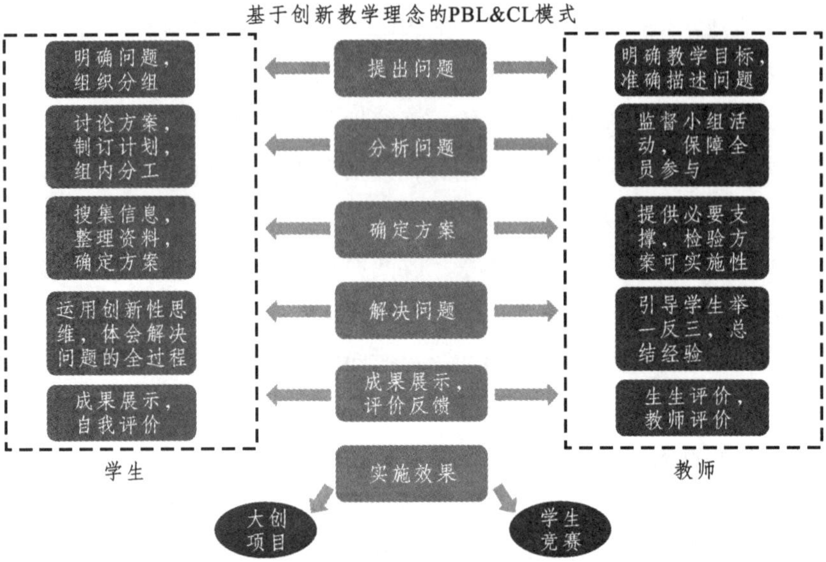

图 2　基于创新模式的 PBL&CL 教学流程

（2）分析问题（基于 PBL 模式，明确学生的主体地位）：

师：确定分组情况，监督各小组活动，确保每位小组成员都能积极参与问题的分析和讨论。

生：小组成员根据问题进行分析，建立顶层设计思路，明确系统组成的各功能模块，明确影响实验过程及结果的重要因素，初步制定设计规划，然后按照组内分工开展具体活动，包括设计、编程、仿真、测试、实验数据整理以及撰写报告等。在任务分工的基础上，成员之间进行相互沟通，形成合作分工意识，以培养学生的责任感。

（3）确定方案（基于 CL 模式，培养学生的团队协作意识）：

生：各小组成员积极努力，各司其职，充分利用图书馆、网络等各种资源，在广泛查阅资料、小组成员交流沟通的基础上形成设计方案。

师：提供软件、硬件或是技术方面的支持，帮助学生确定设计方案，并检验学生设计方案的可实施性。

（4）解决问题（基于创新思维训练，帮助学生跳出惯性思维）：

生：依据确定的设计方案进行实验，前期虽然进行了大量准备工作、形成了较完备的实验方案，但此阶段依然可能暴露出很多问题：设备的使用、元件的检验、装置的调整等，会对试验结果造成一定的影响，学生需要以开放性思维进行研究，不拘泥于所学理论知识的运用。并且，该阶段需要与老师密切沟通，可按照开放实验的方式采取分时段预约以获得最好的实验结果和收获。

师：引导学生总结设计过程中的经验和教训。

（5）成果展示及评价：

生：此阶段各小组采用分组汇报、师生问答、教师评价、自我评价等方式展示最终设计成果。师生依据考核标准对整个设计过程给出公正评价。

师：组织各小组进行成果展示及评价，引导学生在此过程中总结完整的设计过程、体会收获设计成果的喜悦，强化对设计问题的理解，帮助学生为日后从事自动控制方向设计工作打下坚实基础。

（6）实施效果：

“一路护行：一种跌倒检测装置设计”的设计案例以社会热点问题为基础，展现了 PBL&CL 模式在课堂教学过程中的应用。学生以此类训练为基础，不仅成功获得了多个大创项目的立项，而且在各类学生竞赛中也取得了优异成绩。

四、教学效果与反思

基于 PBL&CL 的教学模式与传统教学方法中的单纯讲授相比，让学生变被动为主动，更加乐于主动发掘问题的本质，进行深入分析和探索，真正体会学以致用的乐趣。同时，学生在教学过程中更加有参与感和融入感，能够自己主动提出问题、分析问题并解决问题，基本能够达到以问题为主线、以学生为主体的启发式教学预期效果。具体包括以下几个方面：

（一）激发学生的学习兴趣，增强学生的自主学习和探索能力

在 PBL&CL 教学模式中，往往通过实际生活问题引入课程主题，以此引发学生的好奇心和学习兴趣，唤醒学生的主人翁意识，主动担负起解决问题的重任。在问题探索与解决的过程中，学生能够获得更好的参与感和体验感，有助于培养学生自主学习和自我探索的能力。

（二）提高学生的实践能力，强化学生分析和解决问题的能力

PBL&CL 教学模式直接从实际问题入手，通过提出与教学目标相关的问

题引出授课主题，学生经过自行研究推导，在解决问题的同时获取目标知识。该过程能够有效提升学生的实践应用能力，有助于学生全面素质的提高，为专业人才培养奠定坚实的基础。

（三）增强学生的分工合作能力和团队协作意识

大学教育既要培养具有独立工作能力，又要培养善于与人合作，具有分工合作能力和团队协作意识的人才。因此，在 PBL&CL 教学模式中，鼓励学生以小组为学习单位，开展内部学习和交流，彼此分享和探讨对问题的看法，最终提出可行的解决方案。该过程既可以提高学生的集体荣誉感，又可以帮助学生建立自信心，彰显个性、展现特长，对学习任务的完成起到积极作用。

（四）采用因材施教的方法，满足多层次人才的培养需求

PBL&CL 教学模式有利于实现人才的层次化培养，根据学生的不同基础制定相应的任务需求。针对能力强、基础好的学生鼓励进行拓展学习，而针对基础较弱的学生只要求其能达到课程的基本要求并掌握基本技能，通过不同任务满足不同层次学生的需求，全面提升学生的综合素质与综合能力。

（五）创建“以赛促学、赛创结合”的创新能力培养环境

在 PBL&CL 教学模式中重点打造“课内+课外”的多渠道创新能力培养环境，以课堂、实验、专周、实习、毕业设计等为主要课内平台，以学科竞赛、科研项目、创新创业项目等为主要课外平台，强化学生理论基础的同时，也将创新研究与行业实际需求紧密联系，奠定从基础学习走向科研创新的基础。学生创新项目及成果展示如图 3 所示。

基于 PBL&CL 的教学模式体现了“教学无止境，实践出真知”的教学理念，在实践教学中实现了对创新型人才培养模式的突破，但仍然存在一定的局限性，需要教师引导学生进行反思；同时教师也需要自省，反思自己对学生心理和行为的捕捉、对整个教学过程节奏的把控以及在指导学生活动中的技巧，以促进教学技能的不断提升。

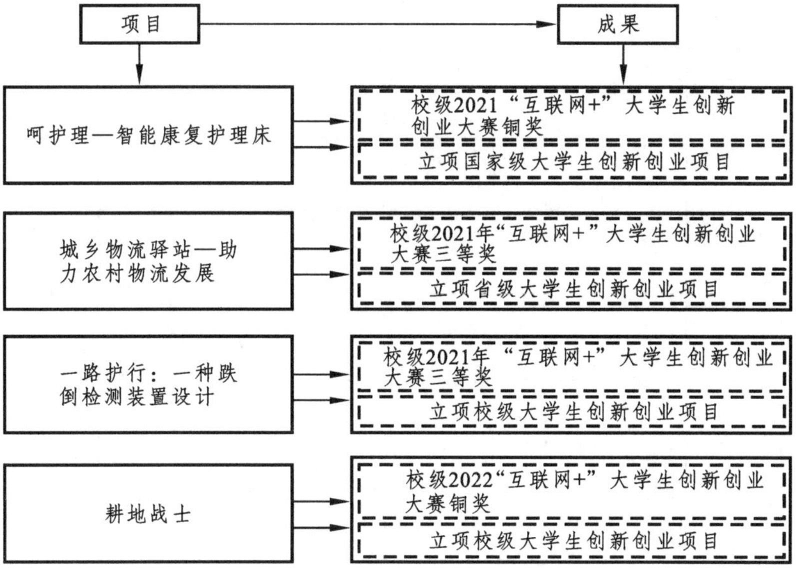

图 3　学生创新项目及成果展示

五、教学考核与评价

传统的“自动控制原理”教学考核标准与方法并不适用于 PBL&CL 教学模式。因此，在继承和发扬传统教学考核方法的同时，应实行全面综合的考核方式，建立与 PBL&CL 教学模式相适应的考核与评价方法（见表 1），对教学实施过程进行跟踪和反馈，以确保教学效果。

表 1　PBL&CL 教学模式考核方法

学生姓名		考核成绩		考核日期	
考核指标	百分比（10%）				
	非常好（10）	比较好（9）	一般（7）	不太好（6）	不好（5）
学习态度（10 分）					
自学能力（10 分）					
创新创造思维（20 分）					

续表

学生姓名		考核成绩		考核日期	
考核指标	百分比（10%）				
	非常好（10）	比较好（9）	一般（7）	不太好（6）	不好（5）
问题分析解决（20分）					
团队协作（10分）					
自我表现（10分）					
综合设计（20分）					

如上所述的考核方式体现了教学评价多元化与多样化的结合，既可以评价学生完成学习任务的情况，又可以评价学生整个学习过程中的表现情况。该考核与评价方法能够有效调动学生参与课堂的热情，培养学生创新创造性思维，增强学生团队协作意识，提高学生综合素质和能力。

六、结语

“自动控制原理”以课程教学团队为基础，以解决传统课程教学中存在的问题为导向，探索基于 PBL&CL 的驱动培养模式，以提升学生的综合实践能力和创新应用能力。该模式将教学目标融入课程设计环节，将学习内容嵌入问题或项目之中，便于学生深刻理解所学知识，学以致用，团结协作，培养学生具备解决实际工程问题的能力，为控制工程相关领域技术人才的培养提供保障。但 PBL&CL 教学模式在“自动控制原理”教学中的应用仍然处于探索阶段，在未来的教学过程中还需要不断进行探索与改进。

参考文献

[1] 赵延宾. 成渝经济圈：建设全国重要人才高地[J]. 中国人力资源社会保障，2022，5.

[2] 教育部学校规划建设发展中心. 平台院校谈创新|成都工业学院：以服务地方产业需求为导向，构筑创新发展新生态[EB/OL].（2020-07-08）. https://www.csdp.edu.cn/article/6283.html.
[3] 张燕,顾江,李学军,等. PBL 教学在基础医学教学中的实践与探讨[J]. 中国高等医学教育，2006，11.
[4] 赵君英. 基于问题式学习模式：内涵、特征、优势[J]. 黑龙江教育（理论与实践），2015，5.
[5] 贾彦超，张海涛. PBL 教学模式在临床医学科研试验中的应用[J]. 产业与科技论坛，2015，8.
[6] 王滔，李臣鸿，杨晓翠. 问题导向学习（PBL）教学法促进大学生学习效能的实证研究[J]. 大学教育，2019（2）.
[7] 郑恩楠. PBL 模式在本科教学中的应用与探索[J]. 黑龙江教育，2022（3）.

以培养应用型人才为导向的大学英语“五新”教学改革与建设思考①

——以成都工业学院为例

◎ 苗萌　常淑丽　曾筝

（成都工业学院外语与国际教育学院　四川成都　611730）

【摘　要】立足应用型本科院校大学英语课程“立德树人”的根本任务和应用型人才培养的核心要义，本文提出构建“更新—出新—革新—创新—焕新”（即“五新”）的课程改革和发展建设框架，从教学理念、教学内容、教学方法、实践教学和教学评价五个方面突出以学生为中心，采用混合式教学模式，信息化多元教学手段和方法，构建课程群，关注学生学习成效的动态发展，积极开拓以竞赛为代表的课外实践，进行体系化的教学改革与建设，从而使大学英语课程有效契合应用型人才培养需求，建设高水平的一流本科课程。

【关键词】应用型人才培养；“五新”教改框架；大学英语教学改革；一流本科课程建设

在政策积极引导和市场需求的双重驱动下，全球疫情阴霾中的中国经济率先恢复，以“5G、大数据中心、人工智能、工业互联网、特高压、城市高速铁路和轨道交通、新能源汽车充电桩七大领域”（任泽平，2022）为代表的“新基建”迎来发展热潮。新基建技术在高等教育中的深入应用，推动教育体系升级，促进教育生态积极和谐发展。同时，新基建迫切需要大量的新型科技人才，高校需要与之同向同行，满足新基建的人才要求，助力我国经济转型升级发展。

① 本文是四川省2021—2023年高等教育人才培养质量和教学改革项目“以培养应用型人才为导向的大学英语‘五新’教学改革与实践”（JG2021-1401）的研究成果。

一、应用型人才培养

在新经济环境下，高校内涵式发展建设强调了学校的分类发展和人才培养的未来多元化特点，正如南京航空航天大学副校长、国家“万人计划”教学名师施大宁所强调的“人才培养内涵的变革”（王之康，2019）。新工科、“双一流”计划和工程教育专业认证工作的持续推进，有助于高等教育的规范化管理，更为教育体系的高质量发展提供了根本保障。而工作内容和场景的不断变化、教育目标的革新等对应用型人才的培养教育，特别是对高素质的应用型人才提出了具体化的新要求。

从高等院校自身来看，从精英教育逐步转向大众教育的过程中，高校分类发展日趋明显。高等教育的分层分类办学可以“避免千校一面争奔学术型、研究型大学的独木桥”（潘懋元，吴玫，2004），从而锻造出更多特色鲜明的高等院校品牌。其中，地方型本科院校以“依托地方，服务地方，主要职能是培养服务地方经济社会发展的应用型创新人才”（杜才平，2011）的特点，在一众 985、211 高校中，树立了一道靓丽的“风景线”。在从“学科基础”向“市场导向”的动态转变过程中，地方本科院校培养应用型人才是高等教育适应经济社会发展转方式调结构的必然选择（秦红，2016），目前已逐渐成为我国高等教育的主力军。

应用型人才培养的理论与实践不断发展，据 CNKI 数据显示，相关研究主要聚焦在人才培养体系的建构、培养机制、人才素质、课程设置、管理评估体系等方面。但现状表明，应用型人才培养的教育理论和教育思想需要进一步论证，人才培养过程中的要素及其关系也需要进一步梳理。除此之外，应用型人才培养模式的有效性和地区差异特点，特别是校本特点仍需要关注。同时，相关研究大多立足于专业建设，特别是工科类专业和课程的建设，基础课程建设的研究数量和深度相对有限，对于基础课的关注较为薄弱。

二、大学英语课程的机遇与挑战

《大学英语教学指南》（2020 版）将“大学英语”课程的定位修订为“是大多数非英语专业学生在本科教育阶段必修的公共基础课程和核心通识课

程”（向明友，2020），是高等教育的重要内容（孔德亮，2014）。根据指南“大学英语”课程“助力学生培养人文精神，提升综合素质”，培养“具有世界眼光、国际意识和跨文化交际能力，通晓国际规则，精通国际谈判”，能够“促进国家改革开放和社会经济发展、提高我国履行国际义务及参与全球治理的能力、构建人类命运共同体”的优质人才。课程的教学宗旨是全面提升学生的英语应用能力，培养学生的人文素养、文化理解力和跨文化交际能力。那么，大学英语课程的语言学习的载体应该从文学文化知识向专业或行业相关的知识转移才能更好地适应社会需求（蔡基刚，2021）。

地方应用型本科院校培养出来的大学毕业生担负着服务地方经济发展的重任，因此，应用型本科院校的大学英语教育迫切需要提高学生的英语实践能力，满足学生的多元化就业需求，把学生培养成为“新基建”大潮的技术型人才。

在审视应用型本科院校的大学英语教学时，笔者发现普遍存在如下问题：

（1）课程定位较为模糊。由于应用型本科院校学生语言基础较为薄弱，课程定位往往受到四、六级导向的影响，学生对于大学英语学习目标认识不准确，仅仅“因必修”而必须上课；教学内容不够丰富，与专业结合度较差；课程思政的融入不够自然，融入程度有限。

（2）学生对语言类课程的重视程度不足。多以通过校本考试和等级测试为学习目的；阶段性学习和学期性学习倾向明显。

（3）课程本身的理论性强于实践性。受到学情认知不足和教师认识所限，“大学英语”教学大多偏重语言基础的学习和提升，教学方法较为单一，缺乏对语言情景化的应用训练，较少能够体现“做中学”“学中做”等，导致学生分析和解决实际问题的能力不足。

（4）课程难度层次划分较为粗放，缺少对中间层次学生的关注。大部分应用型院校的“大学英语”课程进行了分层教学，但是受到客观条件等因素限制，分层往往没有考量学生的学习进展和动态变化，出现了“断层”和“断面”：基础好的同学在低年级段通过四、六级等级考试后失去学习目标，把课程“束之高阁”；基础较差的学生因“差距过大”失去学习动力。大量处于两者中间水平的学生，其学习成绩、学习兴趣和动力均容易产生负向移动，影响学习效果。

可见，目前的“大学英语”课程教学虽普遍进行了教学改革，却不够深入。相关教学改革研究本身往往仅仅聚焦教学方法、教学评价、教学模式等某一个方面，缺乏系统化和体系化，所产出的改革经验在可操作性与推广度上有所欠缺，不能完全适应应用型的人才培养需求。

三、“五新”（更新—出新—革新—创新—焕新）的教学改革框架

为了解决上述问题，立足大学英语课程“立德树人”的根本任务和应用型人才培养的核心要义，笔者构建了以“更新—出新—革新—创新—焕新”（简称“五新”）为主体的大学英语教学改革框架。

按照“五新”框架，从教学理念、教学内容、教学方法、实践教学和教学评价五个方面体系化地进行课程教学改革与实践探索，突出以学生为中心，采用混合式教学模式，信息化多元教学手段和方法，关注学生学习成效的动态发展和全面发展，积极开拓以竞赛为代表的实践活动，从而让课程有效契合应用型人才培养需求，积极将“大学英语”建设成为高水平的一流本科课程。框架具体设计如图 1 所示。

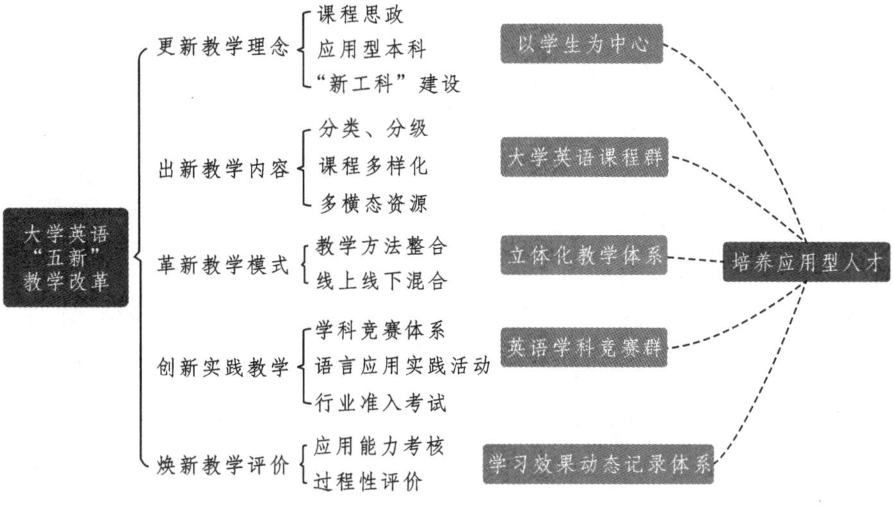

图 1　大学英语“五新”教学改革框架

（一）一新：更新教学理念

对于课程的改革和建设，应首先发轫于课程的教学理念。教育者和一线教师需要明确“大学英语”课程应切实有效地服务于学校地方性、应用型、开放式的办学定位，成为应用型本科院校投入国家、地方经济建设的有力支持。同时，大学英语课程需要实现思政教育的深度融入。理念的更新要求大学英语课程的授课团队深入植根所在高校的发展目标，更新课程的教学理念，精准设定教学目的。

以笔者所在的成都工业学院为例，大学英语课程需要特别注重课程服务于地方性应用型大学服务于区域经济文化的目标定位。因此，“大学英语”课程要在“通识”的基础上兼顾地方特色，做到“和而不同”，也就是“不同区域的地方应用型高校在目标定位上，必须要凸显出所在地的区域性特征”（韦朝晖，2021）。这样，课程在教学目标细化过程中，自然深入地践行了以学生为中心，以学生的专业特点、专业学情等为中心的具体要求，给予学生更多的自我发展的空间和选择空间。

（二）二新：出新教学内容

“大学英语”课程坚持人才培养理念，秉承“以学生为中心”的定位，面向“应用型人才”培养，在教学实践的过程中需要做到以下方面：第一，全面关注学情，知己知彼。根据学生的不同语言水平入口进行教学内容及教学班级的精准分级，改变传统的“提高级-基础级一刀切”，或是“按高考分数分班”等，将课程精细化到教学层次。第二，适应不同类别学生的实际需求，量体裁衣。根据应用型高校的学生入口水平，一方面，开设语言基础类授课；另一方面，提供“语言+系列”组合类拓展课程选择，如“语言+专业”“语言+文化”“语言+应试”。第三，积极完善大学英语课程群建设。梳理“大学英语”课程中不同类别课程的逻辑关系，为学生主动学习英语课程提供有效的依据。第四，充分利用现代化教育教学资源，丰富教学内容，通过自建私播课和慕课、校本翻转课、微课、微信公众号、HTML5 等技术平台和手段拓展教学的空间、时间。

（三）三新：革新教学模式

在“大学英语”教学过程中，应避免单一传统的教学模式和方法，现今比较常用的多种教学方法有任务式、项目式、情景式、问题解决（PBL）等。值得注意的是：教学模式的使用提倡多样性的同时，需要教师根据任教班级和学生的实际情况，进行有效的革新和整合，以期达到最佳的授课效果。切忌出现为了教学模式的“硬性整合”或者为了教学比赛等，在某一次课程教学中突兀地开展多种教学方法的应用，脱离教学实际和学生接受度。

教师可以积极开展线上教学的探索和改进，同时不断推进线上线下混合式教学的开展，通过多模态教研等手段进行教学模式、方法的定期总结和能力提升。

（四）四新：创新实践教学

为了实现对于应用型人才的培养，改变文科类课程“重理论，轻实践”的传统定位，“大学英语”课程应积极探寻课程的实践类教学途径。第一，构建英语学科竞赛体系，做好校级竞赛同省级竞赛的有效衔接，达到英语类学科竞赛对于全校学生的最大覆盖，体现学科竞赛类实践教学对于应用型人才培养的切实效果。第二，课程加强与地方政企联动，进一步推进英语应用实践平台建设，如语言特色能力训练营、国际赛事、语言志愿服务等。第三，积极发挥英语学习指导中心的综合功能，创造应用场景，让学生得到语言应用训练。第四，将课程引入相关行业准入考试，拓展学生能力考核方式，帮助学生获得相应资质，如翻译资格证书（CATTI）、国才考试（ETIC）等，给予学生能力展示平台，增加其就业机会。

（五）五新：焕新教学评价

课程教学需要注意整体的闭环，特别是评价部分。“大学英语”教学中应深入开展以形成性评价为主导的课程教学评价改革与创新。课程需在终结性评价中凸显应用能力的比重，帮助学生适应以“语言能力”为主体的新的考试模式。课程通过积极开展语言表达类的考试实践，实景模拟日后工作场景和环境中对于语言表达的需求。以学期为最小时长，建立学生学习效果动态成长记录体系，关注学生语言能力的长期有效变化与提升。同时，在教学改革过程中切实关注教学评价对于教学实践的阶段性反拨作用。

在“五新”框架的指导下，成都工业学院“大学英语”课程积极践行教学改革，推进课程建设。截至目前，“大学英语”课程群获评四川省课程思政示范课程 2 门，省级一流本科课程 2 门；自建慕课“丝路英语：漫谈‘一带一路’1—2”在“智慧树”平台上线完整运行了 5 学期，选课学校 22 所，学习人数 2.56 万人，互动 22 万余次，入选“学习强国”慕课学习平台；教师团队立项省级教学改革项目，荣获高校外语课程思政教学比赛省级特等奖、全国外语课程思政优秀案例交流活动二等奖等荣誉；学生在学科竞赛中屡获突破。

四、“五新”框架的创新特色

“五新”框架的设定，立足对于应用型人才培养核心要义的详细解读，对于《大学英语教学指南》（2020 版）的准确理解，使大学英语课程“在课程思政背景下实施内涵的范式转移”（蔡基刚，2021）。其特点如下：

（一）目标化：聚焦学生，契合学校定位

根据“五新”改革框架，“大学英语”课程根植于新建应用型本科院内涵高质量发展的目标，以应用型人才培养为核心目的，以学生为中心、产出为导向，立足通识课程特点，对教学内容进行有效调整。基于应用型本科院校生源特点的细致分析，改革后的课程将通过分类、分级和分层教学满足学生应用能力的实际需求。同时，凸显校本特色的自建私播课和慕课等教学资源，拓宽了教学内容，拓展了教学时空。

（二）融入化：全面育人，融合课程思政与知识能力教学

“五新”框架重视语言教学与价值引领的深入结合。特别提出重视地方性应用型本科高校与地方特色的融合，如笔者所在的成都工业学院，在“大学英语”课程中积极结合四川省情和学校特色，找准亮点，用英语讲好“中国故事之四川篇章”，让学生可以看到、听到和感受到具体事例，强化文化自信。根据《大学英语教学指南》（2020 版），课程改革应重视语言与文化的关联，培养学生多元文化能力，走稳“课程育人”之路，重视品格塑造，实现立德树人。

（三）系统化：精细教改，构建英语课程的“群”和“体系”

根据所建立的“五新”框架，“大学英语”课程进行了体系化的教学改革，促进一流课程建设探索。日常教学中全面构建创新立体化评价体系，加强形成性评价的比重。注重学期课程与学年课程、整体课程之间的逻辑关联，建设“课程群”和“学科竞赛群”。课程通过提升服务性，积极对接学生学习需求，最大限度地有效覆盖课程学生群体，建立并跟踪学生学习效果动态成长，利用信息化技术记录学生课程学习体系，培养学生终身学习的意识和能力。

（四）实践化：重视应用，创设理论课程的实践教学环节

“五新”框架重视竞赛与教学的有机结合，搭建“校级—省级—国家级”学科竞赛成长体系和“教学—竞赛”生态。框架还提出开辟多种渠道的产学研协调育人教学实践活动，培养锻炼学生的英语知识应用能力，以及通过引入行业考试，为应用型人才提供更广阔的语言运用可能。

（五）未来化：促进发展，推动教师教学能力的全面发展

框架不仅关注对学生的“育才”，还注重教师的育人能力，即政治思想素质、教育教学理论的提升，混合式教学模式的实践，数字化多元教学手段的应用，线下跨学科多模态教研活动和教学研究的开展。

五、结语

党的十九届五中全会提出了“三新一高”重大战略部署，即把握新发展阶段、贯彻新发展理念、构建新发展格局，推动“十四五”时期高质量发展，为我国高等教育体系的高质量发展指明了方向（屈林岩，2021）。而高等教育的内涵式发展更加强调了专业和课程建设，这就对课程的改革和一流课程的建设提供了机遇与挑战。

以“更新—出新—革新—创新—焕新”为特色内容的大学英语“五新”教学改革框架指导教学改革，将知识能力与价值引领相结合，突出课程工具性特点和人文性特点，系统地改革教学内容，整合课程体系，建设大学英语课程群，有效开展语言知识、文化内涵与应用英语能力的获得；通过多维度

的线上和混合式教学实现课程的课堂外延伸；通过形成学科竞赛群，创新课程的应用类语言实践教学环节，让学生将语言学习与语言运用相结合，通过实践丰富学习技能；通过多维的教学评价引导学生注重学习过程的记录和动态成长。最终达成应用型院校大学英语目标：掌握语言知识，提高语言应用能力，具有国际视野和跨文化交际意识，具有多元文化鉴赏和中西思潮判断能力，培养满足地方经济发展需求的应用型人才。

参考文献

[1] 蔡基刚. 课程思政视角下的大学英语通识教育四个转向:《大学英语教学指南》(2020版)内涵探索[J]. 外语电化教学，2021(1).

[2] 杜才平. 地方本科院校人才培养目标定位及实现路径[J]. 教育探索，2011(10).

[3] 大学外语教学指导委员会. 大学英语教学指南(2020版)[M]. 北京：高等教育出版社，2021.

[4] 孔德亮. 大学英语教学的动力机制构建——研究现状与理论思考[J]. 外语界，2014(5).

[5] 任泽平. 中国新基建研究报告(2022)[J]. 发展研究，2022(6).

[6] 潘懋元，吴玫. 高等学校分类与定位问题[J]. 复旦教育论坛，2003(3).

[7] 秦红. 地方本科院校培养应用型创新人才的实践与思考[J]. 高等工程教育研究，2016(2).

[8] 屈林岩. 以“三新”建设高质量高等教育体系[J]. 中国高等教育，2021(5).

[9] 王之康. 南京航空航天大学副校长、国家“万人计划”教学名师施大宁：高教内涵式发展的三条必由之路[N]. 中国科学报，2019-03-27(4).

[10] 韦朝晖.“中国英语能力等级量表”启示下的地方应用型高校大学英语教学改革[J]. 内江科技，2021(4).

[11] 向明友. 顺应新形势，推动大学英语课程体系建设——《大学英语教学指南》课程设置评注[J]. 外语界，2020(4).

工程认证背景下“人工智能技术概论”课程教学改革探究

◎ 包姣[1] 田永强[2] 刘亚飞[1]

（1. 成都工业学院计算机工程学院 四川成都 611730；

2. 华为技术有限公司 四川成都 611730）

【摘 要】根据工程认证新背景对课程的新要求，分析“人工智能技术概论”课程教学现状和存在的一些问题，探索构建“一课双翼”架构，提出基于产学研合作，协同育人，双创教育的多主体–多途径–多阶段教学模式，发挥其在培养应用型人才中的作用，提高学生的学习效果，培养学生的创新能力。

【关键词】工程认证；人工智能；教学改革；创新教育；数据库技术；信创平台；应用型人才

工程教育专业认证的核心是为相关工程技术人才进入工业界从业提供预备教育质量保证，其在我国高等教育体系中有十分重要的地位，在国家工业化进程中发展发挥着不可替代的作用。高校作为高等教育的重要部分，一直都积极开展申报工程专业认证的工作。[1]

作为一门具有很强的综合性交叉融合学科，人工智能已经成为诸多研究领域的核心技术之一。成都工业学院是一所典型的应用型高等院校，学校的计算机相关专业均开设了“人工智能技术概论”课程。通过人工智能技术概论课程的开设和学习，学生掌握了人工智能的发展历史，初步了解了一些经典理论方法，同时了解了其应用领域和发展前沿。课程的开设不仅能够启发学生对人工智能的兴趣，还可以培养他们的创新能力。为此，在工程教育专业认证的大环境下，思考如何改进“人工智能技术概论”这门课程的教学过程和教学方式，让学生真正达到工程教育认证的 12 个毕业要求，具有非常重大的实际意义。

一、课程教学现状

“人工智能技术概论”是一门涉及多个学科领域的交叉融合课程，该课程涉及诸如机器学习、模式识别、计算机视觉、图像处理、控制论、神经网络、生物学、逻辑学、概率论、心理学等领域[2, 3]。2000年以来，随着结构化学习和深度学习的提出和发展，人工智能进入快速发展时期。随后，许多国家都把人工智能提升到国家战略发展层面。高校以服务国家为最高追求，如何为国家培养人工智能人才成为很多高校高度关注的一个问题。

成都工业学院计算机工程学院开设了面向计算机类专业的人工智能技术概论课程。该课程共32学时，其中理论课32学时，实验课0学时，开设于第7学期。面向不同的专业，课程性质也有所不同，物联网工程专业为必修课程，其他专业则为选修课程。另外，不同专业课外学时也有所不同，计算机科学与技术专业课外学时为2个，其他专业课外学时为4个。迄今为止，学校人工智能技术概论课程开设已经4年左右，教学现状如下：

（1）教学内容单一，缺乏差异化教学设计。人工智能技术概论课程目前仍采用传统的课堂讲授教学模式，教学内容比较经典，领域前沿技术内容则更新比较缓慢，难以满足企业对相关人才的要求。同时，所有专业均采用相同的教学设计，没有考虑不同专业学生的学习背景和习惯。

（2）教学方式单调，缺乏多样化教学手段。课堂上通常采用传统的教师讲授为主、学生被动听课的教学模式。该模式下，学生听课被动接受知识、容易引起视觉听觉疲劳和注意力不集中等问题。另外，课堂交流互动相对较少，学生提不起兴趣，以致教学效果不尽如人意。

（3）实验课时缺乏，缺少完善的实验平台。人工智能技术概论课程中一些相关结果需要通过实验进行展示和验证，用以辅助学生学习。这需要设立一个相对完善的实验平台，并进行持续不断的改进。另外，进行实验时，还要注意验证性实验和综合性实验的比例。

（4）考核方式单一，缺乏灵活多变的形式。课程的考核方式以试卷或者测试为主，课后作业和课堂表现为辅的形式。但是这种考核方法和形式相对单一，对诸如学生实际动手能力和解决实际问题的能力以及团队协作能力难以进行全面有效的评估，导致片面评估的问题。

（5）师资相对薄弱，缺乏专业师资团队。人工智能技术概论是一门相对新颖的课程，涵盖的知识广泛。目前能够承担人工智能相关课程的教师相对较少，且没有形成稳定团队。

（6）课程设置单薄，缺乏完善的课程体系。目前，人工智能技术概论课程的前驱和后继课程较少，学生直接学习该课程，容易出现学习困难等问题。

二、“一课双翼”新架构

在工程认证视域下，人工智能技术概论课程采用“一课双翼”式架构，具体架构如图 1 所示。由图 1 可知，“一体”即人工智能技术概论课程主体，“两翼”即工程认证、大数据融入的新特征和新要求。

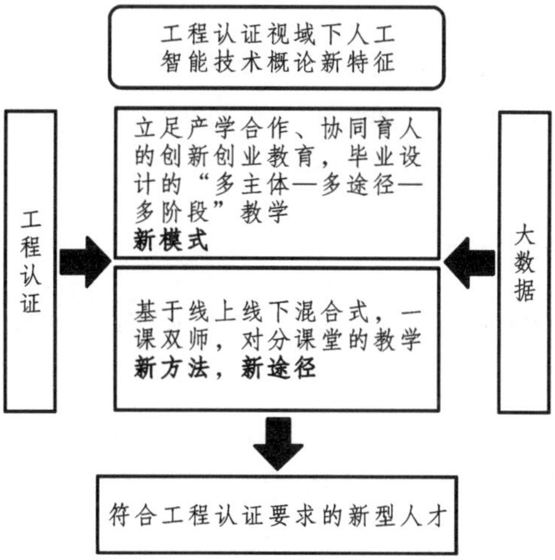

图 1　人工智能技术概论课程“一课双翼”式架构

（一）新模式以及实施路径

图 1 所示的“一课双翼”构架下，一方面，在工程认证新视域下，实践教学环节加强，工程实践能力锻炼增加，以培养合格的工程人才。另一方面，大数据的融入则要求更加重视企业实践和工程教育，对工程素质和综合能力素质也提出新的要求。新视域下，课程模块如图 2 所示。

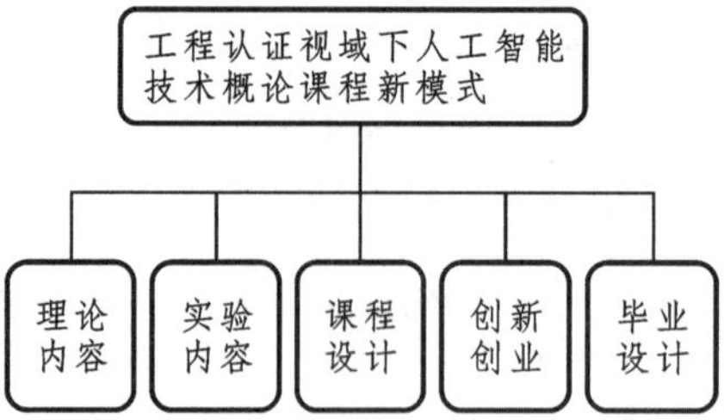

图 2　人工智能技术概论课程新模式

由图 2 可知，新视域下的人工智能技术概论课程新模式从内容、途径、考核等多方面进行改进。课程改进探索策略如下：

1. 能力层次化进阶教学设计

以培养学生在人工智能方面的知识素养和基本技能为目标，在理论教学和实验教学上需要注意继承创新能力和综合创新能力的培养。

2. 注重工程实践教育

人工智能技术概论本身就是一门交叉融合学科的课程，在与专业相结合培养实验实践能力的同时，更加关注工程实践能力的培养，通过企业实习、基地实训方式对接专业和产业。

3. 加强创新创业教育

培养的学生最终是为社会发展做贡献，为此高校应该加强与企业之间的合作与交流，实现企业产学研协同育人，培养社会发展需要的合格人才。同时也要加强创新创业教育，鼓励学生积极参与学科竞赛活动，如国内竞赛项目“互联网+”，院校级竞赛“创新杯”等，以从多方面培养学生的知识综合应用能力、团队协作能力、开拓创新能力等。

4. 鼓励毕业设计课题与课程学习相结合

人工智能技术是信息技术的前沿和未来，通过学习、了解人工智能技术的原理和方法，帮助学生开阔视野，培养兴趣，对今后继续学习深造或者相关领域就业都具有重要的意义。成都工业学院毕业设计准备工作在大三下学期进行，包括选题、规范写作等。人工智能技术概论课程开设于大三下学期，因此，把课程实验或者课程设计与学生兴趣点相结合，引导学生进行扩充凝练从而形成自己的毕业设计，也是提高学生创新能力的有效途径之一。

（二）教学新方法和新途径

工程认证视域下，担任人工智能课程的教师需要跟上时代前进的步伐，针对新情况和新问题，不断持续改进理论教学、实验教学的方法和手段。人工智能技术概论课程教学改革新方法新途径如图 3 所示，该方案具体有以下几个特点：

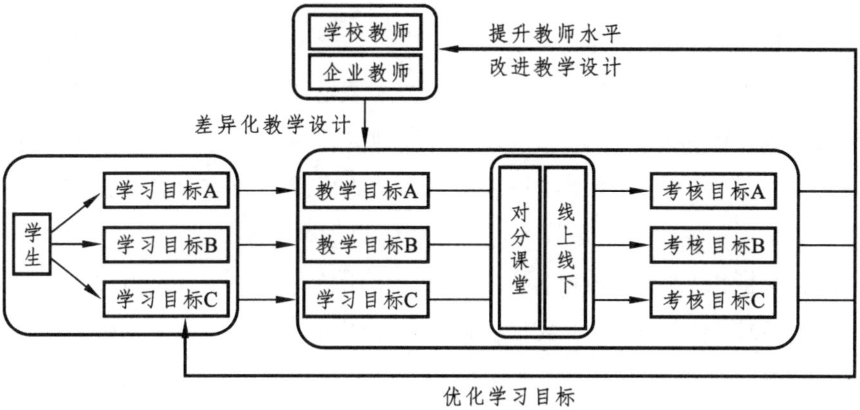

图 3　人工智能技术概论课程教学改革新方法新途径

1. 专业差异化教学设计

目前，人工智能技术概论课程面向计算机类专业均有开设。不同专业的学生由于学习和专业背景等因素的影响，学习情况呈现明显的差异化。这种情况下，就需要教师因材施教，制定专业差异化的教学设计。

课程教学设计的专业差异化需要充分考虑学生的实际学习情况和学习背景，如学习目标和目标考核的差异化。这样，学生可以根据自身实际情况选择相应的学习目标。同时，不同的课程学习目标需要制定相对应的教学目标，且教学目标和考核目标应该是一一对应的。在必要的情况下，也可以根据学生的学习目标对教学和考核目标进行调整优化。差异化教学目标制定后，可以制订相应的教学计划，如课后作业、课堂练习、实验内容等差异化的教学设计，用于促使学生达到自己的学习目标。根据期末教学效果反馈，可以持续改进和优化后续的课程教学设计。

综上，学生的专业差异化需要教学差异化，而教学的差异化需要教学目标和教学设计的差异化。课程学习目标分类下，学生可以根据自身情况进行不同的选择，从而提升学习兴趣，激发学习能动性，养成解决问题和创新的能力。

2. 基于对分课堂的教学模式

传统教学模式下，教师“满堂灌”，学生被动式接受知识。为解决上述问题，人工智能技术概论课堂基于对分课堂的理念[4]，将课堂分成两部分，一部分以教师讲授重点难点知识和总结知识为主，另一部分则交给学生进行学习讨论和知识发散扩展。例如，人工智能技术概论课程内容包含知识表示、搜索策略、确定性推理、非经典推理、智能计算、机器学习、专家系统、路径规划等几个模块，在课程讲授过程中，偏理论原理的内容由教师讲解，模块化知识的发展前沿、发展争议和应用领域等由学生分组讨论。

与传统的以教师讲解为主的教学模式相比较，对分课堂具有很多优势。首先，对分课堂让学生自主参与，包括搜集资料、思考问题、归纳总结等，这样可以极大地提高学生自主学习的积极性。其次，在参与课堂的过程中，能够极大地锻炼学生的表达和交流沟通能力。最后，学生参与课堂后，通过其他学生和教师的点评，能发现自身比较薄弱的环节，查缺补漏，与其他小组同学相互学习，共同成长。

3. 线上线下混合式教学

在人工智能技术概论课程教学中，教师可以引入智慧树、雨课堂、微助教、腾讯会议等移动端开展多样化教学方式和手段[5]。这样可以提升教学过程的灵活性、互动性，在线教学对计算机相关专业具有良好的黏合度，鼓励学生进行课后回顾复习，拓展学习内容，培养学生的兴趣和积极性，从而锻炼学生独立学习和思考的能力。另外，大数据时代，获取课程相关内容以及教学资源的途径呈现多样化，特别是教学资源和教学案例的学习，不但有助于培养学生自主学习和终身学习的能力，还有助于培养学生的职业操守。

4. 产学合作协同育人

为了提升学生的实践能力和创新能力，课程授课形式可以由单一的在校专职教师授课模式转变为专职教师与具有工程经验的企业教师共同授课的模式，即“一课双师”的教学模式[6]。聘请企业一线经验丰富的工程师讲授企业真实项目案例，让学生提前了解实际项目流程，也是项目实训的途径之一。

开展“一课双师”混合教学时，专职教师和企业教师需要及时沟通，共同设定教学目标和教学计划。在具体实施过程中，建议理论课程以校内专职教师为主，实验课或者教学设计课程以企业教师为主。当然，该教学模式的实施，也需要一定的条件支持，如课程体系建设、运行制度、管理制度等。“一课双师”的教学模式，在一定程度实现了产学合作协同育人[7]。学校和企业双方建立深度合作，企业工程师走进校园培养社会需要的人才，学校专职教师走进企业进行参观学习，提升自身业务水平，实现校企联合协同育人。

三、结语

工程认证要求学生具有分析问题、团队合作、终身学习等能力，而人工智能技术概论课程又是一门交叉复合课程，这就需要不断改进传统教学模式，积极探索新模式、新方法、新途径。本文阐述了工程认证背景下的人工智能技术概论课程改革探索，分析“人工智能技术概论”课程教学现状和存在的问题，积极探索构建“一课双翼”课程架构，提出基于产学研合作，协同育人，双创教育的多主体—多途径—多阶段的教学模式，实现教学内容的简化、教学方式的改进，对其他类似于人工智能技术概论的计算机选修课程的教学改革，具有一定的借鉴意义。

参考文献

[1] 李志义. 对我国工程教育专业认证十年的回顾与反思之一：我们应该坚持和强化什么[J]. 中国大学教学，2016（11）.

[2] 楼又嘉，李一航，王永固，等. 人工智能基础教育课程全球图谱：开发框架与实施方略——UNESCO《K-12 人工智能课程图谱》报告解析[J]. 远程教育杂志，2022，40（3）.

[3] 徐新黎，王万良，杨旭华.“人工智能导论”课程的教学与实践改革探索[J]. 计算机教育，2009（11）.

[4] 刘佳雨，关海爽，张建民. 基于对分课堂教学模式的智能控制课程教学研究[J]. 教育研究，2020，3（1）.
[5] 邬庆儿. 基于移动端混合式教学的应用分析[J]. 中国教育信息化，2020（6）.
[6] 徐先航. 基于“一课双师”的应用型本科产教融合模式探究[OL]. 钛学术文献服务平台，2021-09-01.
[7] 徐冬冬. 推进高职教育产学合作协同育人的思索[J]. 继续教育研究，2014（4）.

以案例驱动专业教学的模式探索与研究
——以“FPGA 设计与应用”课程为例

◎ 苗雅男　蔡方凯　尤小泉　罗海
（成都工业学院网络与通信工程学院　四川成都　611730）

【摘　要】针对当前普通高等院校应用型人才培养过程中出现的课程设置普适性与专业人才技术要求专一性之间的矛盾，以“FPGA 设计与应用”课程为例，以课程团队为教学基础，以解决实际社会生产实践中的专业性问题为导向，寻找行业中适合开展教学活动的优秀项目案例作为教学内容，探索更适合专业技术人才培养的教学方法，制定相应的课程培养目标，结合项目案例、工程应用以及现代化信息教学等方式，形成以“项目为主线、学生为主体、教师为主导”的案例化教学新模式，培养专业学生的实践和创新应用能力，以满足 EDA 领域对高质量人才的需求。

【关键词】案例化教学方法；FPGA 设计与应用；教学模式探索

教学课程作为高等教育的主要实现载体，对人才的培养有着至关重要的作用[1]，但传统的“FPGA 设计与应用”课程教学中因课时安排、教材选用以及课程设计等原因存在重理论知识传授，轻解决复杂工程技能培养的问题，使学生对课程的认知偏离了人才培养目标，不清楚所学理论知识对于解决实际工程问题的意义，从而导致学生认为所学知识与专业的关联性不大，学习内容乏味，难以引发学习兴趣。因此，要想从根本上解决工程实践中的“教与学”矛盾，优化教学效果，就需要梳理复杂庞大、晦涩难懂的知识体系，层层递进引入优质教学案例，传授学生处理问题的经验，引导学生思考问题的方向，培养学生解决问题的能力，改变传统教学中的“独角戏”教学模式，加强对学生综合能力的提升和训练，转换学生单纯被动接受知识的学习方式，充分激发学生学习的内动力。

一、“FPGA 设计与应用”课程概述

“FPGA 设计与应用”是电气类、电子信息类、计算机类等专业的重要课程，成都工业学院多学院多专业均开设此门课程，学生受众多。这门课有着科学性强、覆盖面大、知识能力要求广等特点，掌握相关技术后既可以完成 FPGA 最终产品的逻辑开发，又可以为集成电路（IC）设计提供前期验证。

目前，课程教学团队主要由 4 名教师组成，其中 2 名副教授、2 名讲师，团队主持了多项省部级、校级教改项目，在 FPGA 教学方面具有丰富的经验。教学过程中，团队成员统一教学思想，集中教学研讨，践行研究型教学方法，制定适用于专业领域技术人才培养的课程目标，制作适合于应用型教学风格的多媒体课件，利用信息化教学手段录制了教学短视频。课外，利用网络资源平台 Gitee.com 上传教学相关内容，有助于学生课后及时复习以及进行课外知识扩展，营造了多元化、人性化的教学空间。

二、“FPGA 设计与应用”教学问题分析

随着教学观念的转变以及理论教学课时的压缩调整，传统的教学方法已经难以适用于当下的教学需求，因此，教学过程中突显出了一些问题，如图 1 所示。

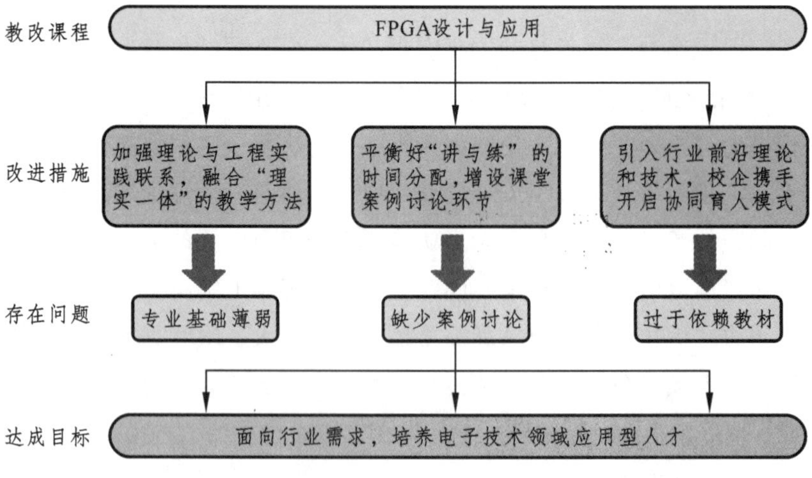

图 1　“FPGA 设计与应用”教学问题分析与改进措施

（一）专业基础薄弱

目前，“FPGA 设计与应用”的授课对象是本科三年级学生，其特点表现为：理论知识不扎实，专业基础薄弱，对工程实际了解不多。由于 FPGA 技术的应用性较强，学生难以将理论知识与工程实际紧密联系起来，“教与学，学与用”难以真正统一，不利于培养学生的创造性思维和工程实践应用能力。

（二）缺少案例讨论

课堂讨论是案例化教学模式中不可或缺的重要环节[2]，但随着理论课时的减少，在进行案例介绍时往往都会以教师讲授为主，没有办法在课堂上留出足够多的时间供学生进行讨论，难以平衡好“教师讲”与“学生练”的关系。

（三）过于依赖教材

在案例化教学模式中，案例是教学内容和教学方法的载体，而当下的授课内容多数还是以教材为主，除去部分经典理论外，多数的理论内容还是较固化，缺乏创新性，没有结合学术报告和参考文献等前沿技术理论，与行业前沿脱节，没有与时俱进。

（四）系统思维训练不足

尽管“FPGA 设计与应用”是典型的工程实践类课程，但考虑到学生基础薄弱的实际情况，目前对于具体的实践教学内容设置较浅显，难以深入，因此，不利于学生形成科学性和高效性的工程设计思维，也难以突出强化系统训练思维在复杂工程应用中的重要意义。

三、案例式教学探索与实践

（一）设置引导性案例，注重教与学结合

根据学生理解能力的差异，采用层次化的讲授方式，注重讲授顺序，设置引导性案例，减轻学生因基础知识薄弱导致的学习障碍。由于不同学生对先修课程的掌握情况参差不齐，在教学过程中需要设置比较基础的引导性案例进行相关知识点的回顾讲解，同时点明补齐后续内容需要的基础知识，为

后续课程内容的开展做准备。例如，以计算机四则运算的实现基础——一位全加器的设计为例，依次介绍三种不同风格的描述形式，比较各风格之间的差异，带领学生认识并掌握数字电路从分立化设计形式到整体化、层次化以及将硬件设计以语言化的方式实现功能和结构描述的设计形式，形成模块化的复杂数字电路设计思维。在引导性案例中特别向学生强调层次化设计的重要性和必要性，让学生真正理解并体会在数字电路设计中以模块化调用的硬件描述方式进行电路设计的简化性和灵活性，同时为后续复杂数字电路的设计奠定理论基础。

（二）引入实操性案例讲解，注重讲与练结合

教学过程引入实操性案例，注重对学生实践技能的培养，以“发现—分析—解决”问题为教学设计主线，分析案例实现功能，讲解案例设计过程，总结案例设计方法，凝练语言表达，尽量言简意赅地表达，争取为学生留出足够的时间完成实践练习，使学生在“学做结合”的环境中尽快熟悉硬件描述语言的设计与开发流程，掌握基于 FPGA 技术的复杂数字电路设计方法，提高数字系统设计与维护能力，为日后的跨学科应用夯实理论基础，强化实践能力。

（三）鼓励学生参与案例讨论，注重学与练结合

要想真正帮助学生掌握基于 FPGA 技术的数字电路设计方法仅靠“讲·案例”是远远不够的，还要设置“做·案例”的环节，让学生将理论应用于实处。学生学习完理论基础和理论设计方法之后，马上进入到设计实践的练习环节，形成无缝衔接，在此以“十字路口交通信号灯”设计为例，仅展示部分“学与练”的教学环节，其他教学环节省略，如表 1 所示。

（四）选择多样化工程案例，注重讲与评结合

本课程教学内容的开展是以案例贯穿始终的，所以引入的案例是经过教学团队精挑细选和精心设计、改进的，所有案例不仅具有完整性，而且体现了由浅入深的逻辑层次性，帮助学生实现从设计基础到复杂，从掌握入门到精通的蜕变。教学采用的案例如图 2 所示。

表 1　教学过程的“学与练”

教学环节	教师活动	学生活动	预期教学效果
学与练 1 （理论：约 5 分钟） 撰写代码（4min）+陈述发言（1min）	组织：维持纪律。根据四个模块功能需求（状态控制模块涉及 FSM 单独讨论），全班同学自由组合成四个小组，分别对各模块进行设计	组队：自由组合形成设计小组后，按照各自分工，相互交流讨论，完成相应模块的代码设计，推选发言代表陈述设计思路	体会复杂工程的实现过程，分工合作的重要意义，同时也是 Top-down 层次化设计思想在复杂数字电路设计中的重要体现
学与练 2 （实践：约 5 分钟） 功能演示（4min）+纠错（1min）	组织：请各设计小组技术代表对本组设计功能模块进行编译综合及仿真验证，并通过 EGO-1 开发板进行功能测试	展示：每个学生都可以展现自己的设计成果，分享自己的设计感受，交换彼此的想法，获取双倍的设计灵感	课程思政：要有自信心，相信自己是团队中不可或缺、不可替代的重要角色，努力为集体做贡献
学与练 3 （理论：约 3 分钟）	提出问题：根据所述理论设计基础，请同学们完成相应的 FSM 完整设计模块	解决问题：学生在规定时间内，自行动手实践，完成 FSM 模块设计	及时巩固练习，形成理论+实践小闭环
学与练 4 （实践：约 2 分钟）	鼓励学生像“拼图游戏一样”，将缺失的 FSM 模块接入系统，实现完整设计	自行思考并实践如何将 FSM 模块接入系统中，构建完整的系统结构	及时巩固练习，形成实践+应用小闭环

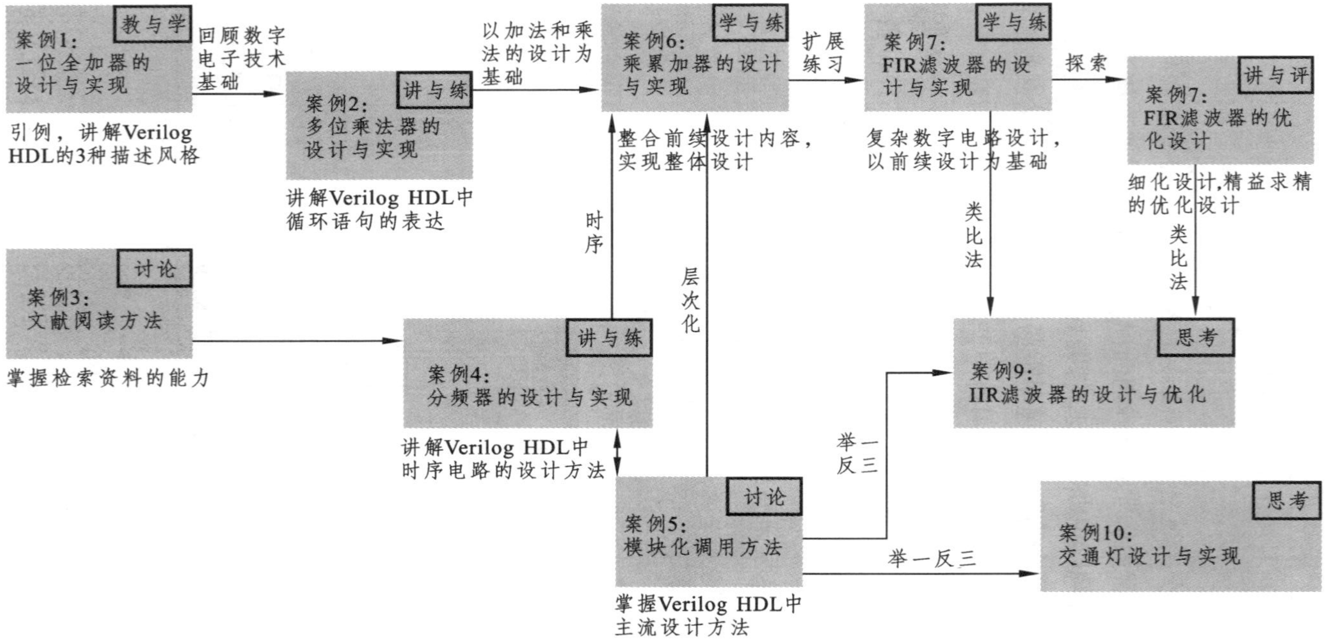
教与学
案例1:
一位全加器的
设计与实现
引例，讲解Verilog
HDL的3种描述风格
回顾数字
电子技术
基础
讲与练
案例2:
多位乘法器的
设计与实现
讲解Verilog HDL中
循环语句的表达
以加法和乘
法的设计为
基础
学与练
案例6:
乘累加器的设计
与实现
整合前续设计内容，
实现整体设计
扩展
练习
学与练
案例7:
FIR滤波器的设
计与实现
复杂数字电路设计，
以前续设计为基础
探索
讲与评
案例7:
FIR滤波器的优
化设计
细化设计,精益求精
的优化设计
类比法
类比法
讨论
案例3:
文献阅读方法
掌握检索资料的能力
时序
层次化
讲与练
案例4:
分频器的设计与实现
讲解Verilog HDL中
时序电路的设计方法
思考
案例9:
IIR滤波器的设计与优化
举一反三
讨论
案例5:
模块化调用方法
掌握Verilog HDL中
主流设计方法
举一反三
思考
案例10:
交通灯设计与实现

图 2　教学案例展示

在讲解案例时，按照分析与设计的步骤依次引导学生完成从软件编程到硬件设计实现的各环节实践：

（1）分析设计需求；

（2）讨论设计方案；

（3）明确方案，进行设计分工；

（4）完成所有模块的 Verilog HDL 功能设计及验证；

（5）编程下载到开发板；

（6）验证整体设计功能；

（7）撰写设计心得和体会，总结收获。

在学生实践过程中适当对其关键环节所完成的任务情况做出评价，检验是否将理论分析落到实处，评估内容与设计的匹配性。同时，案例中设计可修改和优化的环节，帮助学生建立逐步细化、精益求精的迭代优化设计思维，帮助学生培养工程实践项目的案例化分析和设计能力，帮助学生发现并解决学习过程中遇到的实际问题。

四、探索案例中的思政元素

案例是案例化教学模式的核心，在案例化的教学模式中依然要体现思政育人元素，充分发掘和运用案例中所蕴含的思政育人资源，增加课程的知识性、人文性，提升课程的时代性、开放性，科学合理拓展课程的温度、深度和广度，在教学过程中潜移默化地提升学生的思想水平、政治觉悟、道德修养和文化素质，实现学生的全面发展[3]。

（1）一位全加器的设计与实现。不论 CPU 进行多么复杂的二进制运算，都要以 1+1 作为运算的基本单元，所以同学们在做任何事情的时候千万不要忽视这些“小事儿”的重要性。小的事情才往往可以“以小见大”，真正反映出事物的本质，同学们在做事的时候要认真，注意把握细节。

（2）分频器的设计与实现。分频的实质是用基准频率的几个时钟周期换取所需要的一个周期，这与人生的奋斗过程一样，想要拥有一个光明的未来，就要拼尽全力，用自己的努力和付出去做“交换”。

（3）乘累加器的设计与实现。乘累加器的本质是不断做积累运算，不论在工作、学习还是生活中，都要给幸福做乘累加，让幸福翻倍，保持愉快的心情，认真对待生活，珍惜所拥有的一切。

（4）FIR 滤波器的设计与优化。在树立技术自信的同时，增强坚持独立研发的信心，以陈毅精神为指引，坚定科技报国的理想信念，为祖国未来科技事业的发展贡献力量。

（5）交通灯设计与实现。交通灯不仅是人们日常交通出行的安全引导，更是人们道德行为的规范准则。作为社会公民，我们一定要遵纪守法，不做违法乱纪之事；同时作为工程设计人员，也要严把设计关，营造良好的社会氛围，构建安全的交通出行环境。

在课堂教学中，适当穿插如上所述案例，师生共同进行课堂讨论，让思政内容润物无声地渗透到学生的学习过程中。

五、课程评价考核机制与优化体系

课程评价是检验课程学习效果的重要手段，对于反馈教学效果、提高教学质量具有重要的参考意义[4]。“FPGA 设计与应用”课程打破了唯结果论的单一化考核模式，注重过程性评价，设置了检测教学目标的多元型考核方式，更加注重学生学习各环节的有效参与度，便于学生各施所长，同时也有助于对不同个性学生进行因材施教，以便达到最佳教学效果。教学评价体系结构如图 3 所示。

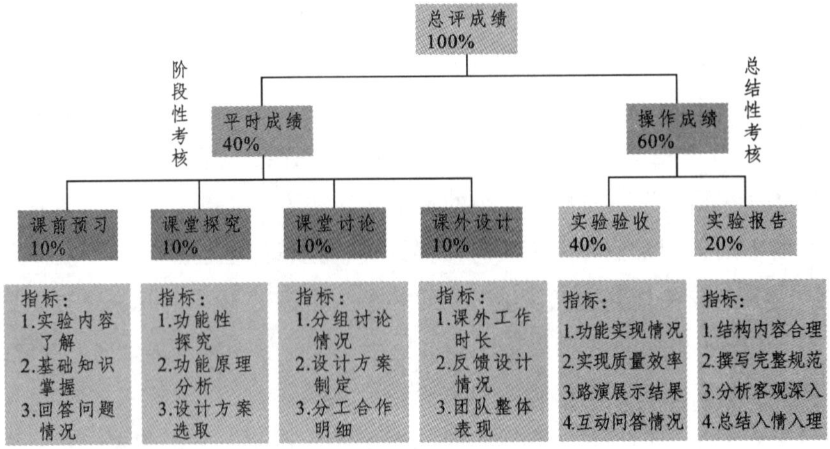

图 3　教学评价体系结构图

课程反馈优化体系是不断提高学生培养质量的保障，根据教学目标，组织课堂教学活动，通过教学评价及时反馈教学实施效果，结合学生线下问卷调查、线上平台数据分析、期末测试、课程设计情况等进行教学反思，并制定课程持续改进措施，形成具有闭环负反馈特点的教学质量持续改进体系[5]。

六、结语

教学团队面对“FPGA 设计与应用”课程理论部分学时被调整与压缩的现状，积极采取应对措施，根据课程特点，探索并实践以案例驱动专业教学的新模式，所选取的教学设计案例具有典型性、完整性、启发性、应用性以及高阶性和创新性，并且具有一定的挑战性。在授课过程中引导学生对案例进行分析和讨论，理解并掌握案例的基本原理及概念，剖析案例的设计过程，思考适当的设计与实现方法，以提高学生求解问题的能力。实践证明：案例式教学能够充分促进“理实一体”，教学团队经历了 3 年多案例式教学模式的探索与实践，总结出了一套相对成熟的教学体系，实现了学生主动学习、生生联动共享、师生互动交流的“三动”，以及理论与实践相结合，教师与学生相配合，专业与思政相融合的“三合”，实时追踪学生反馈信息，不断优化教学内容与方法，提升教学效果。

参考文献

[1] 韩鹤友，侯顺，郑学刚. 新时期研究生课程教学改革与建设探析[J]. 学位与研究生教育，2016（1）.

[2] 王秀芝. 案例教学中需要研究的几个问题[J]. 中国高等教育，2006（12）.

[3] 夏小华.“新工科”人才的工程素质及其培育路径[J]. 上海理工大学学报（社会科学版），2020，42（4）.

[4] 李培振，张波，单伽锃，等. 基于 OBE 理念的课程考试及其评价研究[J]. 教育教学论坛，2019（13）.

[5] 王军，王彩霞. 高校通识课教学质量影响因素及提升路径研究[J]. 中国高教研究，2020（8）.

面向信创的“操作系统”课程教学改革探索

◎ 宋国明　张远红　龚茗茗　李君　张启军
（成都工业学院计算机工程学院　四川成都　611730）

【摘　要】面向信息技术发展和信息技术应用创新的要求，在分析“操作系统”课程特点及现有问题的基础上，提出了课程建设和教学改革的方案，阐述了课程内容的扩充、实践资源的重构、实验方式的优化，结合采用融合课程思政的混合式教学模式及多元化的课程评价体系，探索了针对信创产业的计算机专业课程改革模式，以期在培养适应信创产业发展的高素质应用型人才中更好地发挥该课程的作用。
【关键词】操作系统；信创产业；教学改革；应用型人才

信创产业即信息技术应用创新产业，包含从底层基础软硬件到上层应用软件的全产业链的安全可控，涵盖应用软件、信息安全、IT 基础设施、基础软件四个领域。信创产业是当前新型基础设施建设的重要内容，在全球科技创新竞争日趋激烈的今天，实施信创产业创新发展至关重要，是摆脱核心技术受制于人的必由之路[1]。

CPU 和操作系统是整个信创产业的根基，操作系统是承载各种信息设备和软件应用运行的基础性平台，是计算机工作的灵魂[2]，它在整个信息技术体系中的地位决定了其在整个计算生态中的核心地位。“操作系统”课程是计算机类相关专业的核心课程，在计算机科学与技术、软件工程、物联网工程等专业的人才培养中，国内外计算机专业的教师一直高度重视该门课程的教学。作为连接计算机系统硬件与软件的纽带，“操作系统”课程的教学内容包含了对计算机系统进行深入理解的众多核心技术要点，是构建和培养学生对计算机系统全局性思维的关键。国家数字化“新基建”产业布局对高校育人提出了新的要求，作为计算机相关专业的重要核心课程之一，“操作系统”课程需主动迎接产业和技术发展的新挑战，展开课程教学的改革探索。

一、“操作系统”课程教学面临的挑战

“操作系统”课程的教学内容涵盖了操作系统的起源、发展、设计的原理和实现，具有理论和实践结合紧密的特点。与计算机类专业的其他课程相比，具有课程内容中抽象的概念较多、理论性较强的特点，以致学生较难深入理解。

近年来，随着国内信创产业的发展以及大数据、云计算、物联网等新一轮信息技术浪潮的冲击，对“操作系统”课程的教学内容及实验实训内容提出了新的要求，课程的建设面临新的问题和挑战。主要体现在以下方面：

（1）领域知识滞后于产业发展；

（2）教学过程中重知识传授，创新创业的教育不足；

（3）教学方式缺乏多样性，学生的学习兴趣不高；

（4）课程资源、实验实训资源案例的开发难以追赶技术的发展；

（5）忽视对学生工程素养的培养和价值观的引领教育。

为了解决上述问题，“操作系统”课程主动面向未来，按照国家信创产业发展的布局，寻求深度的课程改革。按照产出导向的教育理念对课程建设的要求，坚持以解决问题为导向，遵循教育部高等教育司所提出的“六问”[3]精神，在教学中按照产业需求、技术的发展重构课程的内容变得尤为紧迫，根据学生的志趣变革教学方法、根据内外的资源优化实验教学资源和内容十分必要。

本文探索面向信创的“操作系统”课程教学改革方案，落实以学生的未来发展为中心，以实际应用能力为核心，发挥学生学习的主观能动性，循序渐进地完成对学生知识和能力的培养。针对主流国产操作系统开发实验实训案例资源，逐步提升对国产操作系统的认知程度，为构建信创产业的系统开发、工程应用人才奠定基础，以支撑我国信创产业的发展。

二、操作系统课程教学改革与实践

在传统的“操作系统”课程教学中，进程管理、内存管理、文件系统管理、I/O 管理、硬件驱动等几部分构成了课程的主体内容。在讲述每部分内容时，通常将基本概念的介绍与相应的分配调度算法及技术实现相结合。虽然传统的教学模式可使学生系统性地掌握计算机操作系统的基本概念和算法，

但与实际操作系统缺乏紧密联系，实验和实训内容滞后于当前技术的发展，不符合“培养高素质应用型计算机人才”的专业培养目标，以及不能满足信创产业发展对学生能力的需要。

当前，如何让学生有目的、有针对性地获取知识和技术，以及如何有效利用互联网所提供的海量学习资源，来打破传统教学模式下主要以教材、参考书为可利用资源的局限，充分地建设和有效地利用线上资源，改进教学模式，调动学生学习自主性，进而提高教学效果，是课程建设和改革急需解决的问题。

（一）立足信创产业需求扩充教学内容

“操作系统”是计算机类专业的核心专业基础课，按照培养计算机应用型人才的要求，结合当前国家发展信创计算生态对人才的需要，重构课程的内容体系。在传统的“操作系统”课程教学中，理论知识占课时安排的绝大部分，实验部分占比较少且内容主要着眼于经典算法的验证性操作，无法与信创产业中相关计算生态的需求紧密融合。经过重新梳理课程的内容体系，瞄准“数字基建”下未来计算机系统所需新技术的需求，结合计算机类专业的培养目标和学生毕业要求，重新制定课程教学目标，扩充与适配信创教学内容，修订完善本课程的教学大纲。在课程内容设计中，除了讲授经典的操作系统原理、结构及实现外，结合国产操作系统的应用项目来更新课程的教学内容，引入国产操作系统教学案例，如北京中科红旗 Linux、上海中标麒麟 Linux、华为 Open Euler 等典型的国产操作系统，使课程的教学内容适配信创产业的发展。

鉴于“操作系统”课程的理论性和实验性，面对新技术产业发展要求和工程教育改革新趋势，构建以能力为导向的实验实训体系也纳入课程改革中。现阶段，我国国产操作系统大多都是基于开源 Linux 内核的基础上进行二次开发[2]，保持了原有的内核框架模式。因此，按照知识能力要求设计层级递增的实验内容和实验案例，编写涵盖设计类和创新类实验的实验教材，是对理论教学的有力补充，也为学生适应国产操作系统及将来从事国家信创成果的集成应用创新打下必备的能力基础，有益于学生创新精神和创造能力的锤炼。

（二）改进实践教学环节设计

实践教学是学生所学知识能否综合利用的检验，也是培养学生应用能力的有效手段。教师通过组织开展课程实验、实践教学活动，可促进学生对学习内容的充分理解和内化，进而融会贯通。传统的“操作系统”实践以验证类实验为主，不利于培养学生的创新性思维。在“操作系统”课程改革中，通过比较并分析国产操作系统，将国产操作系统应用于课程的实践教学环节，并据此设计实践教学内容，建立实践项目案例库。根据学生不同的层次，按照课程的知识模块对实验内容进行分层管理，形成学生实验能力培养的阶梯式递进，如图 1 所示。

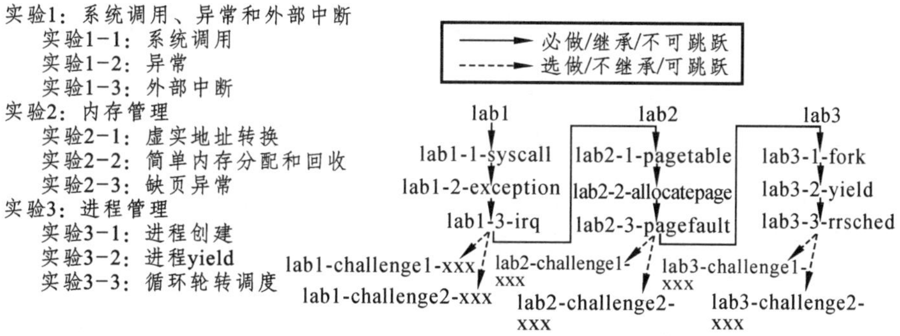

图 1　实验内容的分层设置

同时，结合双创教育的要求，优化实验教学的内容，对实验过程进行有效的管理，采用层级增量式实验教学管理方式（见图 2），通过实验加深对理论知识的理解，而理论知识的深入掌握又可以促进实践动手能力，形成良性循环，以培养学生解决复杂问题的综合分析能力和创新思维。

此外，依托计算机工程学院的“鲲鹏信息创新技术与应用”实验教学中心，构建以学生为主体的“基本技能训练—校内实践能力训练—企业综合能力实训”的工程实践教学体系，以达到理论与实践的紧密结合，以及实践能力培养的循序渐进。通过与信创企业的产教协同，搭建“国产操作系统教学实践平台”，共同设计实施的实训课程，重构符合课程教学要求的实践教学案例，与企业携手共建教育教学资源，促进学生实践动手能力、综合能力的培养。

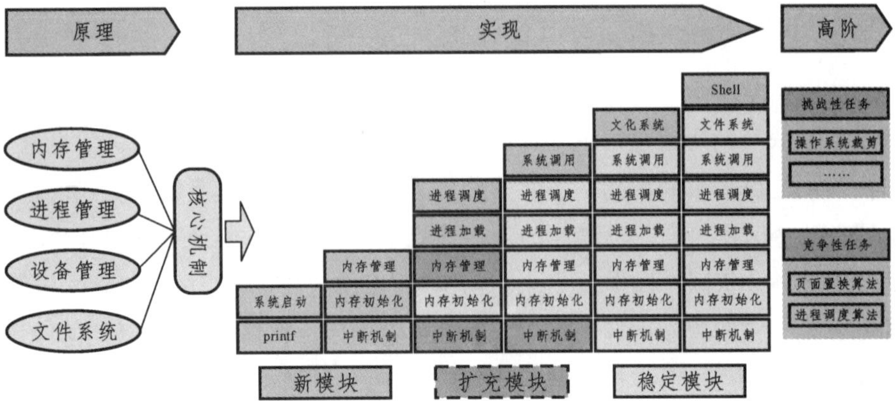

图 2 层级增量式实验教学

（三）融合课程思政的混合式教学，激发学生的学习兴趣

传统的“操作系统”是一门偏理论的课程，其教学内容较为晦涩、枯燥，如何培养学生的学习兴趣、提升学生对课程的学习热情，是长期困扰该课程授课教师的问题。结合信创产业的发展，挖掘操作系统的思政元素，在课程中积累各类思想政治教育素材，是落实以“立德树人”为目标的教育理念，也是对高校课程教学内容的要求[4]。面向信创的操作系统内容为课程思政提供了大量的育人素材，通过建立思政案例库，在教学中根据知识要点有机地融入思政案例，优化和丰富现有“操作系统”课程的教学资源，教学过程中采用智慧树和微助教等线上教学平台深入开展线上线下混合式教学[5]，激发学生的学习兴趣，培养学生对专业的热情。

在教学设计上，将理论教学环节分为课前预习模块和课堂学习模块，树立“深挖洞，广积粮，高筑墙，缓称王”的课程建设方针，如图 3 所示。

（1）“深”挖洞。在教学过程中通过设置一定深度的教学内容，引导学生通过学习、推理、演化来掌握计算机操作系统中原理性较强的知识的学习方法，在充分锻炼批判性思维和分析性思维的同时，提高推理和演算的能力，从而加深学习成就的获得感。

（2）“广”积粮。指导学生将课堂所学的算法思维与实际的国产操作系统的实现过程案例相结合，由实践拓宽知识广度。

（3）“高”筑墙。在课前、课后及课堂中，营造健康、积极、正能量的学习氛围，以“春风化雨”的方式培养学生正确的思维方式和价值观。将问题驱动的学习方法与小组合作学习的方式有效地结合起来，培养学生竞争与合作意识，塑造勇于探究、敢于尝试、不怕失败的优秀品质。

（4）“缓”称王。引导学生深入了解所在学科领域的技术发展现状及未来趋势，正确认识我国与其他发达国家在计算机专业领域之间存在的差距，从而注重缓慢而广博的知识积累，树立“量的积累必然产生质的飞跃”的信念，通过今后的不懈努力，让自己对所在领域有所贡献。

融入课程思政的混合式教学模式，实现了教学以“教师为中心”向“以学生为中心”的转变。在充分调动学生学习积极性和主动性后，引导学生主动分析工程实践问题，从而做到对专业能力、职业素养、钻研精神的全方位培养。

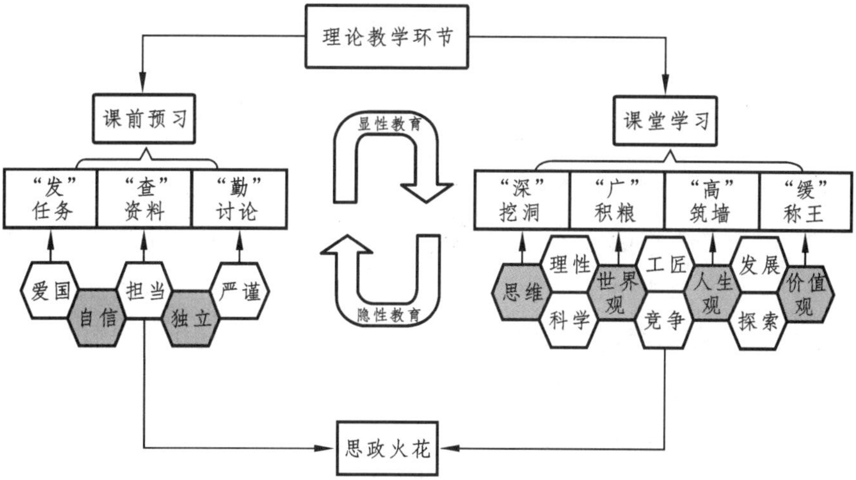

图 3　融合课程思政的理论教学设计

（四）优化教学评价体系

课程考核是教学改革中的一个重要环节，课程考核方式会影响学生的学习方法与学习效率。线上线下混合式教学模式使全学习过程的考核更加方便，可实现由以往静态单一的考核方式转变为面向过程考核的动态多元化考核方式。传统的课程考核，通常由出勤、作业、实验组成的平时成绩与期末笔试成绩两部分考核形成课程成绩，考核形式较单一，难以达到对学生学习全过程的掌握。而混合式教学则可方便地跟踪学生的学习过程，并将过程性学习数据纳入课程的考核，更加符合计算机专业应用型人才培养的需要和工程教育认证下的教学要求。跟踪线上教学平台记录的学生过程性学习数据，掌握学生课内、课外的学习情况，建立个体学习档案，制定个性化的学习方案。

同时，采用多元化的教学评价系统，将教师评价、学生自评、小组互评等多种方式结合起来，实现对学生课前、课上和课后的教学过程管理，方便教师了解学生的个体学习情况，及时评估教学目标的达成情况。区别于以往的课程考核评价方式，对“操作系统”的课程考核进行了以下改进：① 课堂中利用在线教学平台进行抢答加分，这种课堂互动既可活跃课堂气氛，又可激发学生兴趣；② 更新设置考核中各环节的权重，增加平时学习过程的考核，适当降低期末卷面考试成绩的占比，增加由“视频学习、章节测试、课堂互动、考勤、作业、实验”组成的平时成绩的占比。多元评价考核体系的采用，有效地促进了学生的自主学习、交流和探究，提升了学习效果。

三、结语

本文阐述了面向信创的“操作系统”课程改革探索，通过在教学中引入国产操作系统作为理论教学内容的实践案例补充，建立针对工程应用的分层实践案例资源和层级增量的实验教学方式，结合融入课程思政的混合式教学模式，建立多元的课程考核评价系统，实现教学内容的优化、教学方式的改进和教学效果的提升。此项改革有助于增强学生的自主学习能力及提高综合专业能力，对面向信创产业的人才培养、助力信创生态的构建具有重要的意义。对其他类似于“操作系统”的计算机专业核心课程的教学改革，具有借鉴意义。

参考文献

[1] 王朝红，杨本燕，杨君，等. 关于成都信创产业创新发展的思考与建议[J]. 产业发展，2021（4）.

[2] 韩乃平，李蕾. 国产操作系统生态体系建设现状分析[J]. 信息安全研究，2020，6（10）.

[3] 张大良. 新工科建设的六个问题导向[N]. 光明日报，2017-04-18（13）.

[4] 胡洪彬. 课程思政：从理论基础到制度构建[J]. 重庆高教研究，2019，7（1）.
[5] 赵健. OBE 理念下理工科实践教学研究[J]. 教育评论，2019（2）.

基于工程教育专业认证理念的“区间信号自动控制”课程教学改革研究

◎ 肖金梅　蔡煊　侯宇婷　董家希　宋晓波　廖继轩

（成都工业学院汽车与交通学院　四川成都　611730）

【摘　要】“区间信号自动控制”课程是轨道交通信号与控制专业课程体系中的重要专业必修课，在对四川省内高校该课程的建设进行调研分析的基础上，基于工程教育专业认证理念，提出该课程的教学改革对策，包括：依托校企合作精选教学内容，实现课程对专业人才培养目标的强支撑作用；构建“学为中心”的课程教学模式，加强“校-校”和“校-企”合作，依托学科竞赛和岗位教学强化学生创新意识和工程实践能力；完善课程考核方式，构建学生成绩考核新体系。以上改革策略同时也可以为其他铁路专业课程教学改革提供参考。

【关键词】区间信号自动控制；工程教育专业认证；教学改革；工程实践

近年来，我国轨道交通行业伴随着国民经济的增长迅猛发展。截至 2021 年 12 月，全国铁路运营里程约 15 万千米，其中高速铁路运营里程约 4 万千米，约占全球高铁网的 70%。全国有 51 个城市开通城市轨道交通线路，线路数量达到 269 条，运营线路长度共计 8708 千米。行业的快速发展增大了对轨道交通专业人才的需求，以轨道交通信号与控制专业为例，近 5 年共 29 所大学新增了该专业。该专业具有实践性强、知识点容量较大、知识点理论性强、知识点抽象化等特点，学生普遍反映学习难度较大。如今高等工程教育进入了“互联网+”的新时代，“学生为中心、成果导向、持续改进”工程教育认证理念深入人心，迫切要求加快本科教育教学改革创新，对标工程教育专业认证，进一步提升教学质量。“区间信号自动控制”作为轨道交通信号与控制专业学生接触到的第一门专业核心课，其教学效果对于本专业学生的学习和职业发展具有重要意义。因此，本文以工程教育专业认证理念为导向，针对“区间信号自动控制”课程提出教学模式及课程改革策略，同时也可以为其他铁路专业课程教学改革提供参考。

一、应用型本科对轨道交通信号与控制专业的定位

目前，全国本科院校 1272 所，定位为应用型本科的院校约 300 所。随着社会经济发展，应用型本科是本科教育发展的一种思路和探索。《国务院关于印发国家职业教育改革实施方案的通知》（国发〔2019〕4 号）明确提出，一大批普通本科高等学校于 2022 年前向应用型本科院校转型，其人才培养应面向社会发展需求，且将重心放在“应用”上面。应用型本科院校需要在课程体系、教学内容、教学方法等方面进行全面构建和提升，并紧密结合地方特色，培养高素质应用型人才[1]。

轨道交通信号与控制专业属于典型的应用型专业，新开此专业的应用型本科高校需要根据自身特点明确办学思路和人才培养方案[2]，依据工程教育专业认证标准，以适应社会需要为目标，以培养技术应用能力为主线设计学生的知识、能力、素质结构，以“应用”为主旨和特征构建课程和教学内容体系，重视学生技术应用能力的培养。而课程设置应区别传统学术型人才培养模式，根据企业岗位要求标准，强化实践教学环节设置[3]。结合地方经济发展，立足为地方轨道交通建设培养人才，加强校企合作，提高实践占比，提高职业技能，培养应用型人才。

二、“区间信号自动控制”课程教学现状分析

通过对四川省各本科院校新开设轨道交通信号与控制专业的培养方案、师资队伍、实验室建设、区间信号自动控制课程建设等方面开展调查，发现该专业核心专业课“区间信号自动控制”教学存在以下普遍问题：

（一）实验室建设对课程支撑不足，师资队伍缺乏实践技能型教师导致实践教学不足

区间信号由室内室外设备联合控制，室外设备所需场地较大，投资建设

资金多，新办此专业的高校普遍缺乏适应“区间信号自动控制”课程的整套实验设备，对于课程实验支撑不足。实验室建设较好的学校也仅有少量工位的 ZPW-2000A 轨道电路实训模拟台，学生也仅机械地按照教师的实验步骤完成实验内容，思考性实验环节较少，没有对区间各设备的实际应用原理深入理解。此外，从教师结构上来看，轨道交通信号与控制专业的教师主要是刚毕业的硕士或博士研究生，少量有轨道交通行业工作经验，且教师数量较少，教师缺乏实践技能。而应用型高校轨道交通信号与控制专业要求实践课占 30%以上，由于实验室建设与师资实践水平不够，实践课教学质量不高。

（二）教学内容偏重理论，教学手段单一，学生学习枯燥，学习积极性不高

轨道交通信号与控制专业有工作经验的高学历教师较少，而新开专业承担教学的主要是新教师。新教师对教学内容还不够熟悉，而课堂组织、教学方式受传统教学的影响，仍采用传统的偏理论知识培养方式。“区间信号自动控制”课程具有大量的现场应用理论知识及专业的行业规范，且涉及通信、计算机等交叉学科知识，加上新开专业教学实验室建设滞后，以致教师上课主要偏理论，对学生职业技能和动手能力培养不够，普遍感觉难度大，学生学习枯燥，不能很好地理解课程内容，从而削弱了学生学习积极性，导致教学质量大打折扣。

（三）网络教学资源较少，教学内容滞后于轨道交通信息新技术的发展

轨道交通信号与控制专业属于铁路特色专业，具有较强的专业性与实践性，受众小，相关实际案例与教学资源较难收集。目前仅有兰州交通大学建有慕课，网络上搜索轨道交通区间信号设备常见故障及具体维修实际案例相关资料较少。同时我国轨道交通高速发展，技术理论日新月异，教材也滞后于新技术发展，导致学生在校所学知识落后于轨道交通现场实际应用新技术，无法满足轨道交通事业对信号人才的需求，达不到工程教育专业认证标准及应用型高校定位的培养高素质应用型人才的目标。

三、“区间信号自动控制”课程教学改革策略

（一）加强校企合作精选教学内容，引导学生学习新技术新理论，提高课程对培养方案的支撑

工程教育专业认证的目的是提高所培养人才的工程实际适应性。“区间信号自动控制”要求学生系统、完整地掌握相关设备和系统的工作原理、技术特性、工程应用及简单故障分析与处理方法，为今后从事铁路信号的工程设计、施工、维护和科学研究打好必要的基础，最终达到具备区间信号新技术的再学习能力。

教学内容设计上，教师深入调研企业在区间信号自动控制上的实际工作内容、常见问题、技术装备及技术应用情况，再根据课程特点制定课程目标，精选课程教学内容。根据企业调研情况，以各种工程实际问题为导向来梳理课程知识点，积极补充新知识、新技术和本领域最新研究成果，并用现代教育观念和教育方法改造传统教学内容。根据工程教育专业认证标准，修订课程大纲，优化课程设置，改革教学内容，并增加研究性、创新性、综合性项目，使学生加大学习投入，实现课程目标、课程内容对毕业要求指标点的全覆盖。比如在讲解 ZPW-2000A 移频自动闭塞系统各个组成部分工作原理时，教师对主要设备发送器及接收器相应引入新技术高铁客专 ZPW-2000K 型知识点，进行对比讲解，而对于其他部分内容，教师可引导学生进行自主学习，并通过作业或分小组翻转课堂形式让学生讲解，从而提高学生对课堂的参与及对知识的思考理解。

（二）改革教学模式，构建“学为中心”课程教学模式

区间信号自动控制课程知识点多，具有较强的实践性，学生学习抽象难度大，传统“教为中心”的课程教学模式不利于学生学习。按照工程教育专业认证理念，坚持以“学为中心”的教学理念，根据不同的教学内容采用不同的教学模式，注重课堂教学效果与课堂教学目标达成度，降低学生的理解难度，提高学生学习兴趣及学习主动性。

1. 引入任务驱动的教学模式

在教学过程中引入任务驱动的教学模式，教师从学生的专业学习实际需

要出发，选择典型的实践任务作为教学内容；学生在教师的指导下，按照任务实施的具体要求，自主制订学习和工作计划，自觉地进行知识建构，按时完成项目任务要求。比如区间信号自动控制理论讲解与区间信号自动控制课程设计结合，在讲解自动闭塞章节时采用任务驱动的教学模式，在学习这一章第一节课便告诉学生本章的目标，引入课程设计任务书要求，即学完理论后要求学生能运用并设计具体铁路区间的区间信号。将准备好的铁路区间信号设计基本图分配给各小组，各小组在课程学习中不断围绕目标来开展工作，并不断学习。教师在各小组工作实施过程中起到指导作用，学生是目标完成的主体，通过教师讲解理论与指导，学生具体操作的形式，提高学生对自动闭塞原理、设备组成、区间信号控制的理解。

2. 积极探索案例教学与微视频教学法

轨道交通信号与控制专业课程具有知识点多、难点多、电路多、实践能力要求高的特点。传统 PPT 讲授理论知识的教学模式下，学生对现实情况没有直观感受，学生学习枯燥且效率低。因此，积极探索案例教学与微视频教学法，吸收企业实际案例和慕课教学资源，提高学生学习兴趣及课堂教学效果。比如学习 64D 型继电半自动闭塞，学生对半自动闭塞设备及办理手续通过 PPT 讲解不能很好理解，若根据课程内容结合轨道交通现场工作，把办理流程录制成微视频，上课时讲解 PPT 后，再把微视频播放给学生观看，学生更容易掌握，进而提高教学效果[4]。

3. 选取合适的知识点开展翻转课堂

大力推进现代信息技术与教学深度融合，吸收翻转课堂的教学理念，通过线上与线下教学的融合，开展混合式教学。比如，针对自动闭塞章节的学习，教完既有铁路移频自动闭塞系统后，教师设置相关问题，布置任务让学生通过慕课等网络资源自学高铁移频自动闭塞系统，引导学生有针对性地自主学习。课堂上随机分组讨论分析，为保证每位同学参与，教师随机提问，学生也可以通过准备的 PPT 资料为大家讲解高铁自动闭塞技术原理、发展研究现状等相关问题。

（三）加强“校-校”和“校-企”合作，加强学科竞赛，探索岗位教学，强化学生工程实践环节

据调查，本课程的实践教学主要体现在 8 个学时的实验教学过程中。对于实验室建设滞后或者没有区间信号自动控制对应实验设备的学校，建议加强校校合作，将学生集中到有实验条件的学校开展实验教学。根据实验条件，针对应用型本科人才培养方案及课程大纲制定实验方案。为提高学生实验效果，实验教学主要从以下方面改进：一是在实验前下发实验任务书，引入实验预习思考题，督促学生在实验前主动对实验原理及内容进行理解[5]。二是丰富实验内容，充分利用实验平台，针对不同教学内容分组设置不同的故障案例，引导学生利用所学基础知识思考故障原因，自主设计测试方案，测试相关数据排查故障点。如在 ZPW-2000A 实验中，教师可以设置不同电路故障点，请学生根据衰耗器显示判断故障设备，设计测试方案测试相关数据找出故障点。三是实验后加强实验报告总结，要求学生深入分析总结实验内容及实验过程，并提出实验报告评分标准，实现对学生实践效果的有效考核。

另外，探索职业岗位化教学，在传授理论知识时，针对工作岗位的技术要求，参照企业工作流程，在课程中增加岗位教学[6]。比如学习 64D 半自动闭塞，以铁路信号员为例，对就业岗位的典型工作任务进行分析，在教学实施过程中严格对照岗位所需知识、能力和素养，模拟车站信号员实际岗位接发车过程及设备操作程序。将学生的学习过程与就业岗位要求无缝对接，有效缩短学生进入工作岗位后的适应时间[7]，提前培养学生的职业意识，提高学习效果。

此外，加强课程相关内容的学科竞赛，鼓励组织学生参加技能证书考试。比如参加“1+X”证书的考取，通过与有考点的学校合作，让学生体验参加技能培训考取证书的形式，加强学生对课程及专业的理解、对信号设备操作的熟练掌握，增强学生专业自信度。同时，也为学生就业打下良好基础。

（四）完善课程考核方式，构建学生成绩考核新体系，提高学生学习效果

课程考核是评价学生对所学知识掌握程度以及督促学生复习理解课程知识的重要手段，考核方式一般以期末考试成绩为主，平时出勤、作业、实验

为辅，此考核方法不利于学生知识的掌握及综合素质的提升。因此，充分利用智慧树、雨课堂等现代智慧教学平台，加大平时作业、中期考试等过程性考核，构建便于操作的学生成绩考核新体系。首先，完善课程成绩组成结构，合理分配作业、实验、中期考试、期末考试比例。其次，明确考核内容及评分标准，实现课程目标达成全过程监控，提升作业/考试与课程目标的关联度，有效提高学生学习效果。图 1 为改革前后课程教学考核比例。

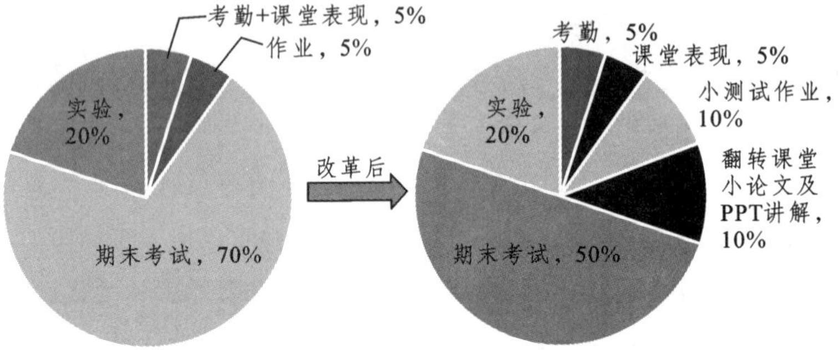

图 1　改革前后课程教学考核比例

四、结语

加强校企合作精选教学内容，引导学生学习新技术新理论，提高课程对培养方案的支撑；构建“学为中心”的课程教学模式；加强“校-校”和“校-企”合作，加强学科竞赛，探索岗位教学，强化学生工程实践环节；完善课程考核方式，构建学生成绩考核新体系等，提高学生学习主动性及动手能力，激发学生创新意识，从而提高应用型高校新开专业新开课程教学效果与人才培养质量。

参考文献

[1] 国务院关于印发国家职业教育改革实施方案的通知[R]. 中华人民共和国国务院公报，2019（6）.

[2] 姚舜才，李晓，刘长明，等. 对特设专业——“轨道交通信号与控制”专业建设的几点思考[J]. 教育教学论坛，2015（25）.

[3] 王晓军. 满足铁路现场需求，构建技能型信号专业实践课程体系[J]. 科

技展望，2015，25（1）.
[4] 聂富春，陈亚妮，李康标. 微视频在铁道信号专业课程教学中的应用研究[J]. 才智，2020（18）.
[5] 杨妮，陈永刚. 高速铁路大发展背景下铁路特色专业“区间信号自动控制”课程教学改革[J]. 西部素质教育，2019，5（24）.
[6] 陈欣. 应用型本科高校教学质量提升策略研究——以 S 高校为例[J]. 安康学院学报，2021，33（3）.
[7] 李曼. 高职院校铁道交通运营管理专业铁路信号员岗位化教学研究[J]. 当代教育实践与教学研究，2018（4）.

学生学习效果维度下教学创新设计的方法路径研究与实践
——以物流管理类课程为例

◎ 陈亮君
（成都工业学院经济与管理学院　四川成都　611730）

【摘　要】在学生学习效果维度下探究教学创新设计体现的是“以学生为中心”的本科教学改革理念。本文在学生学习效果维度下，以物流管理类课程为例，围绕教学中主要存在的忽视“学”的效果以及不重视学习效果的评价等问题，遵循以学生学习效果为中心的理念，聚焦于关注学生课堂反应，调动学生主观能动性，培养学生终身学习的能力，从教学模式、教学活动、教学内容、教学方法与手段以及教学评价五个方面阐述物流管理类课程教学创新设计的方法路径，以切实改善教学改革质量，提升学生学习效果，促进学生发展。
【关键词】学生学习效果；以学生为中心；教学创新；物流管理

在全国高等学校本科教育发展方向的大背景下，本研究聚焦教学创新，通过提升学生的学习效果维度来推进教学质量的提升，探究学生学习效果维度下教学创新设计的方法路径。

“以学生为中心”的本科教学改革理念一直占据非常重要的位置，有学者认为“以学生为中心”包含三个方面：以学生发展为中心、以学生学习为中心、以学习效果为中心，其中以学习效果为中心就是从学生学习效果维度关注学习效果。重点不仅是“学”，更是“学到”，关注学习效果维度是对教与学之后的情况负责，是对今后教学的方向指引，更是向求真知、得真知的目标靠近。

成都工业学院物流管理专业作为国家一流建设专业，积极响应打造“金课”的课程建设要求，努力打磨教学本领，然而在教的过程中，我们发现真正的“金课”标准是“以学生为中心”，以学生的学习效果来衡量，而不是以教学者的僵化式标准来评价的。以此来看，我们在教学过程中仍有诸多不足。

一、从学生学习效果维度看当前课程教学中存在的主要问题

（一）关注“教”的过程，忽视“学”的效果

我们在教学过程中发现，仍存在的较为传统的“教师传授模式”错误地驶向“以教材为中心、以教师为中心、以教室为中心”的课堂，这就是注重教师的“教”，却忽视了学生的“学”。其中有以下两个具体表现：

（1）满堂灌，即只是教师单向输出的教学模式，教师在课堂教学中占主体地位进行讲授，学生没有应答，教师仍然自顾自地讲述知识点，没有课堂上的师生互动交流，没有学生的独立思考，缺少过程性的学习，更无从谈起主观能动性，不能充分发挥学生知识分析与解决复杂问题的能力、协作与交流的能力、创新思维等综合能力等重要能力。

（2）一刀切，即传统教学中不能具体问题具体对待的统一教学管理方式，教师单方面地关注“教”，教师与学生一对多的教学关系容易将全部对象统一，然而我们的学生是有差异的、个性的，教学也需要差异化。例如：对于不同难度的课程，未考虑到学生的接受能力，统一设计每门课程或者每个教学任务的难度；对于不同学习能力的学生，未考虑到学生的学情背景，统一安排每位学生的课后任务等。

（二）注重学习成绩的打分，忽略学习效果的评价

经过一个教学周期，学生一定会得到一个成绩得分，却很难得到一个学习效果的评价。学生的总成绩一般由平时成绩和期末成绩分权组合给出，而学生的学习效果评价没有实施具体的方法，这里面存在以下两个具体表现：

（1）学习效果较难从学习成绩中体现。平时成绩的具体评分指标一般反映学习的态度，如出勤率、课后作业完成度以及小组学习参与度，从这些指标较难看出学生掌握知识的程度，即学习效果在哪一个水平。期末成绩更是不能一锤定音，毕竟勾画重点和考前恶补的行为为期末成绩注入了较多水分。

（2）学习效果本身具有难以评价性。判断学习效果会受到较多因素的影响，如时间、主观认知等。学习效果易出现短期效果和长期效果。可能短期的学习效果评价并不长久，在更长的时间周期里面就会出现不同的评价；学习效果的判断和评价带有一定的主观性，可能对于其他主体而言，判断结果会出现差异，所以难以准确评价学习效果。

二、学生学习效果维度下教学创新设计的思路

教学环节中的讲解主要是培养学生低阶的学习能力，而课堂中学生的讨论发言能更好地发展学生的高阶学习能力，即分析、应用、创造的能力，课后作业和练习则给了学生实际运用其认知模型的机会，培养其应用与创造能力。具体可以从以下三个方面去完成。

（一）以学习效果为中心，关注学生课堂反应，重视学生学习效果

关注学生课堂表现与反馈，适应性调整课程结构和内容，补充完善学习资料和学习方法，有针对性地探索教学内容，有层次性地教授知识点，关注学生的学情背景、学习特点、学习能力以及认知水平等，运用有针对性的教学方式，重视学生学习的过程，引导学生进行有意义的学习，尽可能地让每位学生参与到课堂中来，提高学生在课堂中的实际获得感，在课堂中细致观察，敏锐洞察学生的学习效果。

（二）以学习效果为中心，调动学生主观能动性，培养学生终身学习的能力

学习的目的不再是简单获得知识，而是掌握有效的学习方法，主动接受终身教育。课中教学中要给予学生足够的引导，安排足够的时间进行课堂研讨，调动学生的主观能动性，让学生充分参与到课堂之中，积极发言交流，展示已有的认知模型，表达自身的理论理解，让学生在交流和碰撞中进一步修正自己的认知；同时通过课后巩固训练拓宽学生的学习空间和实践机会，提升学生的学习意识和学习能力。只有学生的主观能动性被激活，对新知识的探索才会主动。

（三）以学习效果为中心，培养学生核心素养，践行“三全育人”教育理念

高素质人才对国家的认同感不仅影响学生的学习态度与效果，而且会影响今后的工作实践。对党和国家的发展方向、前进道路有正确认识，才会更加积极主动地学习科学文化知识，终身学习，为国家的富强而努力。因此，在教学过程中，教师要把课程思政引入课堂，让思政元素“润物细无声”地渗透到学生的学习中，帮助学生从精神上认同学习效果的重要性，真正做到全员育人、全程育人、全方位育人。

三、学生学习效果维度下教学创新设计的方法路径

在学生学习效果维度下教学创新设计思路的指导下，将从教学模式、教学活动、教学内容、教学方法与手段以及教学评价五个方面分别进行学生学习效果维度下教学创新设计方法路径的阐述。

（一）教学模式

由以“教”为主向重“学”为主的教学模式发展，采用多样化的教学模式，针对不同的教学内容和教学目标，差异化地选择教学模式实施教学实践。对于物流要素及功能、物流系统等基本理论范畴适合采用传递—接受教学模式，发挥教师的主导作用，帮助学生在较短的时间内接受知识、客观认识知识；对于供应商管理库存方法、准时生产制库存管理方法等微观分析，适合采用案例教学模式，从特定企业入手，逐步提炼、归纳总结库存管理的规律性，再进行知识迁移；对于流通理论、物流金融政策等宏观分析，适合采用引导—发现教学模式，以解决宏观物流管理问题为中心，指导学生去发现问题、提出问题并解决问题，培养学生的探究能力和创新思维；对于智能物流设施设备、物流信息技术等学科交叉类内容，适合采用抛锚教学模式，以问题为导向创设特定情境和问题，培养学生独立思考和解决问题的能力；对于最优路线规划、经济订货批量等计量类分析，适合采用专题式教学，突出方法在实际应用中的重难点和适应性，专门开出几节课作为专题讲授和专题练习，让学生在巩固练习中不断掌握这类分析方法。

（二）教学活动

改变传统课堂教学的单向输出，遵循“课前阅读—课中讲解及研讨—课中及课后学习效果反思—课后巩固练习”的步骤完成教学活动的循环。

课前阅读要求学生要在课前完成主要记忆和理解的任务。通过课前阅读，学生能够建立各自的初步认知。课程过程中学生带着各自的初步认知结果来到课堂，教师针对重难点内容进行课中讲解，并引导学生积极思考，让学生结合课前阅读的基础，进一步理解知识。教师再通过组织课中讨论让每位学生相互交流、相互质疑、彼此纠正。讨论中学生学会从不同角度重新审视自己和他人的认知模型，修正自己的模型，再次建立起正确的认知模型，这样就能够在课中研讨培养学生的部分高阶学习能力。

课后的巩固练习则给了学生实际运用其认知模型的机会，培养其应用与创造能力。课后的巩固练习形式包括书本的思考练习题、课外实践活动以及相关专业赛事。应鼓励学生参加相关专业赛事，如“国际供应链建模设计大赛”、“百蝶杯”物流仿真设计大赛以及“四川省大学生物流设计大赛”等物流专业赛事。指导学生参与学科类实践实训和比赛，一方面，帮助学生开阔视野，积累团队合作的经验，让学生在团队学习中实现个性化成长；另一方面，促进学生自主学习的兴趣，提高学生建构知识的能力。

其中更为创新的是课中及课后学习效果反思。学习效果具有难以评价性，故一方面建议在时段上更科学，在课中教师细致留心对学生大体的学习效果进行分层次评价反思，课后学生的表现亦可作为教师评价、学生自评学习效果的依据；另一方面建议在方法上更科学，采用形成性评价方法，这一方面会在教学评价中详细论述。课中及课后学习效果反思可以弥补当前课程教学中缺少的学生学习效果评价，能够让教师随时了解学生的学习情况，及时做出教学调整，促使学生更好地学习。

（三）教学内容

在教学内容和考核方式方面融入现代物流信息技术、新设备工艺、智慧物流系统规划的内容，并尝试多样化且行之有效的模式检验学生学习的效果和规划设计的实践能力。在教学内容上还可以融汇多门学科的知识，促进学生将其对学科知识体系的理解嵌入到对专业本身的认知中。学生学习进程和学习目标是分阶段的，但是专业知识之间是相互承接的。从专业必修课到选修课，前置课程具有映射链接后置课程的功能，且不同课程教学目标之间存在协同效应。例如，“采购与供应商管理”与“供应链管理”中有部分知识点有异同点，有详略之分，因此教师应结合学情，以物流管理学科思路和逻辑为主线，对教学内容进行适当的增减、调整等处理，帮助学生厘清并掌握学科全貌与知识点的内在联系，完善其对物流管理专业的认知结构。

延伸课堂教学内容，兼顾不同层次学生基础性学习目标和发展性学习目标的需求。在认识到学生个体差异性的基础上，进行分类设计。例如：在课堂上，立足于大量实践案例、数据图表，向学生展现前沿性和时代性的课程内容，促使学习体验具有创新性和探究性。在课外，补充材料阅读，鼓励一部分学生在完成既定教学内容后，向高阶目标挑战，让学生的潜在学习能力得到发展，让学生在各自的综合能力上获得发展。

在教学内容中引入更为深刻的“劝学”思政教育元素，将中国的政策、意识、文化以及价值观追求等融入教学全过程。围绕物流管理类课程的教学目标，挖掘物流领域思政元素，帮助学生建立正确的学习认知，高度认同终身学习。

（四）教学方法与手段

在教学方法的设计上灵活施教，引导学生积极投入学习，主动参与到教学活动中。对于比较抽象的理论性内容，如物流学导论的概念、要素、原则等，适合采用讲授法，帮助学生重组认知结构，为学生的实践应用打好坚实的理论基础；对于应用实践性内容，如供应商管理库存、准时制生产等，适合案例教学法，分析教学内容在课程结构中的地位及前后联系，通过把握学生的逻辑起点，以问题导向激发学生的学习兴趣；对于创新创业类素养，鼓励学生积极参与实践实训、社会调查等科研训练，提高学生分析问题和解决问题的能力，同时也有助于学生完成物流类专业知识点及其社会意义的串联。从教学手段看，从“关注课堂”转变为“关注学生”，把学生放在教学的主体地位，灵活使用课本、多媒体、板书、云班课以及雨课堂等教学辅助工具，各取所长。

（五）教学评价

改变传统的教学评价方式，采用形成性评价方法。在“以学生为中心”的本科教学改革中，关注学习效果的课程教学评价方法中有几种创新的方法可对学生学习效果进行评价，其中包括形成性评价方法。形成性评价是指在教学过程中为了解学生的学习情况，及时发现教学中的问题而进行的评价。形成性评价常采用非正式考试或单元测验的形式。

采用形成性评价时，教师应该及时跟踪每个学生的学习变化，并使用多样化的方法检测学生的学习情况，如从不同学期的年级排名看进步情况、从课堂提问和作业订正反馈看答疑情况、通过汇报展示小组讨论情况等，并针对每个学生的学习情况提供针对性反馈，做出相应的教学调整，潜移默化地引导学生积极投入学习。互动的频率和个性化展现也是形成性评价的重要参考依据，故在课中的学习效果反思中可以加强学生和老师间、学生和学生间的互动交流，开展个性化教学，因地制宜地提升学习效果。

四、结语

以上论述从学生学习效果维度，针对当前物流管理类课程教学中存在的主要问题，以切实改善教学改革质量，提升学生学习效果，促进学生发展为目标，从教学模式、教学内容、教学活动、教学方法和手段以及教学评价五个方面提出了学生学习效果维度下教学创新设计的方法路径，以期在持续提升课程质量的基础上，真正做到让本科课程优起来，让学习效果实起来。

参考文献

[1] 赵炬明，高筱卉. 关于实施“以学生为中心”的本科教学改革的思考[J]. 中国高教研究，2017（8）.

[2] 莫媛，孙光林. 新时代金融类课程教学创新设计[J]. 对外经贸，2022（6）.

[3] 赵炬明. 关注学习效果：美国大学课程教学评价方法述评——美国“以学生为中心”的本科教学改革研究之六[J]. 高等工程教育研究，2019（6）.

[4] 李双艳，张皖，王星星，等.《物流系统规划与设计》课程教学创新方法

实践[J]. 中国储运，2022（7）.
[5] 戴宏亮，戴宏明.“以学生为中心”的课堂教学模式探索与实践[J]. 高教学刊，2022，8（20）.
[6] 苗慧勇，陶有田，张帅兵. 以学习效果为中心的在线教学途径设计——以电子商务类课程为例[J]. 电脑知识与技术，2020，16（21）.
[7] 蔡红红. 教师在线教学准备与学生学习效果的关系探究——学习者控制与学业情绪的中介作用[J]. 华东师范大学学报（教育科学版），2021，39（7）.
[8] 王新杰，唐玉娟，黄学功. 启发—探究—创新设计式高等教学方法研究[J]. 教育教学论坛，2021（48）.
[9] 李红梅，田钰.“做学教”一体化的分级教学模式下的学生学习效果分析[J]. 吕梁教育学院学报，2020，37（4）.
[10] 鲁芳. 一流课程《财务分析学》教学创新设计——以资产负债表分析为例[J]. 财务管理研究，2022（5）.

工科学生学习效果维度下教学创新设计的方法路径研究

◎ 陈博　刘俊伯　吴贵平

（成都工业学院电子工程学院　四川成都　611730）

【摘　要】以人工智能技术为代表的新一代信息技术的快速发展催生新一轮科技革命和产业变革。新工科建设是国家为有效紧抓第四次工业革命机遇的战略动向，新工科教育强调培养学生的创新性以及人才在社会上的竞争力。在良好的体系建设之下，目前高校工科专业教育仍存在部分问题，高校工科教学应该提高教学质量以满足经济社会对多元创新型人才的需求。本文立足于新工科背景，基于工科学生学习效果维度分析当前教学过程中存在的问题以及提供教学创新设计的建议思考。

【关键词】新工科；学习效果；教学创新设计；方法路径

一、研究背景

推动我国高等教育新工科建设浪潮的标志性事件是我国2016年正式加入《华盛顿协议》。随着“工业 4.0”、虚拟现实、大数据、人工智能等技术快速发展，向工程教育改革提出了新挑战，传统工科教育亟待更新[1]。在教育部教育改革的推动下，2017 年以来我国先后形成“复旦共识”“天大行动”和“北京指南”[2]等重要共识，有力推进我国新工科建设。以培养应用型人才为根本目标的地方应用型高校，尤其是工科院校人才培养更要紧密结合我国正在实施的“中国制造 2025”“互联网+”等重大战略计划，探索工科教育新模式，培养国家经济建设和社会发展新需求的高素质创新应用人才。当前应用型高校在上述背景下的人才培养的教育教学活动是否能满足行业需求和业界发展值得探究。国家持续推进的教育改革，以教育信息化引领教育现代化。作为教育改革的主阵地，课堂教学的效果将直接体现学校人才培养的质量规格。以学生学习效果维度为导向，研究创新教学设计有利于提高工科人才培养质量。

二、核心概念界定

（一）新工科

钟登华[3]院士提出："以立德树人为引领，以应对变化、塑造未来为建设理念，以继承与创新、交叉与融合、协调与共享为主要途径，培养未来多元化、创新型卓越工程人才。"同时提到新工科具有战略性、创新性、系统性和开放性四大特点。刘江涛提出新工科对人才培养的目标要求表现为培养解决复杂问题和创新意识的复合型工程人才。[4]新工科的内涵定位，对指导新时代工程教育具有重要指向意义。工科院校教师对于这一内涵的深刻理解，有利于日常教学中工科人才的培养。

（二）学习效果

"学习效果"源于教育学科教育目的概念的界定，于表达过程中产生[5]。国外学者 Eisner[6]最先提出"学习效果"的概念，认为学习效果是以某种形式参与学习之后获得的结果。系统科学研究也表明，学生的学习效果应包括学业发展、人格发展、社会性发展和生涯发展四个方面[7]。这样的解释更多是基于教育领域对于个体发展的理解，即个体个性化发展和个体社会化发展，从广义上讲四个方面确实对学习效果进行了很好的概括。本研究主要从高等教育工科学生入手，对于学习效果的概念界定当从狭义出发，具体以工科学生的学习效果进行考究。国外以英国工程委员会的界定较为权威，认为工程学科学生的学习效果是指在毕业时应该达到的标准，包括工程学科所必需的学科理论基础以及解决实际问题的各种能力，[8]强调理论的应用和问题的解决。国内学习效果的评价维度主要集中于实践应用能力、高阶思维发展、人际交流能力、自主学习与发展能力以及公民与道德素养五个方面。从课堂教学角度看，这五个学习效果维度的划分符合课堂教学目标的追求，在整个教育活动过程中，教师在进行教学活动开展过程中要做好学情分析，充分遵循因材施教、个性培养原则，体现新工科教育理念。

（三）教学设计

教学设计是连接教学理论与教学实践的桥梁学科。“教学设计”概念源自教育学领域，是教育学分支学科教育技术学的核心理论及重要的实践领域。张祖忻、章伟民[9]等学者提出：“教学设计本质上是一种分析和解决教学问题的系统方法，包括一套相关的教与学的原理、指导原则及创新性做法。”教学设计的基本过程主要包括：进行前期分析、设计教学方案、开发教学材料、实施教学方案、评价学习效果。教学是有目的、有计划、有组织的社会实践活动，教学设计的恰当与否，会直接影响学生学习效果。教师在授课前，做好教学设计尤为重要，教师的教育信念将在自己教学设计中展现得淋漓尽致，在自己的课堂教学显露无遗。

三、理论基础

（一）建构主义学习理论

建构主义学习理论强调学习的主动性和知识的建构性，将“情境、协作、会话、资源”作为学习情境创设要素[10]。对于学习条件的创设，新工科教育，需要在具体情境下，以解决具体生产实践问题为教学的逻辑起点开展教学，在此过程中，学生的合作探究很重要，但是不可忽视教师提供的支架引导。建构主义学习理论所持观点，对于当前新工科教育具有指导意义，学生学习效果并非简单识记某类概念，更多的是解决具体情境下的实际问题。

（二）布鲁姆教育目标分类理论

布鲁姆将认知领域的教学目标分为记忆、理解、应用、分析、评价、创造六个维度。在教学中追求学生高阶思维的发展，需要注重引导学生对知识进行分析、评价及创造。布鲁姆教育目标分类理论为课堂教学目标设计提供了理论指导与实践遵循。工科学生教学重视其解决问题的能力培养，需要的不仅仅是知道是什么、为什么、怎么样的陈述性知识，更多的是要掌握做什么和怎么做的程序性知识。高阶思维的培养就是为了让学生获取程序性知识去解决生活中遇到的实践困难。

（三）“做中学”教育理论

美国著名教育家约翰·杜威提倡的实用主义教育学强调“做中学”理念。期待教师开展以活动性、经验性的主动学习取代传统的课堂灌输教学，倡导“活动中心”“经验中心”。强调实践在教学过程中的重要性，强调“学做合一”。工科教学应当理论联系实际，在实践过程中使学习者主动建构知识，这样的目标达成是基于学生在真实情境任务下实现的，这需要在实际操作中去体会，获取具体经验。

（四）OBE 工程教育理念

OBE 译作成果导向教育，即以学习产出为目标的学习模式。新工科背景下的工科学生学习追求“预定人才能力培养目标”，符合新工科教育理念，推进教育教学改革与实践过程中要有效融合 OBE 工程的教育理念。为了适应满足成果导向教育的要求，新的课堂教学应该是对话型课堂，开放性课堂，重视能力培养的课堂，重视反思的课堂和“以学习者为中心”的课堂，教学要紧密围绕学习者经过一段时间学习后所能达到的最终成绩。

四、当前工科专业教学中存在的问题

传统工科专业培养模式陈旧，对于经济建设和社会发展需要存在较大差距，新工科背景下的工科人才培养亟须创新。当前工科教育主要面临如下问题：

（一）多元价值取向，学生思想易受影响

进入信息时代，人类生活生产方式的变化引发文化价值观念的转变，价值取向多元。毋庸置疑，这种变化确实丰富了人类认知，但是多种思想文化、价值观念的交织影响，造成社会成员在多元价值选择中出现迷乱。高等教育更是处于个体价值观、人生观形成的重要阶段，学校教育更应该重视学生思想道德发展。信息社会，人类相对更加容易获取信息，价值取向多元已成为当代大学生新的发展特征，这种变化影响广泛：个体层面，学生思维品性的养成易受影响；社会层面，容易诱发负面舆论。工科学生容易受错误价值观念诱导，对人文社会科学缺乏重视，容易被“技术中性论”误导，需要引起

重视。如人工智能领域既涉及技术又涵盖人工智能背景下伦理道德等深层次社会文化问题，需要学生在学习过程中树立正确认知。

（二）教师教育理念滞后，影响教学目标的有效达成

教育理念引领教师进行教育教学。当前工科专业学生教育存在一些问题与教师教育理念滞后有必然联系，具体表现为现实理念下的教育难以达成新工科背景下对于工业人才的需要。如“以学生为中心”的教育理念：学校教育教学活动的中心必须承认学生学习主体地位，然而现实课堂仍存在教师灌输式教学现象。教师在教学设计要以问题为教学逻辑起点，紧密结合培养目标，教学设计追求学生学习成果的达成；若仅仅完成教学任务，缺乏学习目标势必影响学习结果。终身学习、个性化学习理念也没有完全融入教育全过程，信息技术和课程融合的思想有待加强；绿色工程教育理念尚未牢固确立等。

（三）教师缺乏教学设计理论，缺乏对学生高阶思维的培养

工科教育教师大多学科专业背景强，毕业后通过培训获得高校任教资格，但是并未对教育教学理论进行系统建构，因此在教学实践过程中，难免对学情分析、教学目标、学习结果等理解不清，以致在教学中仅能进行知识传授，在学生学习效果上也只是低阶思维的达成，如对于某些知识的记忆理解，难以达成对学生高阶思维培养目标的培养。目前课堂上仍存在种种问题：课堂学习停留在知识学习的浅层，深度学习难以达成，影响高阶思维培养。

（四）实践教学与理论教学不均衡，学生实践应用能力提升难

课程设置仍存在重理论轻实践的问题是教育教学老生常谈的话题。当前，从课时比例上，仍存在严重偏向理论课程现象。学校虽有实习实训等实践课程，但难免有流于形式的风险，现实中更有部分实验教学设备难以匹配学生学习任务对量和质的辩证要求；或教学实验器材过于陈旧，难以跟上市场迭代需求；虽然很多高校在工程人才培养体系建立实习实训基地或校企合作项目，仍存在过程管理监督不到位的问题，学生难以真正在实践中解决问题，获取新知。另外，在理论教学过程中，缺少实践补充，学生难以领会理论运用的实践情境。

五、新工科背景下学习效果取向的教学创新设计实施路径

（一）深化课程思政，加强学生思想道德修养

深化课程思政，落实立德树人根本任务。新工科教育落实课程思政可通过如下路径实施：专业理论课程重视结合工程伦理、科学精神、全球视野、终身学习等理念；通识课程教学大纲要侧重道德品质、人文素养、法治意识、批判性思维、家国情怀等知识的挖掘和培养；实践课程和第二课堂要侧重社会责任意识、系统思维、项目管理、沟通能力、职业规范、国家安全意识和创新精神的培养，增强学思结合、知行合一。构建全员、全方位、全过程的课程思政教育模式，培养学生的公民意识和道德修养。

（二）转变教学观念，培养学生自主学习能力

培养学生自主学习能力首先要对学生个体进行充分的认知。学生是身心发展的人，具有发展潜力。学情分析需要分析学生的个体心理特征及生理状况，不同的特征，在教学中需要运用不同的教学方法、教学策略进行教学指导，遵循因材施教、个性培养原则。同时需要转变教师教学观，教师角色更多是学生学习的引导者，协助学生建构知识，如搭建脚手架支撑学生学习等。教师要清晰地认识到学习的意义，强调主动性、建构性、协作性、真实性。真实情境教学是教师创设学习环境需要考虑的，主要教学方法可采用抛锚式教学、支架式教学等。

（三）优化教学目标，提升学生高阶思维

高水平认知层次的心智发展是高阶思维培养的必要条件，高阶思维所面对的问题情境是复杂的、不确定的、综合的。学生高阶思维运行必然要求高阶课堂存在。问题是教学的逻辑起点，正如波普尔所说“全部生活都是问题解决”。高阶课堂的形成，对教师提出更高要求，教师需要抓住“问题”这一教学逻辑起点，在教学目标上得以体现。学者将“问题”定义为从结构良好的问题到结构不良问题的连续，共计 11 类问题。教学设计过程在教学目标体现上注重学生批判性思维和创造性思维的培养，在问题设置上注重批评性问题和创造性问题对学生发散思维的引导意义，同时提供学生进行加强学习反思的支架。

（四）立足产教融合，增强学生实践应用能力

产教融合是加强应用型高校人才培养的一个有效策略。目前我国存在多种产教融合模式，如校企合作办学方式。产教融合模式多被我国应用型大学纳入自己办学思路、办学理念中，加强实践教学环节，手脑并用，学做合一，培养团队合作精神、提升问题解决能力、培育严谨科学态度。在实践教学环节中，更要注重学校所学与经济社会市场的对接。以 OBE 工程教育理念为指导，在教学中以“学习者为中心”，培养以学生实践应用能力、高阶思维发展、人际交流能力、自主学习与发展能力以及道德素养一体化为目标的多元创新型卓越工程人才。在教学实践中可以遵从学徒制等模式，开展解决具体情境下的实际问题解决的教学，增强学生的实践应用能力。

参考文献

[1] 胡钦太，刘丽清，郑凯. 工业革命 4.0 背景下的智慧教育新格局[J]. 中国电化教育，2019（3）.

[2] 顾佩华. 新工科与新范式：概念、框架和实施路径[J]. 高等工程教育研究，2017（6）.

[3] 钟登华. 新工科建设的内涵与行动[J]. 高等工程教育研究，2017（3）.

[4] 刘江涛. 基于新工科建设的创新型人才培养机制研究[J]. 中国轻工教育，2022，25（2）.

[5] 黄海涛. 美国高等教育中的“学生学习成果评估”：内涵与特征[J]. 高等教育研究，2010，31（7）.

[6] EISNER E W. The educational imagination[M]. New York: Macmilian, 1979.

[7] 曾文婕，黄甫全. 聚焦课堂学习研究提升学生学习效果——2007 粤港课堂学习理论研讨会综述[J]. 教学研究，2007（11）.

[8] 毕家驹. 英国 ECUK 的工程专业鉴定[J]. 高教发展与评估，2006，22（1）.

[9] 张祖忻，章伟民，刘美凤，等. 教学设计——原理与应用[M]. 北京：高等教育出版社，2011.

[10] 何克抗，李文光. 教育技术学[M]. 北京：北京师范大学出版社，2009.

新工科背景下以 OBE 为导向的 Python 课程建设①

◎ 吕瑞　孙毓方　刘亚飞　周行　杨雅志

（成都工业学院计算机工程学院　四川成都　611730）

【摘　要】为了推进新工科背景下 Python 课程教学建设和改革，提升应用型本科学生的专业水平，将 OBE 理念引入 Python 课程的建设和改革中，分析了传统 Python 课程教学中存在的问题，结合热门领域的工程应用需求和企业实际需求设计教学目标，基于 OBE 理念设计了四种教学模式，改进教学形式、教学内容、教学实践、教学效果评估；并构建了应用于课程各阶段的开放式课程教学资源平台，通过以 OBE 为导向的 Python 课程改革，提升了教学效果。

【关键字】新工科；OBE；Python；课程改革

"新工科"发展战略是在新科技革命、新产业变革和新经济背景下提出的工程教育改革战略[1]。新工科战略相较于原工科，对创新创业能力和跨界整合能力的要求更高，倡导个性化的工程教育模式。同时还要求新工科要面向新兴领域，关注云计算、大数据、人工智能等新技术[2, 3]，加快发展新的工科专业。在这样的背景下，高等教育要面向产业需求，将理论和实践相结合，将专业和实际相结合，培养学生的学习能力、应用能力和创新能力。

基于成果导向的教育理念（Outcomes-Based Education，OBE）注重教学过程的输出而不是输入，需要我们以学生的学习产出为出发点，反向设计教学活动和评价标准[4]。该理念强调在教学设计中，重点要将培养目标与应用需求相对应，以需求为导向反向设计教学内容，确定教学目标。OBE 以学生为中心，成果导向式教学模式和新工科的人才培养思路不谋而合，符合新科技革命、新产业变革和新经济背景下社会、企事业单位对人才的需求。

① 本文是四川省教育信息技术研究课题（DSJ2022054）的研究成果。

自 20 世纪 80 年代产生以来，OBE 的理论体系逐步完善，国内外有许多学者对其进行了研究。2003 年，姜波等[5]发表了国内第一篇关于 OBE 的文章，文章围绕理论和实践教学两方面展开研究，在理论方面，对 OBE 理论、模式、实施要点进行了分析和解读；在实践方面，探索了基于 OBE 的大学改革、专业认证和课程改革等。李光梅[6]从理论角度对 OBE 的本质、策划、实施和评估过程进行了研究。李志义[7]对 OBE 的概念进行了界定，研究了基于 OBE 的教学实施要点、教学设计重点以及教学实施方案等内容。余军霞等[8]利用 OBE 理论，对数据结构与算法课程进行教学活动、教学评价的设计，并结合迭代方法对教学过程进行持续改进和优化。王国强等[9]在 OBE 理论指导下，对新工科背景下的通识教育课程体系建设进行了阐述，以吉林大学为例，提出了通识教育课程体系建设的实践思路和路径。栗婧等[10]针对新工科背景下专业课程建设以及教学中存在问题，基于 OBE 理论，对课程元素、课程知识体系、教学方法和教学评价方法等方面进行了设计。刘小勇等[11]在 OBE 理论的指导下，对教学内容、教师能力提升、课程思政建设和课外创新能力培养等提出了改革措施。李磊 [12]将 OBE 理念应用到应用型本科高校的产教融合中，构建创新平台、优化制度、建立动力机制。苏芃等[13]探讨了课程与能力目标之间的关系，并建议高校在通识教育初建阶段可以选择引入 OBE 理念和能力导向课程设计理念。

通过以上分析可知，国内关于 OBE 的研究虽然比较丰富，但大多围绕理论研究展开，实践领域的探索较少，且研究成果主要集中在专业建设或高校教育改革方面，将 OBE 理论落实到具体课程建设的研究和实践较为欠缺。

一、传统教学模式下 Python 课程实践教学现状

在新工科建设背景下，许多工科专业都有对新兴信息化技术的应用需求，如云计算、大数据等[14]。因此，对计算机专业的教学应充分考虑多学科融合的需求，在教学过程中需要以解决实际工程问题为导向，注重将本学科专业知识与其他工科专业的实际应用相衔接。在计算机类课程中，Python 语言是大数据、云计算、人工智能等新兴技术的主流程序设计语言[15]，其强大的科学计算、图形处理、数据处理能力，在多个专业、多类学科中，有着广泛的

应用需求，如智能制造、自动化、机械设计、人工智能与大数据等。目前成都工业学院在计算机科学与技术、软件工程、大数据、人工智能 4 个专业均开设了“Python 程序设计”相关课程，但目前在 Python 程序设计课程的教学实践中存在以下问题。

（一）教学目标局限于基础知识的掌握

目前，学院开设的“Python 程序设计”课程多以现有教材的知识点为主要内容，教学目标围绕基础知识和基本案例的掌握，没有以解决实际工程问题为目标进行设计，并缺乏与专业其他相关课程之间的有效衔接。学生的学习定位只是对知识点的简单应用，学习没有和专业特色挂钩，也没有认识到未来就业的前景，盲目被动地学习。同时，教学目标设计中未考虑其他工科专业的需要，不同专业各自授课，教学模式相对孤立，无形之中造成了教学资源的浪费，不利于教学质量的提升，也不利于学生综合能力的培养。

（二）教学模式不能满足实际应用需求

课程的教学模式主要以课堂教授为主，实践教学安排课时不足，实践内容不充分，难以满足新工科建设的要求。实验学时设置为 16 学时，实验题目 8 个。在短暂的学时之内，既要求学生掌握基础的语法知识，又要求掌握开发技巧和开发流程，同时还需要学生掌握一些基于标准库和第三方库的开发方法，这对学生和老师而言都是一个艰巨的任务。实验环境和实验条件的不足也难以支持基于第三方库的开发实验。Python 提供了丰富的第三方库，基于第三方库的程序开发是教学的要点之一。但是实验机房没有开放网络连接，无法正常安装第三方库，影响了课程的教学效果。Python 语言课程实践性强，在教授学生基本语言语法知识的基础上，更重要的是要培养学生的理解能力、动手能力和解决问题能力。

课程的考核方式以作业、考试来评定学生对于知识的掌握程度，没有构建多元化教学评估机制，没有从多角度、多层次去评价学生的学习效果，难以真正做到以学生为主体。

（三）缺乏以实际应用需求为导向的课程资源库

Python 语言教学在讲授基础知识的基础上，应该更加注重学生的实践，只有通过实践学生才能逐渐掌握并运用所学知识理解问题、解决问题。目前，在 Python 课程中虽然也用到了课本、习题册中的案例进行教学实践活动。然而，这些资源仅在帮助学生理解 Python 语言课程的基础知识，不能满足新工科建设背景下，对于利用专业知识解决实际问题的需求。这就需要以需求为导向，挖掘建设能够提供学生利用所学知识解决实际问题的案例资源，以提升教学效果。

综上分析，目前传统的“Python 程序设计”课程在课程目标、教学环节、考核、教学实践等方面，缺乏以实际应用需求为导向的课程建设理念，难以满足新工科背景下对于信息技术人才的培养要求。为了解决这些问题，将 OBE 的相关理论融入工科专业“Python 程序设计”课程教学改革中，有利于提高教学质量，培养新工科背景下的应用型人才。

二、以 OBE 为导向的 Python 课程建设

在新工科建设的大背景下，针对学校不同专业 Python 课程教学需求，引入 OBE 教育理念对“Python 程序设计”课程进行教学改革，改进课程形式、课程内容、课程评价，建立相应的资源库。

（一）以应用需求为导向逆向确定教学目标

挖掘课程的应用需求是以 OBE 为导向进行课程设计的基础，只有弄清楚课程的实际应用需求才能有针对性地进行课程教学目标设计。Python 程序设计作为计算机专业的基础课程，教学目标应结合本专业的特点，迎合热门领域的工程应用需求，符合学生找工作时企业的需求，同时兼顾大多数学生的能力提升需求制订教学计划，且在有限课时内完成课程任务。

（1）成都工业学院计算机专业开设的 Python 课程安排在大三阶段，学生前期已经学习了 2～3 门的程序设计语言如 Java、C++等，有一定的基础，因此 Python 教学目标的设定在涵盖课程基础语法知识的同时，应突出一定的综合性。在掌握基本语法知识的基础上，向上延伸并进行一定程度的拔高。由

于 Python 语言是胶水语言，可以嵌入 Java、C++等多种语言中运行，通过多类信息的综合解决实际的复杂工程问题。

（2）在“数字化、网络化、智能化”的信息化 3.0 时代，为了更好地为建设“新工科”助力，要大力发展人工智能、大数据处理、图像处理、云计算等先进技术。Python 语言是这些新兴技术的主流编程语言，因此教学目标应围绕 Python 热门应用领域的实际需求进行设定。

① 大数据处理：该领域要解决大数据的提取、存储和分析。在大数据提取方面，掌握基于 Request 库及正则表达式、第三方库 Scarpy 等的数据提取。在数据存储方面，Python 支持多种类型数据库，如关系型数据库（SQLServer 等）、非关系型数据库（Redis、MongoDB 等）及文本文件（TXT、Execl 等）。掌握利用 Python 操作和管理典型的数据库。

② 人工智能：该领域基于机器学习、计算机视觉、自然语言处理、模式识别等技术解决人工智能相关的问题。学生要掌握常用的如 Scikit-Learn 机器学习库或 TensorFlow 等深度学习框架解决人工智能领域的基础问题。

③ 图像处理：该领域包括图像的显示、裁剪、旋转，图像的分割、分类，特征提取，图像识别等。学生可利用 Scikit-image 包、Numpy 或 Pillow 等进行图像的处理。

（3）以提高学生解决实际问题的能力作为培养目标。成都工业学院以社会人才需求为导向，将培养应用型人才作为立校之本。因此在制定人才培养目标时，应着眼于企业的实际应用需求，以提高学生解决实际工程问题的能力作为制定培养目标的重要依据。例如：在大数据分析方面，介绍常见的工程应用问题，如淘宝用户购买习惯的分析和预测，并利用常用的第三方库，如 Numpy、Pandas、Matplotlib 等进行科学计算以及对数据的分析和展示。

（二）以学生为核心设计课程教学模式

在 Python 课程的教学中，融入 OBE 理论，采用课堂与课外教学互补+多种形式的教学互动模式+以成果为导向的教学实践+持续动态改进的教学效果评估四种教学模式，如图 1 所示。在有限的课堂教学时间基础上，结合学生实际情况扩充学习时间，以学生实际需求为中心灵活设计教学活动，同时结合线上+线下教学资源库，根据不同学生对知识的掌握程度弹性布置多种类型的实践任务，并通过线下、线上反馈和统计的教学效果持续动态改进教学内容，提高学生对于知识的掌握能力，提升教学效果。

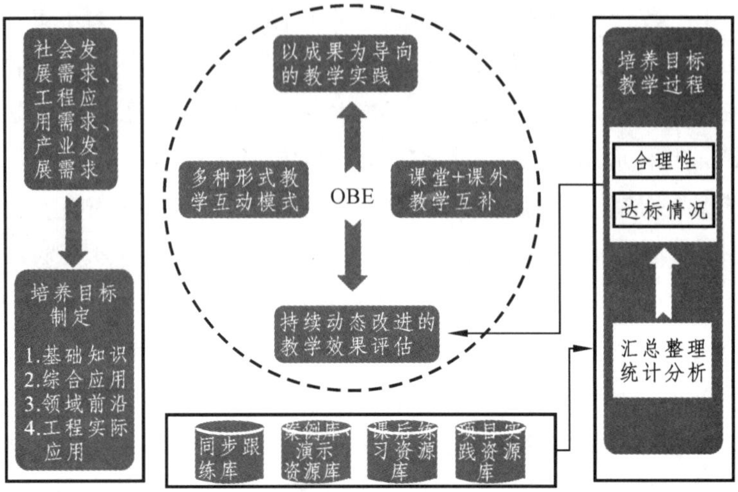

图 1　Python 课程教学模式

1. 课堂与课外教学互补

Python 是编程语言类的课程，培养学生的动手能力十分重要。在课堂教学活动中，采用多媒体教学和边讲课边练习的方式进行教学。在常规的课堂教学活动之外，增加一定的课外学时，布置课外自学任务并将其作为课堂教学活动的补充，特别针对一些实操性比较强的章节，在课外学时主要通过视频学习+线上同步跟练完成编程任务的方式完成教学目标。

2. 多种形式的教学互动模式

针对不同的教学内容，选择性地开展不同形式的教学互动、调动课堂积极性的同时，加深学生对课堂内容的掌握程度。在课堂活动中，设计多种类型的互动方式，包括汇报、辩论、现场演示、动手操作、案例展示等形式。

3. 以成果为导向的教学实践

Python 程序设计课程是实践性特别强的课程，所以在课程的设计中应当突出实践比重，让学生在实践中逐渐掌握、运用所学知识，提高发现问题、理解问题、动手解决问题的能力。然而，学生对于知识点掌握的程度是有差异的，因此，在教学过程中应结合线上线下的学情，根据不同学生对知识掌握的程度弹性布置多种类型的实践任务。

实践任务可以来源于现实中的工程应用问题、项目、面试或竞赛等，以实际问题来引导学生积极主动地学习和巩固课堂知识，通过自己动手解决工程、应用问题从而提高学生分析问题、解决问题的能力，培养新工科背景下的应用型人才。

4. 持续动态改进的教学效果评估

教师通过线下和线上使用的教学平台，如微助教、Python123 平台提供的统计功能，对学生的学习情况进行统计和分析，如图 2 所示。可以从多角度、多层次评价学生的学习效果，了解学生的学习能力以及随课堂进度对于知识点掌握的变化情况，及时调整课程进度和教学内容。

学生基本信息		微助教、Python123学习表现						
学号	姓名	出勤	迟到	旷课	跟练/64题	讨论/3个	组卷/8次（平均分）	视频观看个数/次数/时长
[illegible]	[illegible]	9	0	0	答对48题	参与3个	82	14/6/05:23:18
[illegible]	[illegible]	8	0	1	答对52题	参与3个	87	14/9/04:11:37
[illegible]	[illegible]	8	0	1	答对40题	参与2个	68	14/4/02:04:56
[illegible]	[illegible]	9	0	0	答对51题	参与3个	79	14/6/05:10:44
[illegible]	[illegible]	9	0	0	答对46题	参与3个	74	14/6/05:17:53
[illegible]	[illegible]	8	0	1	答对42题	参与3个	76	14/7/04:22:04
[illegible]	[illegible]	9	0	0	答对47题	参与3个	82	14/5/05:04:50
[illegible]	[illegible]	9	0	0	答对53题	参与2个	86	14/9/05:28:30
[illegible]	[illegible]	9	0	0	答对50题	参与3个	80	14/4/04:55:18
[illegible]	[illegible]	8	0	1	答对38题	参与3个	64	14/7/03:10:07
[illegible]	[illegible]	9	0	0	答对44题	参与3个	76	14/5/05:28:50
[illegible]	[illegible]	9	0	0	答对54题	参与3个	90	14/9/05:28:47

图 2　学习情况统计和分析

（三）集成多类资源构建开放式课程教学资源平台

Python 课程建设需要相应教学资源的支持，因此构建课程教学资源平台是课程建设的重要内容之一。该平台是充分运用现代教学手段支撑教学过程，以及提升教学质量的有效措施。平台构建的关键在于如何选择合适的资源以指导学生进行课程学习。从资源的设计上看需要分层级地培养学生分析问题、解决问题的能力；从资源内容上看，既要全面覆盖课程基本知识点，又要兼顾课程应用的实际需求。从平台构架上看，将其设定为开放式平台，不同学科的、专业、知识背景的老师或学生都可以在该资源平台上发布或寻找需要的 Python 课程资源。

综合上述内容，根据应用场景将程教学资源分为同步跟练库、演示资源库、课后练习资源库、项目实践资源库四类，如图 3 所示。

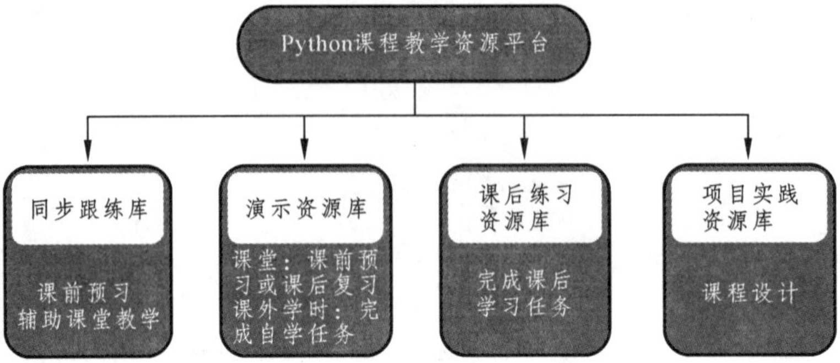

图 3　教学资源库及其作用

1. 同步跟练库

同步跟练库可以帮助学生进行课前预习、辅助课堂教学。课前按课程进度同步线下课堂习题内容，发布学习目标和任务，让学生带着目标和任务进行自主学习并完成预习；授课过程中，当每个教学知识点讲解完成后，学生可以利用同步跟练库进行同步练习。同步跟练库的题目设定紧扣课堂教学内容，学生通过相近题目的课堂练习，加深对知识点的理解和记忆。

2. 演示资源库

该资源库包含优质教学视频资源、课件以及典型的案例。学生通过观看视频资料并结合课件和典型案例这些丰富的资源进行课前预习或课后复习。在课外学习时，学生还可以利用这些资料进行自主学习完成自学任务，通过教学视频的讲解以及案例的演示，帮助学生理解知识点。

3. 课后练习资源库

使用 Python123、智慧树等平台，按课程单元发布课程作业，定期进行单元测试。从专业出发，设计和发布各单元的在线题库，学生利用平台的在线测评功能，及时完成课后学习任务。课后习题提交截止后，学生能查看详细的习题解析。在课程进行到后期，将大数据、人工智能等知识体系细化为一个个的知识单元，构建出数据预处理、数据存储、数据分析、网络爬虫、机器学习等单元任务，培养学生的大数据思维、创新思维等思维模式。在学习知识、完成课后任务的同时，进阶式地培养和提高学生的信息化、数字化思维模式。

4. 项目实践资源库

项目实践资源库集成多类型企业不同专业背景的应用需求，以及新技术的典型应用案例，题目来源于现实中的工程应用问题、项目、竞赛等。主要使用数据挖掘和处理、机器学习、模式识别等技术解决销售预测分析、Web应用、大数据分析、人工智能、系统运维等领域的问题。在课程所有知识讲解完之后，学生根据自己的兴趣爱好，以及对知识点的掌握程度，自主选择实践任务完成课程设计。基于该项目实践库，进行学科融合、产教融合，在课程的实验学时之外，为学生提供更丰富的实践资源，提升学生解决复杂工程问题的能力。

通过教学资源平台的不断优化和应用，为 Python 课程的教学提供保障，也能为教学质量的提升提供帮助。

三、Python 课程教学改革成效

通过对 Python 课程在教学目标、教学模式、教学资源库等方面开展的教学改革实践，从平时学习过程、期末考试、课程实践等多角度分析课程改革实践取得的成果[16]。

（一）平时学习过程

通过课堂与课外教学互补的教学方式，将部分受教学条件、机房网络环境限制，在传统课堂中教学效果较差或无法很好完成的教学内容，安排在课外学时，如 Scikit-Learn 机器学习库的安装与使用等。除此之外，为保证课堂、课外学习效果，教师在案例库、演示资源库共发布视频 62 个；在同步跟练库、课后练习资源库共发布习题近 400 道。教师在线上教学平台共发帖数 53 个，学生通过平台学习、浏览达 6 560 次，学生讨论 400 余次，98%的学生参与了讨论、测试。

（二）期末考试

在期末考试试卷难易程度基本相同的情况下，将教学改革前的 2019 级本科生与 2020 级学生的 Python 成绩进行对比，发现 2020 级学生的成绩较 2019 级学生有显著提高，综合应用题方面提高得更为显著。2020 级和 2019 级软件工程专业的期末成绩分析如表 1 所示（总分 100 分，其中综合应用题 50 分）

表 1　2020 级和 2019 级软件工程专业的期末成绩分析表

年级	人数	考试平均成绩	综合应用题
2019	84	70	36
2020	90	78	41

（三）课程实践

在临近课程结束时，教师在项目实践资源库发布了近 30 个实际工程应用问题、项目和竞赛题目。从学生提交的程序来看，大部分学生能够综合运用理论知识解决实际工程应用问题，项目完成度较好。

四、结语

在新工科背景下，面向人工智能、大数据、云计算等新兴产业和技术的发展需求，引入 OBE 理念，改进 Python 课程教学目标、教学模式。结合专业特点，迎合热门领域的工程应用需求和企业需求设计教学目标，采用课堂与课外教学互补+多种形式的教学互动模式+以成果为导向的教学实践+持续动态改进的教学效果评估四种教学模式；并构建应用于课程各阶段的开放式课程教学资源平台。从多方面对 Python 课程进行改进，突破传统教学模式对课堂的限制，提高学生的学习能力、应用能力和职业技能，为社会、用人单位培养出更多、更优秀的计算机专业人才。

参考文献

[1] 顾佩华. 新工科与新范式：概念、框架和实施路径[J]. 高等工程教育研究，2017（6）.

[2] 封志明，郑亮，费凌，等. 新工科背景下地方高校智能制造人才培养改革探索[J]. 实验技术与管理，2021，38（7）.
[3] 樊超，杨铁军，侯慧芳，等.“新工科”背景下人工智能专业核心实验教学项目设计[J]. 实验技术与管理，2021，38（8）.
[4] 顾佩华，胡文龙，林鹏，等. 基于“学习产出”（OBE）的工程教育模式汕头大学的实践与探索[J]. 高等工程教育研究，2014，1.
[5] JIANG B. OBE: outcome-based education[J]. Foreign Educational Research, 2003（3）.
[6] 李光梅. 成果导向教育理论及其应用[J]. 教育评论，2007，25（1）.
[7] 李志义. 解析工程教育专业认证的成果导向理念[J]. 中国高等教育，2014，50（17）.
[8] 余军霞，董永权. OBE 课程教学设计与实践——以数据结构与算法课程为例[J]. 软件导刊，2021，20（10）.
[9] 王国强，卢秀泉，金祥雷，等. 成果导向教育理念的新工科通识教育体系构建研究[J]. 高等工程教育研究，2021（4）.
[10] 栗婧，王真，解北京，等. 新工科背景下安全工程课程建设实践与探索[J]. 中国安全科学学报，2021，31（5）.
[11] 刘小勇，李荣丽，杨慧香，等. 新工科背景下基于 OBE 理念的机械原理改革研究[J]. 机械设计，2020，37（S2）.
[12] 李磊. 应用型本科院校产教融合发展的路径选择——基于 OBE 理念[J]. 中国高校科技，2021（8）.
[13] 苏芃，李曼丽. 基于 OBE 理念，构建通识教育课程教学与评估体系——以清华大学为例[J]. 高等工程教育研究，2018，36（2）.
[14] 郑文军，王成军，鲍莉莉，等. Python 程序设计的多元化循环教学模式探索[J]. 计算机教育，2021（9）.
[15] 郭建鹏，陈江，甘雅娟，等. 大规模疫情时期 如何开展在线教学？——高校在线教学模式及其作用机制的实证研究[J]. 教育学报，2020（6）.
[16] 徐新爱，朱恩芳. 数据结构课程实践教学改革探索与实践[J]. 实验室研究与探索，2021，40（9）.

高校“汽车构造”精品课程的建设研究

◎ 刘新厂
（成都工业学院汽车与交通学院　四川成都　611730）

【摘　要】汽车构造是本科汽车类专业培养中一门极其重要的专业核心课程，同时也是学生获得正确专业认知以及今后科研工作的重要保障。本文以成都工业学院汽车构造课程为例，通过汽车与交通学院课程团队对车辆课程的建立进行探索与实践，得出经验策略，并着重阐述成都工业学院汽车构造课程教学改革工作及取得的成果，指出了该课程未来课程建设的方向，从而达到在教学改革上的创新，进而提高教学质量、培养符合“新工科”要求的应用型人才培养目标。

【关键词】汽车构造；核心课程；应用型人才

车辆工程专业核心课程包括汽车理论、发动机原理以及汽车构造。其中汽车构造作为车辆工程专业学生的核心基础课程，是本专业学生进入大学以后学习的首要课程，一般将其放置在大二下半学期。通过本门课程的学习，学生对汽车发动机系统、汽车传动系统、汽车转向系统、汽车刹车系统等的结构有了一个系统的了解，了解各个系统的组成以及零部件之间的空间位置以及工作原理。汽车构造是一门理论与实践相结合的课程，除了掌握课本上的知识以外，还需要学生具有很强的动手能力，所以在理论学时之外，汽车构造这门课程还有很多实践课程。学生在实践课程中通过动手拆装进一步了解和熟悉汽车各个部件的结构。随着教学经验的积累以及办学条件的改善，如何更好地建设汽车构造这门课程，如何提高课堂效率增加学生上课的积极性成为亟待解决的问题。经过近几年的努力，加之通用虚拟仿真实验、雨课堂教学软件、精品课程录制等手段，教师的教学水平得到一定的提高。

为了进一步提高汽车构造课程的教学质量，打造校级精品课程，根据汽车构造课程的性质，提出基于实践化教学的课程体系，实践教学中会将知识融入不同实例模块中，以构建各个模块的知识[1]。同时为了确保教学内容的先进性，基于虚拟仿真实验室构建最新车型关键部件的虚拟仿真模型，通过不同车型对比加深学生的印象。授课过程中，将本节课所要包含的知识点归纳到一个实例当中，通过对实例逐步分解的过程展现所要讲述的内容，这样可以使学生对物体的工作原理以及结构有更加完整深刻的理解。为了进一步增强学生的参与度，教师操作过程中学生要同步操作，从而增强自身动手能力。

为了进一步提高教学质量，本文对如何将“汽车构造”这门课程打造为校级精品课程进行研究。

一、课程的性质与作用

（一）课程的性质

作为车辆工程专业的核心课程，汽车构造课程在车辆工程专业学生的整个学习过程中起到了十分重要的作用，它不仅是本专业的学生进入大学以来学习的与车辆有关的首要课程，而且贯穿于本专业学生的整个学习过程，是所有专业课程的基础[2]。通过该课程的学习，学生可以对车辆整体的组成有一个详细的了解，同时对各个组成之间的相互作用关系有一个深刻的认识。汽车构造课程分为上下两册，上册主要讲述汽车发动机，下册主要讲述汽车底盘（汽车传动系统、行驶系统、转向以及制动系统），这些系统结构复杂。教学过程中如果单纯地按照教材上给出的装配图进行讲解，学生对主要结构的认知会极其困难，不能够很好地理解各个部件的连接方式以及工作原理。同时近年来，随着科学技术的发展，课本上所呈现出来的教学内容会远远落后于科技发展的步伐，学到的技术不能够适应汽车行业的迅猛发展，使学生进入社会之后不能够很好地与行业迅速接轨。

本课程在讲解完车辆某一部分结构以及工作原理后，会让学生通过虚拟仿真软件自己拆装类似结构的部件，在学生拆装的过程中软件会实时讲解各个部分的功能，并与教师已经讲过的模型进行对比分析，增强学习的主动性以及趣味性。

汽车构造为车辆工程专业的学科专业课程，在学习它之前需要学习一些学科基础课程，如材料力学、机械原理、机械设计、机械制图、液压与气压传动等相关课程。汽车构造课程讲述的课程与以上所述内容都具有一定的关联性，所以汽车构造这门课程在车辆工程专业中具有相当重要的地位，它能够将专业课程以及基础课程很好地联系到一起。

（二）课程的作用

汽车构造主要包含汽车发动机、汽车传动系统、汽车驱动系统、汽车转向系统、汽车制动系统。通过本门课程的学习，学生可以掌握以上汽车系统的组成以及各个零件之间的相互作用原理。利用虚拟仿真软件学习对比不同型号的汽车结构，可以培养学生的自主学习能力，使其具有适应本行业迅速发展的能力。掌握好本门知识能力可以为以后学习汽车制造、汽车实验、汽车理论等专业课打下坚实的基础，通过动手拆装自主设计培养自身独立研究的能力。

二、课程建设的理念与思路

（一）课程建设指导思想

本专业建设的核心思想是“为党育人，为国育才”，在深入贯彻党中央关于高层次人才教育方针的指导下，进一步加强教育以及教学方面的改革，使教育教学质量得到显著提高，加大教风以及学风建设，培养满足社会需要的学生。

（二）课程建设原则

本专业要将重心放在教学内容的改革上，通过改变教学方法、提升教学手段、丰富考试方式等途径寻找有效的方法，最终使教育质量得到大幅度提升，为精品课程建设打下良好基础。

（三）课程建设的理念

汽车构造这门课是一门实践与理论并重的课程，所以在学好专业知识的同时要注重学生职业能力的提升。结合本专业的特点以及课程在人才培养中的作用，对本专业教授的课程体系重新进行梳理，对教学内容进行相应的改进，进一步丰富本专业的教学模式以及教学资源。在教学过程中，坚持以行业发展为导向（定期邀请企业专家前来讲座），地方需求为牵引，动手能力提升为主线，将应用型人才培养作为本专业人才培养的主要目标。教学过程中注重学生动手能力以及创新意识的培养。

（四）课程建设的思路

教学内容要面向未来，为学生今后的学习打下良好的基础，在使学生获得知识的同时，培养其职业道德素养。

三、课程建设规划

通过课程建设可以很好地提升本专业教学的质量，为本专业的发展提供良好的条件，也是整个学院教学质量提升的重要途径。人才培养的质量与课程建设息息相关，从一定程度上反映了一个专业的办学水平。下文从课程建设的主要目标以及内容方面进行阐述。

（一）课程的建设目标

通过一段时间的改进，汽车构造这门课程在教学内容以及教学模式方面具有明显特色，进一步地完善现有的教学资源，使其更加丰富，提升实验室教学工具，提高整体师资水平，成为同行认可、学生热爱的专业课程。

（二）课程的建设内容

（1）不断改进教学方法，加强教学研讨，开展形式多样的教研活动，不断总结课程教学经验，在未来两年内完成并发表与之相关的教研教改论文 2～3 篇。

对本门课程的教学内容精挑细选，选取标准是根据车辆工程专业学生就业岗位，从汽车构造实际应用对知识、能力、素质的要求选取教学内容；教学内容要符合当地汽车行业的人才需求，以及整个车辆行业的发展趋势；根据车辆工程专业学生的职业发展规律、学生可持续发展选取教学内容，提高学生的竞争力。实践教学是汽车构造这门课程的重要组成部分。所以在实际的教学过程中需要将实践性的教学环节融入课堂当中，增强学生参与课堂学习的积极性，使学生更好地运用所学的专业知识。

同时精心组织教学内容：一是采用任务驱动法[3]，上课前先给学生分配学习任务，明确学习目标和要求，让学生带着任务去学习常用的汽车构造的物理特性、工作原理、基本结构；通过项目驱动的形式让学生带着问题进行相关专业知识的学习。

基于校级“虚拟仿真实验教学中心”，对汽车上典型的零部件进行网上教学，通过“VR虚拟场景”教学使学生了解汽车典型零部件的结构。并结合案例教学法，演示汽车上典型零部件的设计、制造过程，使学生进一步了解汽车典型零部件结构。

（2）通过对本专业教师团队人员结构以及教学能力的提升，促进教学质量的不断提高。提高教师队伍的学术、教学水平和工程实践能力是一项长久的工作，继续提高教学队伍中主讲教师，特别是青年教师的教学和专业技能水平，通过双师型教师的培养使教师的实践能力得到迅速提升，给青年教师配备导师，给予一定的企业锻炼机会。进一步充实教师队伍，可以聘请企业中具有高级职称的专家作为本专业的客座教授或者校外特聘人员，提升师资队伍的行业背景。

同时开展“汽车构造”线上线下混合式开放课程建设，使教师的专业化技能得到进一步的提升，师资队伍的整体素质得到提高，逐渐使教学团队的人员组成合理，成员固定，整体师资雄厚，教学成果突出。

（3）继续加强教学资源的建设[4]。“汽车构造”课程在教授学生本专业必备知识的基础上，使学生能够进一步提升本专业相关岗位的职业技能，适应相关岗位需求，以及目前大学生对于网络的需求，进而了解汽车构造课程教学网站建设，为同行教师提供网上交流的平台，为学生提供更为广泛的学习信息；主要依托慕课、雨课堂等网络教学平台，提升学生的自主学习能力。网络教学资源主要包括：教学相关视频、课堂教案、课程相关拓展资料以及课程相关题库[5]。同时增加实验室设备的种类和台套数，适应课程的建设和发展；进一步自主开发汽车各种总成台架，满足教学需要，完成开发实验台架2套。

（4）进一步改进和完善实践教学体系[6]，根据使用情况对现有的实验指导书、实习实训指导书进行修订和完善，进一步完善实践教学环节的考核指标体系。

（5）教学评价建设。为了能够更加清晰合理地对学生考试成绩进行评定，“汽车构造”课程期末总成绩会参考学生平时学习过程（通过网上学习评价实现）以及期末考试成绩综合评定的方式进行。以上方式使考核更加合理，通过线上学习记录对学生平时学习的过程有了清晰的记录，主要对学生学习态度进行记录，结果进行考核，主要关注于学生所掌握的本专业相关知识的量。对学生评价的群体，除了以往的授课教师团队，还应邀请学校内部的其他相关专业的教师以及校外汽车企业的资深工程师进行多方面的评价。除此之外，学生可以实时地讲述自己对课程的看法，通过留言的方式进行评价，教师可以根据学生的留言及时准确地对学生提出的问题进行解答，以及对教学过程做出调整，使课程更加通俗易懂[7]。

四、车辆工程课程建设成果及经验

（1）开启校企联合培养的课程教育模式。校企联合培养包含以下几个方面：首先，从企业遴选与本专业课程相关的工程师，让他们作为外聘讲师对于他们熟悉的领域进行讲授，讲述现有知识在今后工作岗位的重要作用；其次，培养双师双能型讲师，将本专业讲师放入企业进行工程实践，进一步与企业接轨，了解企业需求，提升自身素质；最后，创新实践教学过程，课程教授过程中可以带学生深入企业亲身了解。

（2）实现了团队双语教学。汽车构造这门课采用双语教学，经过教师的辛勤努力已经实现教案以及 PPT 的双语编制，通过双语教学可以提高学生文献以及说明书的阅读能力，更好地与国际接轨，方便将来出国深造；同时双语教学也可以很好地使国外学生学习了解中国课程，提升国际影响力。

（3）增加了课程思政的要求。近年来，在课程教学中加入思政元素已经成为高等学校教育的重点，在构建汽车构造精品课程的过程中，我们也将立德树人的基本教学要求纳入了课程教育当中。以“传播知识、传播思想、传播真理，塑造灵魂、塑造生命、塑造新人”为开展教学的重要宗旨。明确党在高等教育中的领导地位，将立德树人作为高校教师的首要任务，坚持优先发展教育事业，培养社会主义建设者和接班人。

五、结语

通过对现有课程教学内容、教学体系、教学评价以及教学资源的改革与完善来推动车辆工程校级精品课程的构建，课程质量得到迅猛提升，很好地消除了“水课”现象。同时为了提升学生对于实际问题以及现象的了解，采用理论与实践、线上与线下相结合的教学模式，使学生在学习理论知识的同时对学习对象有了更深刻的理解。

参考文献

[1] 王奎洋，贝绍轶，唐金花，等. 应用型本科一流课程建设探索与实践[J]. 高教学刊，2022，8（3）.

[2] 王鑫，杨亚萍，郑颖. 应用型本科院校“汽车构造”课程多维度教学模式探讨[J]. 西安航空学院学报，2016，34（1）.

[3] 袁华，常志宏.“材料工程基础”课程建设的探索——以同济大学材料工程基础课程建设为例[J]. 乌鲁木齐职业大学学报，2022，31（1）.

[4] 刘军恒，汤东，邵珊珊，等.“内燃机学”一流本科课程建设的探索与实践[J]. 工业和信息化教育，2022（2）.

[5] 邓绍云，邱清华，韦春晓，等. 在线课程建设经验总结[J]. 科学咨询（科技管理），2022（1）.

[6] 王静.“新工科”背景下高校教师教学思路的转变[J]. 教育教学论坛，2018（47）.

[7] 王瑞.《网络营销实务》在线开放课程建设与实践研究[J]. 现代商贸工业，2022，43（11）.

针对电气工程及其自动化专业的“自动控制原理”课程改革与反思

◎ 张磊　郑骊　唐亚南
（成都工业学院自动化与电气工程学院　四川成都　611730）

【摘　要】“自动控制原理”是许多工程类专业的核心课程，其“宽口径”特性使许多专业共用一套教学大纲和教学内容，以致缺乏与各自专业的契合性。同时，“自动控制原理”与前序课程衔接非常紧密，而学生缺乏自主建立联系的能力，以致学习效果不尽如人意。为此，本文探讨了在电气工程及其自动化专业“自动控制原理”的教学中，如何主动打通其与前序课程的连接，让学生做到融会贯通。并且探讨通过融入电气案例，将“宽口径”课程与专业特性连接起来，使学生不但能够掌握好这门课的基础内容，还能与本专业内其他课程建立逻辑联系，发挥课程的专业特性，真正提高学生的综合素质，为之后的学习打下基础。

【关键词】自动控制原理；教学方法；电气工程及其自动化；教学反思

“自动控制原理”是电气工程及其自动化专业的一门专业核心课程，课程主要包含系统建模、系统分析和系统设计，与电气工程及其自动化专业其他核心课程的联系非常紧密，如“复变函数”“信号与系统”“电力电子技术”等课程，同时也与电气工程领域的新兴技术密不可分，如智能电网、新能源汽车、储能技术等[1, 2]。本课程一般在大二开设，与前序课程的联系非常紧密。课程的研究对象主要以线性定常系统为主，而这些基础概念应该是在前序课程“信号与系统”中建立的。描述系统的线性常系数微分方程与传递函数之间的转换又需要用到拉普拉斯变换，同样是前序课程中的知识。但在实际教学中，往往存在学生前序基础不扎实的情况，一方面是学生积极性的问题；另一方面是人才培养方案制定中，缺乏依据专业特性做好课程之间衔接性的知识[3, 4]。目前，教学过程缺乏教师主动对这些课程的逻辑衔接，所以学生在学习初期对很多基础概念模糊，对后续学习不利。因此，在本校的实际教学中，会尽量脱离数学，通俗易懂地串联前序知识，让学生在学习之前就明白课程所研究的对象和研究工具。同时，在课程中，也贯穿着与其他后续课程的联系，让教学不再仅仅局限于某个“点”，而要“由点及面”，让学生真正把各门课联系起来，内化成一张知识网络。

另外，由于“自动控制原理”属于一门“宽口径”课程，为很多电类专业的基础课程[5]。因此，在许多学校中，其教学大纲、课程内容等都是以“平台课”定位而制定的，涵盖多个专业[6]。例如在本校中，“自动控制原理”同时是电气工程及其自动化、自动化、测控技术与仪器三个专业的基础课程，因此其教学大纲和课程内容统一制定，虽然便于统筹，但在教学内容上必然会缺乏与单个专业的契合性，缺乏专业特色，也不利于学生建立其与本专业的联系。因此，本文通过实际教学例子，探讨在本校如何将“自动控制原理”与电气工程及其自动化专业深度结合，让学生既能理解“控制”，也能通过“控制”更进一步、更深刻地理解本专业其他核心课程的内容，以及如何串联背景知识，让学生做到“知其然，也知其所以然”。

一、串联背景知识，让学生知其所以然

首先，在教学中，很多学生虽然会解题，考试成绩也不错，但并未理解有理传递函数的适用范围，这往往反映学生前序课程“信号与系统”的基础不牢靠，尚未搞清线性与非线性、时变系统与时不变系统的区别，导致绝大多数学生“知其然，不知其所以然”。其次，部分学生由于数学基础不牢固，对卷积、傅立叶变换、拉普拉斯变换等基本概念一知半解，也不能理解各自的关系，导致学习和教学过程十分艰难。针对这一问题，本课程在开始时，尽量不用数学公式，先将相关概念进行逻辑梳理，让学生一开始就明白自己到底在学什么，以及其适用范围。这样，当后期再遇到与“电力电子技术”中变换器相结合的作业与课程设计时，学生就能明白为什么需要将由半导体开关构成的非线性电路线性化，才能用课程工具进行分析与设计。例如，针

对很多学生理解困难的时域卷积，我们先理解线性系统必须满足叠加性和齐次性，即满足

$$ax_1(t)+bx_2(t)\to ay_1(t)+by_2(t) \quad (1)$$

式中，$y_1(t)$ 和 $y_2(t)$ 分别是一个连续时间系统对输入 $x_1(t)$ 和 $x_2(t)$ 的响应。学生一般都能理解，再通过例子讲解时不变系统，例如两个同学今天和明天用同一个电路做实验，如果输入相同，那么得到的结果一定是相同的，即电路本身的特性是不随着时间变化的，此时学生就能很好地理解时不变系统的时移表达。

$$x(t-t_1)\to y(t-t_1) \quad (2)$$

将以上两个性质相结合，一个线性时不变系统的输出输入关系，就显而易见了。同样，这里很多学生缺乏的理解是关于冲激函数 $\delta(t)$ 的“筛选性质”，即

$$x(t)=\int_{-\infty}^{+\infty}x(\tau)\delta(t-\tau)\mathrm{d}\tau \quad (3)$$

这个公式看似复杂，但其实凭“直觉”都可以直接写出来。而如果仔细观察这个公式，其实可以将输入 $x(t)$ 本身理解为冲激函数的加权和。当看明白了这一点，时域卷积几乎凭心算就可以直接写出来。因为根据性质（1），公式（3）可以简单地看成冲激函数 $\delta(t)$ 的求和，而 $x(\tau)$ 只是每一项冲激函数的加权系数，那么一个线性时不变系统的输出 $y(t)$ 就显而易见。

$$y(t)=\int_{-\infty}^{+\infty}x(\tau)h_\tau(t)\mathrm{d}\tau \quad (4)$$

式中，$h(t)$ 是系统对单位冲激输入 $\delta(t)$ 的响应，$h_\tau(t)$ 为系统对 $\delta(t-\tau)$ 的响应。而根据性质（2），有

$$h_\tau(t)=h(t-\tau) \quad (5)$$

因此，（4）就可以写成经典的时域卷积公式

$$y(t)=\int_{-\infty}^{+\infty}x(\tau)h(t-\tau)\mathrm{d}\tau \quad (6)$$

至此，学生就消除了对卷积的惧怕心理，初步建立起了对线性时不变系统的分析思路，理解冲激响应 $h(t)$ 是可以唯一表征线性时不变系统的，这就为后续的频域、s 域的分析建立起了一个良好的心理基础。在授课中，引入类似

这样“承上启下”的内容，将前序课程和后续课程的知识点连接成网，引导学生建立起知识图谱，对于学生对教学内容的理解有更好的效果，这些内容往往能起到非常良好的效果。

二、融入电气工程案例，强化课程的专业属性

（一）光伏电池最大功率追踪点建模

光伏发电是电气工程的新兴技术，尤其是在“碳中和”“碳达峰”的大背景下，新能源发电能够有效减少碳排放量，缓解温室效应。从电气工程专业的角度，光伏电池的输出功率最优化是最关注的问题之一。光伏电池的输出功率随着光照、温度和负荷的变化而变化，而为了使其输出功率最大，往往采用“自动控制原理”中的闭环控制来进行最大功率点的追踪（Maximum Power Point Tracking，MPPT）[7]。针对这一点，我们将电气教研室教师相关的科研成果反哺到教学中，以目前新能源的实际应用为载体，让电气工程及其自动化专业的学生能结合自身专业，深刻理解“自动控制原理”的课程内容，极大地增强学生的学习兴趣和动力。

在授课中，我们遵循“案例贯穿始终”的原则。这种将一个例子贯穿系统建模、分析和设计的培养方式，不同于传统通过单个例题理解知识点的方式。教学过程融合授课、慕课、仿真练习等手段，给学生完整展现一个工程问题的解决过程，使学生夯实基础的同时，能够有机会将其应用到真正的工程问题中。在“光伏发电的 MPPT 控制”案例中，MPPT 的目标是通过调节反馈控制的输出电压参考值来实现最优功率输出，如图 1 所示，不同曲线对应不同条件下的输出功率，反馈系统就应该时刻追踪参考电压 V_{ref}，以期达到一个最优的输出功率。

理解了 MPPT 的基本原理之后，学生就明白了控制系统的主要目的。此时，即可跨学科练习电气工程另外一门核心课程“电力电子技术”中的变换电路。这种方式把不同课程内容有机结合起来，大大增强了知识的系统性，也加深了学生对不同课程的理解，突出了电气工程专业“自动控制原理”课程的专业特色。

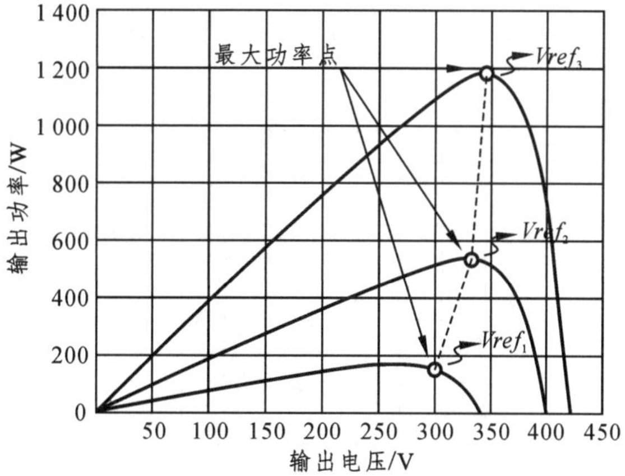

图 1　在不同外部条件下的最大功率点

（二）DC/DC 变换器的动态建模

在成都工业学院，“自动控制原理”与“电力电子技术”是在同一学期开课的，而由于电力电子系统构成中一般都包括反馈控制单元，其动态及静态性能与反馈控制器的设计密切相关。因此，在教学中便很自然地将两门课深度融合起来。电力电子系统是典型的非线性系统，因为电力半导体无法通过微分方程来描述$U-I$的关系，而学生明白“自动控制理论”的研究对象是线性系统，因此，对电力电子变换器线性化是能够应用经典控制理论的前提。

实际教学引入了 DC/DC 电路中的 Boost 电路来描述，如图 2 所示。学生在“电力电子技术”课程中已经知道其输入输出关系的表达式为

$$\frac{U_{\text{out}}}{U_{\text{in}}}=\frac{1}{1-D} \tag{7}$$

式中，D 为占空比。

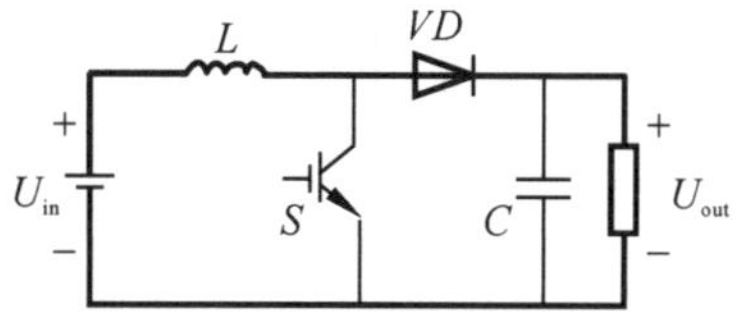

图 2　Boost 电路

等式（7）的输出特性曲线为图 3，显然其为非线性特性。然后可以想象，由于 Boost 电路的开关频率一般很高，远远大于稳态工作时输出电压中的低

频分量。因此可以忽略其开关频率分量，而研究系统在某个静态点工作时的线性化表达。

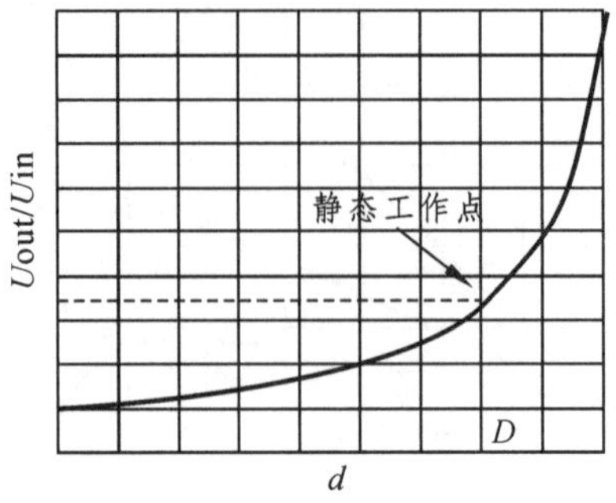

图 3　输出特性曲线

如果在静态点工作时，低频扰动非常小，那么就可以用静态工作点处的切线来代替实际的曲线。这实际上恰恰就是“自动控制原理”课程中将非线性微分方程线性化的教学内容。这种通过两门课程的内在联系来学习的方式，一方面可以培养学生跨课程综合分析问题的能力，另一方面也可以使学生更深刻地理解课程内容。顺着这个思路，输出的扰动分量就可以写成一个线性方程。

$$\hat{u}_{\text{out}} = k\hat{d}U_{\text{in}} \tag{8}$$

式中，$\hat{d}$ 为占空比的小扰动。

通过这种跨课程的、明确而又具体的应用，学生对“线性化”的概念有了深刻的印象。同时，为后续进一步建立 Boost 电路的传递函数，设计 PID 控制器等打下了基础。此后，通过推导各变量的开关周期平均值，以滤除开关频率造成的高频输出，就得到了如下大信号模型。

$$\begin{cases} L\dfrac{d(i_L)}{dt} = [u_{\text{in}}(t)] - (1-d)[u_c(t)] \\ C\dfrac{d[u_C(t)]}{dt} = (1-d)[i_L(t)] - \dfrac{u_c(t)}{R} \end{cases} \tag{9}$$

学生可以直观地看到（9）是非线性的，因为涉及时变量 $d(t)$ 和 $i_L(t)$，$u_c(t)$ 的乘积。这再一次与“自动控制原理”中线性系统微分方程的形式呼应，不断地通过这种跨课程发生知识点的互相印证。进一步观察发现，其中 $i_L(t)$ 和 $u_c(t)$ 均包含了稳态直流分量，因此进一步剥离后，并忽略二阶微小量，就得到了 Boost 电路的小信号时域模型，再通过拉普拉斯变换，就可以得到电路的传递函数（10）。

$$\frac{\hat{u}_{\text{out}}(s)}{\hat{u}_{\text{in}}(s)}\Big|_{\hat{d}(s)=0}=\frac{1-D}{LCs^2+\frac{L}{R}s+(1-D)^2} \tag{10}$$

而同时，也要让学生明白这种线性化是有前提条件的，即系统必须工作在稳态点，而且只在其很小的范围内发生低频的扰动，而且这个低频应该是远远小于开关频率的。而这些假设在工程上往往是合理的，但是，最终得到的传递函数则无法反映电路的动态特性，这与线性定常系统是截然不同的。

通过这种跨专业课的联系，学生在后续相关的课程中，如智能电网、分布式发电技术等，会自然而然地联系起“自动控制原理”这门课，并且能深刻地体会到电力电子变换器和控制理论的一体性。

在实际教学过程中，不仅仅要建立“自动控制原理”与“电力电子技术”之间的联系，在教研活动及课程组的日常讨论中，也会尽可能地融入更多的实际案例，譬如与“电力系统分析”中调频的概念相结合，学生就能理解为什么一次调频有稳态误差，进而就能意识到二次调频的必要性。这进一步促进了他们对“频率调整”这个概念更深刻的理解。

课程改革的另一方面就是不断将教师的科研移植到教学案例中，极大地促进教学质量的提升。通过周期性的教研活动，不断挖掘科研和课程知识点的交叉，以科研为例去阐述知识点。这种“科研反哺教学”的活动极大地增强了学生学习的兴趣，并且有效提高了学生解决复杂工程问题的能力，帮助其树立了科研信心。

三、结语

这一系列的教学改革在学院电气工程及其自动化专业的学生中获得了良好的反馈。学生普遍认为这种“跨课程的知识串讲+以应用为载体的跨课程学习”不但有助于深刻理解“自动控制原理”课程的基础知识，以及其与其他课程的深刻内在联系，还有利于提高自身解决工程问题的能力，而不是像以前更多孤立地学习知识点和通过习题来巩固知识。

另外，在教学中常常会发现，通过这种贯穿始终项目式的学习，往往更能激发学生对知识的好奇。这些经验也同样作为“电力电子技术”课程设计的拓展，进一步引导学生理解电力电子变换器各种建模方法与控制策略的配合。由于兴趣被激发，很多学生会自己进一步学习，如有的学生会自己了解功率变换器的线性控制方法等，同时也强化了使用现代工具，如 Matlab 等的使用能力。

激发学生兴趣的同时，教师也积极引导学生之间、师生之间关于相关问题的探讨，如很多学生就对光伏并网、智能电网的相关控制问题提出疑问，有些问题甚至已经超过了本科教学内容。这一系列的教学改革，真正实现了对学生兴趣的培养，并激发了学生的科研热情，在提高教学质量的同时，拓展和发展了学生对整体专业课程的理解，对他们的综合能力培养有非凡的意义。

参考文献

[1] 胡寿松. 自动控制原理[M]. 4 版. 北京：科学出版社，2001.

[2] 赵钰婷，张虹，尹立敏. 电气工程专业“自动控制原理”课程改革与实践[J]. 中国电力教育，2013（10）.

[3] 王希凤，初红霞，秦进平，等. 基于工程教育专业认证的电气工程专业自动控制原理课程改革研究[J]. 中国现代教育装备，2020（17）.

[4] 杨婕，程丽平，孙霞，等. 应用型本科“自动控制原理”课程改革及实践[J]. 中国电力教育，2010（2）.

[5] 朱军楠. 电气工程专业“自动控制原理”课程创新与实践研究[J]. 科海故事博览·科技探索，2014（4）.

[6] 全晶晶. 电气工程及其自动化专业“自动控制原理”教学探讨[J]. 教育前沿，2017（3）.

[7] 崔岩，蔡炳煌，李大勇，等. 太阳能光伏系统 MPPT 控制算法的对比研究[J]. 太阳能学报，2006，27（6）.

面向创新能力培养的自动化专业集中实践环节教学体系的构建与实施①

◎ 陈宇峰　高昕

（成都工业学院自动化学院　四川成都　611730）

【摘　要】为突破集中式实践环节一般仅与某门理论课程相关联，缺乏对电类专业学生创新实践能力的持续支持的现状，以构建有特色的自动化专业集中实践课程体系及实施办法为契机，开展面向创新能力培养的“一体化、贯通型、高黏性、强支撑”集中实践环节创新探索与实践。实践证明，该研究成果不仅对本专业的人才培养质量提高具有很强的指导意义，而且对自动化类、电子信息类专业的面向创新能力培养的集中实践环节具有普遍的应用价值。

【关键词】自动化；培养方案；实践教学；教学改革

一、背景

我国高等教育法明确规定，高等教育的基本任务是培养具有创新精神和实践能力的高级专门人才[1]。而这些服务于社会主义现代化建设需要和国家、社会发展需要的高级专门人才，在进行培养时必须从两个方面进行严格要求：一方面，通过理论课程的改革与创新找到培养其具备扎实的理论功底并培养科学思维的基本方法的路径；另一方面，通过合理的“实验、实践、实训”的安排与组织为其提供锻炼卓越的工程实践能力与专业技能的机会。

培养学生的创新精神和实践能力，这在应用型本科学校中主要依托的是集中实践环节[2]。然而，在绝大多数院校的专业课程体系中，集中式实践环节

① 本文得到成都工业学院“2021—2022 人才培养质量和教育教学”改革项目“面向创新能力培养的‘一体化、贯通型、高黏性、强支撑’集中实践环节创新探索与实践”的资助。

的内容通常仅与一门理论课程相关联，如数字电子技术、模拟电子技术、传感器原理与检测技术、单片机原理及接口技术等课程，但是这些实践环节题目通常只是基于这一门课程内容的综合，与前后序的实践内容关联度不高，不容易打造一体化建设的合力，从而对人才培养形成强大的支撑作用。不仅如此，学生在学习过程中缺乏对工程能力培养目标的全局性认识，多采用临时抱佛脚的方式来应付当前的实践内容，不易形成学习黏性并激发出“深入探索，刻苦钻研，长期坚持，主动训练”的兴趣。

以实际工作中的电子系统的分析与设计为例，这是一个包含丰富知识的庞大体系，而这种体系的建立，必须要有逐层知识的衔接，应有必要形成相对独立、一体贯通，同时又能及时支持其他理论课程综合设计甚至创新实验的课程群落。而经过认真调研与分析发现，本专业现有的集中实践环节，缺乏贯通式、一体化的设计，没有对学生进行进阶性的培养是造成学生工程训练主动性不强，缺乏实践的勇气、韧性，导致学生实践能力差的主要原因。而学生综合能力的欠缺不仅严重影响学生对理论知识的消化吸收，也影响对学生综合知识、解决问题能力的锻炼和培养，最后还会对学习创新能力和创新活动的成果效益产生破坏，甚至还会影响学生未来的就业与发展。

针对成都工业学院的实际情况，以自动化专业实践环节教学体系的构建与实施为例，开展面向创新能力培养的“一体化、贯通型、高黏性、强支撑”集中实践环节创新探索与实践，并在改革过程中通过竞赛和科研活动带动，全面、系统地培养学生的综合能力和创新能力，凸显“理实结合、赛训一体”的新理念、新实践。

二、集中实践教学体系的构建

根据学校自动化专业实验实践教学体系的规定，专业实验实践教学体系中包括如下五种类型的环节[3, 4]：① 素质训练类：军事训练、社会实践、公益劳动等；② 实习类：工程认知实习、毕业实习等；③ 学科基础类：工程素质类、金工实习；④ 设计类：课程设计、毕业设计；⑤ 创新实践类：课外科技活动、第二课堂、创新创业教育实践等。

如表 1 所示，此处给出了课程教学与集中实践环节的学分比例。它的突出特点是：在课程体系中占比大，要求高，实施范围广，落地难度大；但它的实施成功与否，又与学生实践与创新能力培养息息相关，常常是实现学生综合素质培养的关键要件；它的执行效果也能反映集中实践环节能否满足学生现在到未来发展的唯一标准。

表 1　本专业课程教学与集中实践环节的学分比例

教学形式	对应周时	对应学分	占总学分的比例
理论教学	112	137 75	79.62%
集中实践环节	32	35.25	20.38%

表 2 给出了集中实践环节的设置情况。此处重点给出与专业培养密切相关的，以课程设计、毕业设计这些集中实践环节的核心部件为主的集中实践环节设置情况，也是文中要讨论的核心内容。

表 2　集中实践环节的设置情况

实践环节名称	周时	学分	安排学期	性质
工程认知实习	1 周	1	3	必修
电子工艺实习	1 周	1	3	必修
电子线路 CAD	1 周	1	4	必修
电子线路设计	1 周	1	4	必修
单片机系统设计	1 周	1	5	必修
控制系统设计 Ⅰ	1 周	1	5	必修
控制系统设计 Ⅱ	1 周	1	6	必修
生产实习	2 周	2	6	必修
控制系统综合设计与实现	1 周	1	7	必修
毕业实习	2 周	2	8	必修
毕业设计（论文）	13 周	10	8	必修

可以看出，表 2 中以课程设计、毕业设计这些集中实践环节的核心部件为主的集中实践环节设置合计 22 学分，占据了集中实践环节学分数的 62%，是本专业始终对准复合型、创新型人才培养目标，完成专业培养任务的关键。因为培养的是学生就业或进一步深造时需要的关键技能或素质，在整个集中

实践过程中必须给予高度重视。

以表 2 中的集中实践环节设置为例，课题改革组提出应将上述集中实践环节看成一个整体，通过实践“共融、共享、共创、共建”的改革理念，构建“专业融合、资源融合、教师融合”的三融保障体系，以探索出“基础为始，应用为魂，创新为要，团队为基”的四为发展模式，具体如图 1 所示。

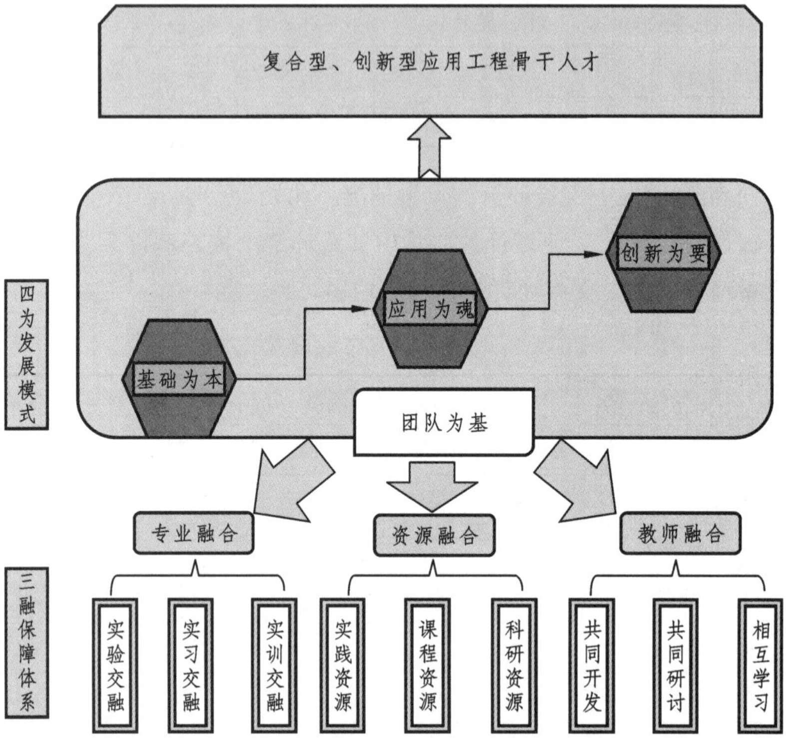

图 1　实践三融保障体系与四为发展模式

在该发展模式的指引下，课题改革组围绕提升学生实践创新能力开展实践教学改革，不断开发具有应用综合性、设计性和创新性的实验项目，并通过开放实验室对外开放创新项目等（包含硬件和软件）。这些成果用于实践教学，既是一个从项目出发寻找人、吸引人，也是一个在实践课程改革与人才培养、创新创业活动的具体做法中满足人的需求，靠近人、变化人的过程。

以电子工艺与制作、系统集成与设计、控制系统综合设计与实现等为例，课题改革组相关老师团队已初步建立起了如下基于一定贯通性的集中实践环节的开设体系。

（1）本科阶段专业类集中式实践环节的设置（电子工艺实习—电子线路CAD—电子线路设计—单片机系统设计—控制系统设计—控制系统综合设计与实现）是一条完整的电类学生的培养之路，环环相扣。

（2）电子工艺实习：从最初的装配图和焊接开始，针对大一的学生，选择能发声发光的简单电路，让无电类基础的学生先产生兴趣，再逐步深入学习。

（3）电子线路 CAD：有了电子工艺实习的基础，对原理图和接线图有了一定的概念，这个时候再强化他们的记忆。电子线路 CAD 这个实践环节让他们知道如何能将他们前面焊接的电路板转换成可以批量出品的 PCB 板，体现工艺发展之美。

（4）电子线路设计：在这一实践环节，学生开始进行电路设计，使用 MultiSIM 进行电路图设计。有了前面两个实践环节的基础，学生能在完成软件仿真的基础上，再进行硬件的焊接调试，从而对电路有更深刻的印象。

（5）单片机系统设计：这一阶段，学生已经开始了解电路的系统设计，能完成简单的系统搭建，完成相应的功能。有了前面的基础，学生可以进行分工，做软件、搭硬件，协同完成一个简单的系统功能。

（6）控制系统综合设计与实现：这里将参与复杂的系统设计与实现过程，目的是培养学生融合专业所学全部知识，进行系统的分析、设计与实现乃至创新的能力。

总之，把第一阶段集中实践环节中的活动看成是从专业基础课程走向专业核心课程、骨干课程的桥梁，要疏通它而不是让其成为发展的瓶颈；而第二阶段则集中复杂系统设计与集成，向更高阶目标前进，如图 2 所示。

为了能顺利实施图 2 所示的教学实践过程，并保证其贯通渠道通畅，课改组认为：实验实践教学始终学时有限，若能有序引导线上线下混合式教学新理念、新办法，渗透到每个实践环节，同时提供线上自学和线下辅导及课题探索研究三结合，那么就容易在图 2 中的每一个环节激发学生自主实验，以实现自主实验模式[5~7]的自循环，从而变被动学习为主动学习。如图 3 所示，此处给出了集中实践环节中引导学生自主学习与实践的基本流程，以便帮助学生建立自我生长和成长的学习路径，同时教师会对学生的执行过程加以监督和辅导，以保障实施效果。

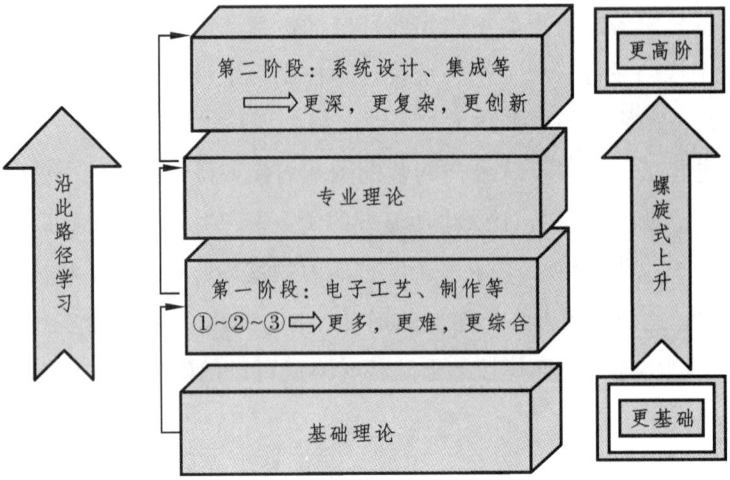

图 2　教学实践过程与贯通渠道

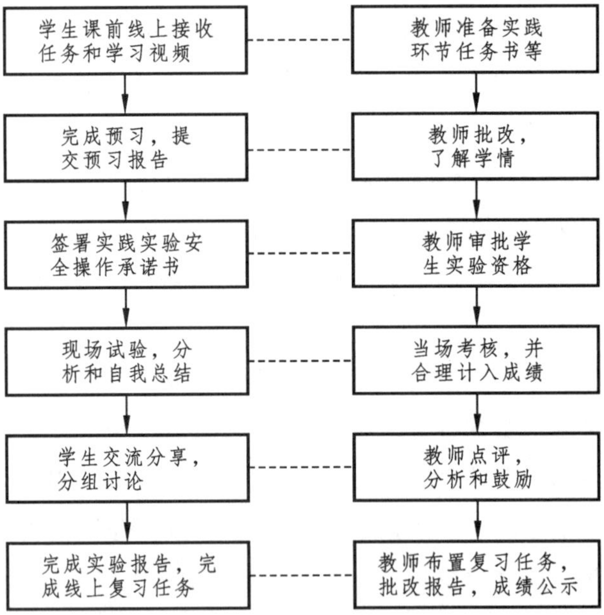

图 3　结合混合式教学改革模式下的集中实践环节教学模式

三、教学改革的实施与保障

为了保证实践课程体系的实施效果，学院发布了多项保障教学改革实施过程的措施。这些措施主要如下：

（1）规范指导文件与统一指导过程。课题组骨干教师在学院的统一部署下，于每个实践环节实行定期收集和检查实践指导文件，多次组织学习并引导骨干教师协同教学改革与建设，集体备课，并充分地交流实践教学中的创新教学方式和方法。此外，教师认真批改学生提交的实验指导书，发现学生中出现的共性问题以及来自优秀学生与党员骨干的教学反馈与建议，及时持续修订和完善考核标准、操作程序，并加强实验报告的撰写与持续改进的指导，进行统一的规范的实验报告和其他文字或口头汇报材料的整理与存档。

（2）明确考核标准与强化过程考核。在实验实践环节中考核的形式、内容、要求、评分标准等方面，课题组与相关教师一起制定详细的规则，每次集中实践环节提前告知学生。进一步地，为了防止学生间互相抄袭，在任务的验收上体现“即时完成，即时验收”；为了鼓励学生攻坚克难的意志与能力，实行动态的学时管理，鼓励学生分享与参与课堂指导，并作为过程考核的加分项。不仅如此，通过多次透明的过程考核，由于按照统一的考核标准严格要求学生，规范学生行为与习惯，严肃学风建设与课堂管理，教师能尽快发现学生的问题，从而及时给予教育与帮助。

（3）强化检查督导。学院鼓励和支撑督导老师、各级领导干部除了听理论课，更要重视对实践环节教学的监督与管理；在实践活动指导时，课题组严格执行一次实践活动，至少配置两个教师，提高生师比，促进实践教学过程的顺利开展，在减轻教师负担的同时，提高学生的学习满意度。

（4）完善教师激励机制。学院把集中式实践环节的改革与学院“十四五”规划相结合，提出明确的专业建设与教学改革目标，不断鼓励教师持续开展创新型教育，不断鼓励教师积极做好综合性实验和创新型实验项目的开发与完善，鼓励教师自制教学装备与设备，以进一步补充完善实践教学环节所急所需。

（5）实验室开放助力实践环节改革。自动化与电气工程学院最近两年都对实验室的开发与利用做了缜密的安排，实现了自我训练（适宜教学计划内的实验巩固等）、综合设计、科技活动、大学生创新实践项目场地落实等学生实践创新能力培养的支撑条件。而在实验室开放的过程中，课改组教师结合“科研项目、创新项目、创业项目”三层次创新活动，研究如何通过“基础实验、综合实验、创新实验”进行三阶段进阶，进一步突出和加强各集中实践环节之间的贯通性、连续性。

（6）其他环节的配合。一方面，学院以结果为导向对学生在上一学年中通过自身特长和实践锻炼在课外科技活动中获得的成果情况进行考核与嘉奖， 这些成果包括但不仅限于科技及学科竞赛、科技发明成果（科研成果）、学术论文加分、项目研究等。这些考核与表彰树立了模范，对学生参与实践活动给予了高度重视和鼓励，这对改善实践环节的参与度与学风建设起了积极的作用。另一方面，课改组教师研究通过持续推进学生创新实验室建设，积极提供持续学习的、有引导和帮助的共享平台，跨实验室、跨集中实践环节进行共享共用仪器设备与相关管理措施，在持续高质量保障学生实验等基本活动的同时，如何发挥教师主动性，盘活设备提高使用度，不孤立建设集中实践环节，强调实践活动改革的“整体性、一体性”独立建设、提前建设、早些建设的同时，同步推动其他方面的发展和变化。

四、总结与期望

目前，在实施新的集中式实践教学环节教学改革以后，学生学习兴趣不断提高，首次参加嵌入式芯片与设计竞赛就获得国家二等奖，首次参加全国大学生设计竞赛就获得 TI 杯省赛二等奖，多人获得励志奖学金、创新创业奖学金等。

此外，实践教学实践的成功有力激发了学生参加社团活动的积极性和主动性。仅以 2021 年建立的院级社团自动化协会为例，在有效实施集中实践教学的 2020 级学生中，现已在“台达杯”国际高校绿色制造大赛，全国大学生光电设计竞赛，全国大学生嵌入式芯片与系统设计竞赛当中多次获得省级、国家级荣誉。其中，一人获得四川省大学生“综合素质 A 级证书”，一人获得校优秀学生干部，一人获得嵌入式系统设计工程师初级证书。课改组相信：在经过全面的一轮集中教学实践环节培养的自动化专业的学生，动手实践意识与实践能力将会更强，这将有助于他们在嵌入式工程师、硬件工程师、自动化工程师等高薪岗位就业。

当前的实践成果证明，已构建的实践教学体系科学合理，可操作性强，执行效果好，正在为对提高自动化专业人才培养质量提供积极的助力。同时在未来的持续研究中，课改组教师还将不断开展研究如何共融共生实验教师队伍和教师队伍，联合打造高质量实验指导书，做好设计综合性、挑战性实验的持续建设工作，并把实验创新能力、实验室管理能力等作为选拔学生参加如学科竞赛、学生科研活动的重要依据，促使优秀学生参加实验创新活动，首先“黏”住“人”，然后“办”好“事”。

参考文献

[1] 张鸣放. 大学生应用能力培养的改革与实践[M]. 长春：吉林科学技术出版社，2007.

[2] 林健. 卓越工程师培养——工程教育系统性改革研究[M]. 北京：清华大学出版社，2013.

[3] 方敏，葛锁良，温阳东，等. 集中实践环节的计划与实施[J]. 实验室研究与探索，2005（24）.

[4] 项聪. 培养工具理性与价值理性兼备的工程师——兼论新工科人才培养目标定位[J]. 高等工程教育研究，2017（6）.

[5] 李天安，傅英姿. 学生自主实验教学模式探索[J]. 西南师范大学学报（自然科学版），2002，27（2）.

[6] 顾佩华，胡文龙，林鹏，等. 基于“学习产出”（OBE）的工程教育模式——汕头大学的实践与探索[J]. 高等工程教育研究，2014（1）.

[7] 饶才鑫. 更新教学实验内容，激发学生实验兴趣[J]. 实验技术与管理，1995（4）.

立德树人为本　红色文化为魂
——成都工业学院形势与政策课实践教学体系的构建与实践①

◎ 毛莉姝　罗英

（成都工业学院马克思主义学院　四川成都　611730）

【摘　要】“十四五”时期，思想政治理论课进一步从党和国家事业发展全局的高度，全面贯彻为党育人、为国育才的教育方针，在加快推进教育现代化的新征程中培养担当民族复兴大任的时代新人。形势与政策课实践教学着力培养学生爱国情怀、社会责任感、创新精神和实践能力。成都工业学院形势与政策课程在建设与发展中坚持以立德树人为本，以红色文化为魂，走出了一条既彰显校本特色，又具有创新优势的实践教学新路，为提升育人实效进行了新的探索。

【关键词】红色文化；立德树人；实践教学

红色资源是中国共产党艰辛而辉煌奋斗历程的见证，是最宝贵的精神财富，要用心用情用力保护好、管理好、运用好红色资源，生动传播红色文化。[1]思想政治理论课坚持用好红色资源，讲好红色故事，在加强革命传统教育、爱国主义教育的实践中，落实立德树人根本任务，引导新时代大学生树立红色理想，传承红色基因，坚定文化自信。

一、赓续红色文化育人的良好传统

深厚的家国情怀、强烈的时代责任感是成都工业学院百年来办学精神和

① 本文是2019年度教育部高校示范马克思主义学院和优秀教学科研团队建设项目重点选题“‘形势与政策’课教师队伍建设研究”（19JDSZK007）子课题：思政小课堂与社会大课堂互动模式下形势与政策课教师成长机制研究（2020 1111601），四川大学生思想政治教育研究中心项目“智慧教育背景下高校思政课教师混合式教学能力提升与实践策略研究”（CSZ22041）的研究成果。

内在文化的重要体现，培育了一代又一代优秀人才，陈毅元帅是其中最为杰出的代表。学校高度重视对陈毅精神的研究和对陈毅红色资源的挖掘，注重“陈毅元帅母校”的文化提升。

在此背景下，学校形势与政策课程将以“陈毅精神”为代表的红色文化融入形势与政策课实践教学中，立足立德树人根本任务，坚持以学生为中心，聚焦课程政策性强、政治性强、时效性强，教学要求全覆盖、不断线的特点，坚持问题导向和目标导向相结合，以提高教学质量、增强学生获得感、实现习近平新时代中国特色社会主义思想“三进”为最高教学目标，扩大理论教学的开放性，增强实践教学的实效性，积极融合“陈毅精神”红色文化资源，依托陈毅纪念园举办的陈毅诗词朗诵大赛、陈毅精神征文比赛常态化开展，“陈毅杯”时政微视频制作大赛、数字化陈毅纪念园创新开设，其内涵丰富、形式多样的实践活动得到了学生的广泛参与和普遍好评，形成了一系列丰硕成果。并且，形势与政策课实践教学以第二课堂为载体，扩大实现了红色文化的育人价值，使红色文化在青年学生中得到了传承和发扬，并逐步生根学生心灵，形成对红色文化、对中华优秀传统文化的认同与自信。在以立德树人为本、红色文化为魂的实践教学中，赓续学校红色文化育人的良好传统，持续推动教学改革创新，取得突出育人成效。

二、健全红色文化浸润实践育人课程体系

成都工业学院形势与政策课获四川省精品课程（2010 年），四川省高等教育质量工程综合改革子项目（2011 年），校级“课程综合改革试点项目”（2016 年），校级精品在线开放课程（2018 年），省级精品在线开放课程（2019 年），省级思政课示范课程（2019 年），首批省级线上线下混合式一流本科课程（2020 年），首批国家级线上线下混合式一流本科课程（2020 年），省级线上一流本科课程（2021 年），2022 年 4 月形势与政策教学团队获批四川省课程思政示范教学团队，并在四川省高校思政课罗英名师工作室的带领下继续推进课程的建设与发展。基于形势与政策课程的建设成果，为实践育人提供了必要依托，而实践育人成果又为课程发展提供了重要支撑。形势与政策课在多年来的探索与实践中，已建构了完整的实践教学体系。

按照形势与政策课的建设标准，实践教学纳入人才培养方案，制定《形势与政策课实践教学大纲》《形势与政策课实践教学学习与实践记录手册》规范实施。形势与政策课实践教学共 8 个课时，0.25 学分，全体学生必修，在四年内进行不间断的实践教学，并完成实践教学手册。实践教学从体系构建、基地建设、组织管理、考核评价到创新发展，形成了一体化的建设。

经过多年探索，形势与政策实践教学已形成以红色文化资源为特色的实践育人模式：① 建设实践教学基地群：校内实践教学基地+校外实践教学基地的双模式；② 完善实践教学组织形式：必做实践+选做实践+校内比赛；③ 丰富实践课堂种类：行走课堂+表演课堂+电影课堂+主题课堂+专家讲堂；④ 延展实践课堂形式：虚拟课堂数字化陈毅纪念园+线下课堂。

在学校党委的领导下，马克思主义学院积极协调，教务处、宣传部、学生处、团委等职能部门密切配合形势与政策实践教学工作，马克思主义学院形势与政策教研室指定专人负责，建立健全安全保障机制，积极整合思政课教师和辅导员队伍，共同参与组织指导形势与政策课实践教学，并有思政课实践教学专项经费保障实践教学的有序开展，构建了完整的实践教学工作体系。

形势与政策课实践教学体系以实践教学基地为平台，糅合校内实践与校外实践，通过多样化的实践课堂的建设与利用，充分发挥红色文化资源的独特育人优势，为大学生思想政治教育提供了优质实践载体与丰富实践内容，并在实际运行中极大地提高了育人实效。

三、彰显红色文化浸润实践教学的鲜明特色

（一）打造“陈毅精神”系列实践教学的品牌特色

习近平总书记在中国人民大学考察时强调：“加强校史资料的挖掘、整理和研究，讲好中国共产党的故事，广大师生要继承优良传统，赓续红色血脉。”[2]

坚持弘扬“陈毅精神”是成都工业学院思政工作的特色与优势，形势与政策课实践教学充分挖掘本校红色资源的育人价值，牢牢抓住“陈毅精神”文化特色，形成了围绕学习和传承“陈毅精神”的实践教学品牌。陈毅诗词朗诵大赛、“陈毅精神”征文比赛，“陈毅杯”时政微视频制作大赛、数字化陈毅纪念园是在多年实践教学用活红色资源的探索中形成的重要成果，不仅

丰富了实践教学内容，增强了课程的吸引力；同时，也滋养了师生的精神境界，成为涵养校园文化底蕴，彰显红色资源育人的品牌特色。

（二）突出思政小课堂与社会大课堂结合的实践特色

习近平总书记在学校思想政治理论课教师座谈会讲话中指出："马克思主义是在实践中形成并不断发展的，要高度重视思政课的实践性，把思政小课堂同社会大课堂结合起来，在理论和实践的结合中，教育引导学生把人生抱负落实到脚踏实地的实际行动中来，把学习奋斗的具体目标同民族复兴的伟大目标结合起来，立鸿鹄志，做奋斗者。"[3]

因此，形势与政策课实践教学旨在用所学的理论知识、观点和方法去观察社会现实，深入研究和思考社会前沿问题，难点、痛点问题。形势与政策课实践教学推进中，充分利用四川红色文化资源开展四史教育，在陈毅故里、陈毅纪念园、朱德故居、邛崃长征纪念馆、两弹城、建川博物馆等实践教学基地，以陈毅精神、抗日战争胜利七十周年、长征胜利八十周年、改革开放四十周年、新中国成立七十周年、建党百年、建团百年等内容为主题开展实践教学。以党史为重点，强化大学生的四史教育，重点培育党史学习教育"星火"学生宣讲团，培训红色讲解员讲好新时代红色故事，通过走进社区、乡村、基层，深入群众、百姓、干部，实地调研学习，深挖红色文化资源的时代价值，充分发挥红色文化资源的育人潜力，既能用革命先辈的奋斗与精神激励青年学生赓续红色血脉，又能立足新时代新征程让革命薪火代代相传。这种将思政小课堂与社会大课堂联动的实践教学，不仅扩大了课堂的时空性，更增强了课程的实效性、针对性，提升了学生的获得感，是向学生真心喜爱、终身受益的课程迈出的坚实一步。

（三）根植红色文化为魂的育人特色

"红色资源是我们党艰辛而辉煌奋斗历程的见证，是最宝贵的精神财富。要设计符合青少年认知特点的教育活动，建设富有特色的革命传统教育、爱国主义教育、青少年思想道德教育基地，引导他们从小在心里树立红色理想。"[1]形势与政策课实践教学创新发展思想政治教育教学模式，即加强实践教学环节，从单纯的课堂教学转向知行统一的开放性教学。而在丰富实践教学方式的探索中，红色文化资源的融合与赋能成为实践教学模式改革与创新的亮点。从单纯的知识教育转向育人教育，特别是以学校优质的爱国主义实践教育基地陈毅纪念园和已建成并在不断完善的数字化陈毅纪念园为依托，开展陈毅诗词比赛、征文比赛等活动；包括活用建川博物馆、陈毅故里、小平故里、昭觉县悬崖村、雷波县莫红乡等校外实践教学基地群的红色文化资源，融入思想政治教育的生动实践，对于培育有爱党爱国主义情怀，有坚定理想信念，能践行社会主义核心价值观，能堪当民族复兴大任的时代新人，实现了显著的育人成效，已成为形势与政策课程作为国家级一流本科课程的重要标志性成果。

（四）形成师生共成长、课程同发展的成果特色

围绕以学生为中心的实践教学，能激发学生从理论课堂走向实践课堂的主动性和积极性，通过真听、真看、真感受，转化为投身实践的真行动，在实践中锻炼本领，磨砺意志，成长为有理想、敢担当、肯奋斗的时代新人。通过理论课堂与实践课堂的双重磨炼，教师育人能力得到显著提高，能根据学生实践中的实际问题反思并优化理论教学，创新推动学生实践教学和教师实践研修，也坚持了教师讲授与学生参与相结合的原则，注重师生教学互动，充分调动学生学习的主动性、积极性，通过教师主导和学生主体的共同发力，实现教学相长。形势与政策实践课程经过充分实践，与理论课程相辅相成，实现课程优质发展。

四、提升红色文化融入实践教学的育人成效

形势与政策课实践育人以实践教学基地为平台，是理论与实践的有机融合，能够拓展教学时空，扩大教学开放性，提升能力纬度，提高教学实效。形势与政策课实践教学覆盖面广，学生受益大。截至 2022 年 6 月，参与陈毅诗词朗诵大赛的学生达到 3 000 余人次，陈毅精神征文比赛作品 1 200 余篇，参与红色主题电影周的学生共计 17 000 余人次，到实践教学基地进行认识实习的学生达到 3 000 余人次，党史团史宣讲活动，暑期三下乡、志愿服务活动等上千余人次。这种通过参观考察，通过体验式、沉浸式的学习实践，不仅

活化理论课程，而且能让学生在实践活动中学会“用敏锐的眼光观察社会，用清醒的头脑思考人生，用智慧的力量创造未来”[4]。

（一）学生的主体性潜能被激发

在实践教学活动中，学生参与课程实践的积极性和主动性日益提高，在拓展了教学时空的实践活动中，不仅让学生通过多渠道多纬度认知当前热点难点问题，更能提高在实践中分析问题的能力，认清当今时代和国家的形势，增强政治敏锐性和思想觉悟力；同时，学生能在更加广阔的平台，通过亲身参与，将理论活化为实践，在既严肃又活泼的学习氛围中发生认识和思想的转变，坚定理想信念，明确使命担当，在潜移默化的教学教育中实现立德树人的目标。例如，发挥学生党员引领作用，通过党员宣讲团开展党史宣讲活动，以“三下乡”社会服务活动，真学、真讲、真信、真实践马克思主义理论。学生社团制作时事快闪活动，主持和维护“形策论坛”微信公众号，发布重大时事、政策信息，在中青网等媒体发表新闻稿，通过亲身实践主动融入课程中，充分激发学生的主体性潜能，切实增强青年学生社会实践服务本领，真正做到所学即所得，所得有所感，切实提高大学生思想政治教育参与感与获得感。这种模式契合当代大学生的认知与期待，无疑成为新时代大学生认可并喜爱形势与政策课的重要理由。

（二）教师的综合育人能力不断提升

习近平总书记在学校思想政治理论课教师座谈会讲话中指出：“办好思想政治理论课关键在教师，关键在发挥教师的积极性、主动性、创造性。”[2]形势与政策课实践教学不仅让学生受益，也让教师成长。通过实践教学的深入和发展，形势与政策课团队培养了一支能从思政小课堂讲理论走向社会大课堂做实践的综合性教师队伍，让形势与政策课教师不仅有坚实的理论功底，也有理论指导实践的能力，更有实践检验和深化理论的功力。这种教师培养模式有力地解决了形势与政策课教师队伍的难点和痛点问题，抓住办好思政课关键在教师的根本，全力投身培养社会主义建设者和接班人的教育事业。

（三）立德树人根本任务落地生根

成都工业学院形势与政策课程作为国家级一流本科课程，落实立德树人根本任务，是从理论到实践多纬度全面发展的成果，为实现全员全程全方位育人进行了创新实践。实践教学中充分利用红色文化资源开发实践教学内容，彰显校本特色，又充分利用校外各类实践教学基地，整合思政课堂与社会课堂共同育人的资源，丰富实践教学内容，彰显社会赋能，积极促进学生在社会课堂中“受教育、长才干、作贡献”。同时，形势与政策课实践教学还积极探索与专业实践教学相融合的新模式、新方法，充分挖掘专业课程资源中的思政元素，构建大思政格局，有力地促进了形势与政策课程的全面发展，成为课程不断提升育人实效的重要支撑，真正实现实践教学活动落地，育人目标生根。

五、结语

思想政治理论课坚持以习近平新时代中国特色社会主义思想为指导，聚焦立德树人根本任务，推动用党的创新理论铸魂育人，不断增强针对性，提高有效性，实现入脑入心。2022 年 4 月 25 日，习近平总书记在中国人民大学考察时提出：“思政课的本质是讲道理，要注重方式方法，把道理讲深、讲透、讲活，老师要用心教，学生要用心悟，达到沟通心灵、启智润心、激扬斗志。”[2] 成都工业学院形势与政策课实践教学，以红色文化资源浸润教学的模式，就是将“讲道理”和“悟道理”联动起来，在一体化建设，系统化实施，持续性检验的探索中，绵绵用力，久久为功，实现了课程建设“掷地有声”，立德树人“润物无声”。

参考文献

[1] 习近平：在主持十九届中央政治局第三十一次集体学习时的讲话[EB/OL]. 2021-06-25.

[2] 习近平：在中国人民大学考察时强调 坚持党的领导传承红色基因扎根中国大地走出一条建设中国特色世界一流大学新路[EB/OL]. 新华社，2022-04-25.

[3] 习近平：在北京主持召开学校思想政治理论课教师座谈会强调 用新时代中国特色社会主义思想铸魂育人 贯彻党的教育方针落实立德树人根本任务[N]. 人民日报，2019-03-19.
[4] 习近平：在庆祝中国共产主义青年团成立 100 周年大会上的讲话[N]. 人民日报，2022-05-13（1）.

“FPGA 设计与应用”实验教学改革探索与实践

◎ 苗雅男 尤小泉 罗海 耿玉茹

（成都工业学院网络与通信工程学院 四川成都 611730）

【摘 要】高等教育的不断深化改革给传统实验教学体制带来了一定冲击，那些缺乏逻辑性、挑战性和创新性的实验项目已经难以适应工程教育对人才培养的要求。为了顺应实验教学的改革节奏，培养出符合社会实践要求的工程技术人才，本文根据工程教育理念和能力培养的要求，分析传统 FPGA 实验教学模式的不足，结合 FPGA 的实验课程特点，采用实验项目的层次化设置方法，层层递进，形成项目难度梯度，努力探索“理论与实践相结合，综合与创新相促进”的实验教学改革思路，以满足行业对不同学生的层次化需求。

【关键词】FPGA；层次化实验项目；实验教学改革

随着 EDA 技术的快速发展，基于 FPGA（Field Programmable Gate Array）的设计方法逐渐成为现代电子设计的主流，许多高校也因行业需要开设了 FPGA 的相关课程。“FPGA 设计与应用实验”是伴随“FPGA 设计与应用”课程同时开设的实验课，是 FPGA 理论教学的补充和深化，具有较强的应用性和实践性。因此，对“FPGA 设计与应用实验”课程进行教学改革的研究和探索实践是非常必要的[1]。

实验教学是验证和理解理论知识的一个重要途径，更是高校教学工作中的重要组成部分，在实验内容设定和案例选取时需要十分用心，以增强实验的工程性、综合性与探索性为目的，一方面，提高学生的学习热情，培养学生的工程意识和创新意识；另一方面，满足用人单位对毕业生掌握 FPGA 技术提出的要求，符合工程教育专业认证的产出导向理念。因此，本文将实验项目进行层次化设置，串联成层层递进、环环相扣、面面俱到的系统化整体，形成能够覆盖 FPGA 全部理论学习（熟练掌握硬件描述语言、模块化系统设计思想）的知识网，通过实践每一个完整的设计过程，让学生体会 FPGA 技术是如何通过硬件描述语言快速实现工程设计的，进而巩固学生对理论知识的掌握，促进“理实一体”。

一、传统 FPGA 实验教学的不足

FPGA 是电子信息类专业必不可少的一门技术实践性课程，是实现数字系统设计的重要工具[2]。成都工业学院的“FPGA 设计与应用”课程授课课时数是 32，其中实验课时数为 16 课时，占总学时数的 1/2，足以见得其对 FPGA 整个课程教学效果的重要影响。但 FPGA 受传统实验教学模式影响，依然存在诸多不足。

（一）缺少差异化教学的思考

学生的知识掌握水平参差不齐，基础知识储备存在差异性，部分学生跟不上实验课程的正常教学进度，在规定时间内难以完成实验项目；实验项目的难易程度参差不齐，实验难度不适合所有学生，导致出现动手能力弱的同学“吃不了”和动手能力强的同学“吃不饱”的情况。

（二）缺少实践能力的培养

FPGA 实验本该是培养学生实际动手能力和实践应用能力的重要渠道，但传统的实验内容忽视了设计性而只强调验证性，加之实验项目之间缺乏关联性和逻辑性，学生对实验内容没有系统性认识以及缺少应用背景了解，难免对实验内容感到陌生和空洞，学生的实际动手能力难以提高[3]。

（三）缺少创新意识的引导

传统的 FPGA 实验项目内容多以验证为主，学生在实验过程中按照实验手册的指导编写几行代码，再在开发板上选择合适的工作模式，匹配好对应的芯片引脚，无须过多了解其硬件组成与连接，就可以实现硬件功能验证，在此过程中缺少对学生主观能动性和创新意识的引导，难以增强学生的创新意识。

（四）缺少自主能力的训练

受固化教学观念的影响，传统的 FPGA 实验教学难以实现学生自主能力的训练，在实验过程中往往会忽视学生的有效参与情况，学生过分依赖教师的指导与帮助，遇到困难只会一味等待教师的帮助，缺乏自主思考能力，由于学生等待答疑需要时间，所以学习效率低下，不利于学生自主学习能力的培养[4]。

二、FPGA 实验教学改革的探索

FPGA 教学团队针对传统 FPGA 实验教学中的不足,结合近几年的实验教学经验，提出以下几点改革措施：

（一）设置层次化项目结构，优化实验教学内容

传统的 FPGA 实验项目通常以验证型为主，各实验之间往往是相互独立的，难以体现实验内容之间层次递进的逻辑关系，缺乏系统性与层次性，学生只是机械地模仿与复刻实验过程，其动手实践能力难以得到培养。根据 FPGA 实验课程特点以及应用型本科人才培养要求,结合行业技术发展与岗位技能需要，以典型应用项目为核心编排实验教学内容，优化实验教学体系结构。FPGA 具体实验教学内容项目地图如图 1 所示。

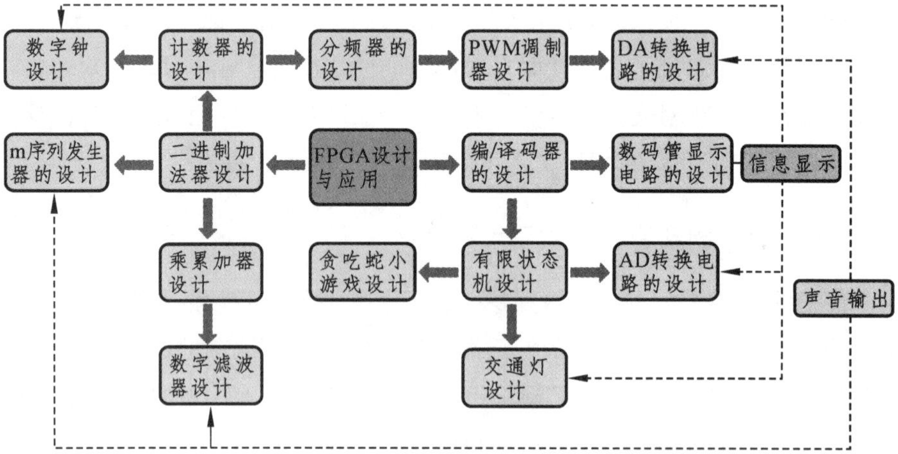

图 1　“FPGA 设计与应用实验”项目地图

（二）探索 PBL 教学模式，改革实验教学结构

传统的实验教学模式以“讲授为中心”，以“教师为主体”，学生在实验过程中只能按照老师的安排，亦步亦趋，难以发挥其主观性和能动性，不利于学生创新性和创造力的培养，从而影响 FPGA 实验课程教学效果。因此，需要更改传统的 FPGA 实验教学模式，探索 PBL 教学模式，更新实验教学理念，改革实验教学结构（见图 2），鼓励学生实行自主探究，在实践中形成集体性思维和协作意识，构建“知识教与学共同体”[5]。

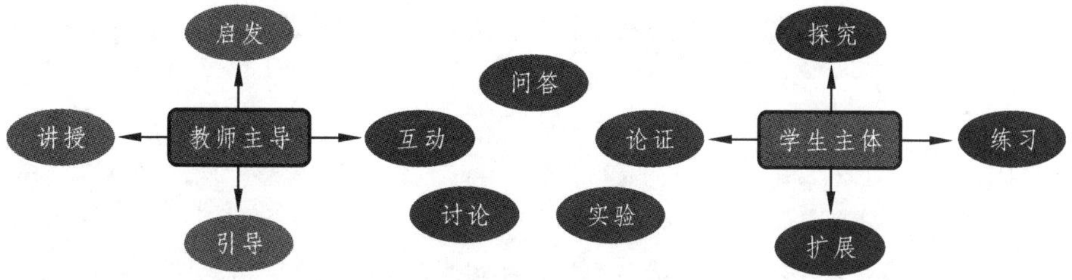

图 2　改革的实验教学结构

（三）建设“口袋实验室”，改善实验教学条件

传统的 FPGA 一体化实验箱存在价格高、维修成本高、体积大、连线复杂、不便携带等诸多弊端，为有效解决这些问题，“FPGA 设计与应用”教学团队积极建设“FPGA 口袋实验室”，利用 Xilinx 开发板进行综合、开放的实验教学模式改革[6]。这种实验方式主要是以 Verilog HDL 编程的方式实现的，既能够节省做实验的时间，又能够有效抵抗外界干扰因素对实验结果的影响，实验效果普遍较好。此外，基于“FPGA 口袋实验室”的实验教学形式更好地体现了“自主化”“模块化”和“工程化”的设计思想，弥补了传统实验学时受限的问题，有足够时间现场观察实验结果，极大地提高了学生学习 FPGA 的热情和效率[7, 8]。

（四）改革实验项目考核方法，注重总结性考核

在继承和发扬传统“FPGA 设计与应用”实验教学考核方法的同时，实行全面综合的考核方式，建立与 FPGA 行业人才培养需求相适应的考核方法，加大总结性考核力度（见图 3）。改革实验教学评价方式，体现多元化与多样

化的结合，既评价学生实验任务的完成情况，又评价学生整个学习过程中的表现情况，调动学生参与实践的热情，培养学生创新能力和团队意识，确保实验教学效果。

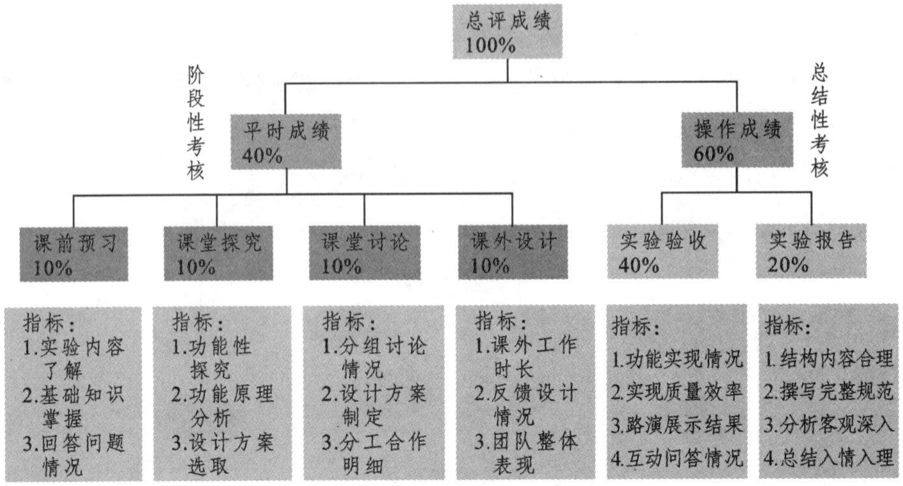

图 3　实验项目考核方法

三、FPGA 实验项目层次化设计方案

在 FPGA 实验项目地图中共安排了 15 个实验项目，包括设计性和综合性实验，能够更加系统地展示数字系统开发设计环境、开发工具软件、Verilog HDL 硬件描述语言的编程应用、组合以及时序逻辑电路设计、数字系统综合设计实践等内容。然而，受到实验课时的限制，只能从 15 个实验中挑选 8 个完成内容，但也因此给学生留有足够的自由选择空间。实验项目安排方案如表 1 所示。

表 1　FPGA 实验项目安排方案表

序号	项目名称	范畴	序号	项目名称	范畴
项目一（2 选 1）	1. 二进制加法器设计 2. 编/译码器设计	组合电路设计	项目二	3. 乘累加器设计	组合电路设计
底层设计项目（2 个）：打基础					
项目三（2 选 1）	4. 计数器的设计 5. 分频器的设计	时序电路设计	项目四	6. 数码管显示电路的设计	时序电路设计

续表

序号	项目名称	范畴	序号	项目名称	范畴
项目五（2选1）	7. 有限状态机设计 8. 交通灯设计	时序电路设计	项目六（3选1）	9. AD转换电路设计 10. PWM调制器设计 11. DA转换电路设计	数字信号处理的应用
中层设计项目（4个）：稳支撑					
项目七（2选1）	12. 数字滤波器设计 13. m序列发生器设计	通信领域的工程应用	项目八（2选1）	14. 数字钟设计 15. 贪吃蛇游戏设计	综合设计应用
顶层设计项目（2个）：促发展					

项目一主要学习FPGA开发设计基础组合逻辑电路，熟悉Verilog HDL编程设计方法，掌握开发软件Vivado及配套Xilinx EGO-1开发板的使用方法，通过简单的组合电路设计，帮助学生从实践中了解现代数字系统设计的软、硬件开发环境，并掌握运用Vivado设计数字电路的方法。项目二是组合逻辑电路设计的升级版，在设计难度上略有增加，帮助学生建立模块化的设计思想，为后续实现复杂数字电路的层次化设计做铺垫。项目三至项目五是时序逻辑电路的设计，三个项目由浅入深、循序渐进地帮助学生从实践中熟悉典型时序电路的Verilog设计方法，建立同步电路设计以及时序设计的概念。项目六是FPGA在数字信号处理领域的实际工程应用，设计难度有所增加，需要基于前续基础实验的设计结论，强调实验之间的逻辑关系，强化Top-down的层次化设计思想。项目七是FPGA在通信领域的实际工程应用，在前面实验项目搭建的理论体系基础上继续帮助学生深入体会复杂的数字电路设计过程，增强学生工程设计和工程应用的经验和能力，为解决工程实践问题做准备。项目八是FPGA的综合设计应用，项目几乎覆盖了FPGA的所有前续实验项目设计结果和基础理论知识内容，通过综合技能训练实现设计技巧与应用实践的进一步融合。

四、实验教学效果分析

经过教学团队近三年的探索与实践，“FPGA设计与应用”实验课程取得了一定的教学效果。学生对实验目的有了清晰认识，对实验内容有了系统性理解，独立思考、解决问题的能力得到了强化，创新意识和创造性思维得到了培养，课堂参与度明显提高，实验教学效果比较理想。

（一）实现学生能力差异化培养

根据学生能力水平的差异，对 FPGA 实验项目进行层次化设计，分别为底层设计项目、中层设计项目和顶层设计项目三个层次，每个层次项目依学生个人能力和兴趣不同具有选择性。从底层的经典项目入手，奠定学生实验学习基础；到中层的扩展项目，丰富学生实验学习知识，扩宽学生视野；最后到顶层的综合拔高项目，系统化整合学生的综合知识和能力，激发学生潜力和创造力。通过不同难度差异的实验项目帮助学生既能“吃的了”，又能“吃得饱”，甚至“吃得好”。

（二）实现学生创新意识和实践能力的培养

改革后的 FPGA 实验教学注重帮助学生摆脱难以运用所学理论知识解决实际生产问题的困境，培养学生在实践中形成系统的知识结构体系、增强专业知识技能、提升创新创造思维和综合实践能力。实验项目内容直接从实际问题入手，通过提出与实验教学目标相关的问题引出实验主题，由师生共同讨论设计方案，学生实现具体设计过程，由此帮助学生扎实硬件描述语言的编程设计基本功，训练学生掌握完整数字系统的开发设计流程，鼓励学生将所学习过的知识技能综合应用到实验项目中，使学生在“学做结合”的环境中尽快掌握基于 FPGA 技术的复杂数字电路设计方法，提高数字系统设计与维护能力，为日后的跨学科应用夯实基础，增强创新意识，强化实践能力。

（三）实现学生自主学习能力的培养

在实验过程中，教师只起到引导和辅助作用，实验课堂的主动权需要交给学生，让学生能够独立发现问题、分析问题、解决问题，自主完成实验项目要求，并且鼓励学生以小组为学习单位，开展内部交流和讨论，彼此分享和探讨对问题的看法，最终提出可实施解决方案，若仍然解决不了，则进行师生共同讨论，避免过度依赖教师的直接帮助。由此，学生的自主学习能力得到了培养，自我管理和团队协作能力有所增强，在实验教学中能够进行主动学习和探索。

五、结语

“FPGA 设计与应用”实验教学以培养符合行业需求的专业性技术人才为目标，以解决实际社会生产实践中的专业性问题为导向。考虑传统 FPGA 实验教学模式的不足，结合 FPGA 的实验课程特点，在原有的实验教学内容和教学模式上进行探索与实践，设置环环相扣、层层递进的实验教学项目，将数字系统设计理论知识与实际工程应用相结合，通过实验项目层次化设计的教学方法帮助学生初步建立描述、分析和解决问题的工程设计思想，通过实验加深对 FPGA 技术的理解，在实验中巩固强化理论基础。教学实践表明，改革后的“FPGA 设计与应用”实验能够因材施教，全方位提高学生的实验水平和实践能力，为学生今后在专业领域的学习和工作打下良好基础。

参考文献

[1] 张定祥. 基于 FPGA 的数字综合实验平台的设计与开发[D]. 成都：电子科技大学，2016.

[2] 施晓秋. 遵循专业认证 OBE 理念的课程教学设计与实施[J]. 高等工程教育研究，2018（5）.

[3] 周静，刘全菊，张青. 新工科背景下实践教学模式的改革与构建[J]. 实验技术与管理，2018，35（3）.

[4] 余厚全，吴凌云，陈永军. 电子信息类专业实验教学的几点思考[J]. 上海：实验室研究与探索，2009，28（6）.

[5] 郑恩楠. PBL 模式在本科教学中的应用与探索[J]. 黑龙江教育，2022（3）.

[6] 廉玉欣，崔振，侯博雅，等. FPGA 口袋实验室在数字电子技术实验中的应用[J]. 中国现代教育装备，2020，337.

[7] 李营，吕兆承. 基于项目引导和过程考核的 FPGA 实验教学改革研究[J]. 物联网技术，2019，12.

[8] 王墨林，戚昊琛，鲁迎春，等. FPGA 课程创新实验教学体系的实践[J]. 实验科学与技术，2018，16（4）.

新工科背景下应用型本科院校实践教学体系的改革与探索
——以“铁路信号设计与施工”为例

◎ 董家希　蔡煊　宋晓波　侯宇婷　肖金梅　廖继轩
（成都工业学院汽车与交通学院　四川成都　611730）

【摘　要】“铁路信号设计与施工”是轨道交通信号与控制专业的核心专业课，该课程具有学科综合性强、实践性强的特点，对学生掌握铁路信号典型工程设计方法及施工方法，培养专业实践技能具有重要意义。本文基于新工科建设理念，对课程教学现状进行综合分析，并提出该课程在应用型本科院校中的实践教学改革措施，通过重视过程化考核、推行小组项目任务制度、融入思政元素等方式建立多元化实践教学体系；通过资源整合、信息化教学平台等方式建立教学资源库；通过校企合作，搭建发展平台，提升师生实践能力等策略，完善实践教学体系，响应国家发展战略需求，培养高素质的应用型工程实践人才。

【关键词】铁路信号设计与施工；新工科；实践教学；教学模式；教学改革

新工科建设，是一项深化工程教育改革的持续性重大行动计划。为了主动响应国家的发展战略要求，应对新一轮科技革命和经济形势的挑战，满足未来产业发展需求，自 2017 年开始，教育部积极推动新工科建设，随着“复旦共识”“天大行动”和“北京指南”的确立，我国新工科建设正式拉开序幕[1]。在此背景下，作为应用型本科院校，成都工业学院应充分把握新工科建设的内涵，在传统工科专业中有机融合新工科建设的理念和要求，秉承“以理论知识为基础，以实践能力为重点”的教育理念，培养具备专业技能、能够快速服务社会、解决实际问题的应用型人才。因此，开展实践教学工作研究，探索新工科背景下的工程实践教学体系改革成为培养新兴工程应用型人才的关键环节。

“铁路信号设计与施工”作为轨道交通信号与控制专业的专业核心课程，具有知识点多、学科综合性强和实践应用性强三大特点，主要目的是使学生通过本课程的学习，掌握铁路信号典型工程设计的基本知识和设计原则，掌握铁路信号工程典型的施工方法及施工技能，并能够综合运用铁路信号专业知识，解决铁路信号设备在图纸设计、设备安装、现场施工等方面的实际问题。该课程对于学生培养铁路信号工程设计能力，学习积累工程现场操作经验，未来快速融入铁路信号的实际生产工作起到重要作用[2]。因此，本文基于新工科建设理念，以培养铁路行业应用型人才为导向，针对“铁路信号设计与施工”课程，阐述目前实践教学的现状，并提出实践教学体系改革的具体措施。

一、“铁路信号设计与施工”课程教学现状分析

通过对四川省各铁路类院校轨道交通信号与控制专业的人才培养体系、师资队伍建设、铁路信号设计与施工课程建设进行前期调研，以及对实验实训基地进行实地走访，结合学生反馈，综合分析“铁路信号设计与施工”课程教学中存在的普遍问题。

（一）理论知识比重大，学习积极性有限

铁路信号设计与施工主要包含信号设计与施工安装两大部分。需要学生掌握铁路信号设计相关规范、熟悉信号系统的电路原理及应用、掌握铁路信号工程施工及安装的基本方法等，且需要融合电路分析、计算机基础等交叉学科的基础知识。现有教学组织安排，教学环节设计中多沿用传统课堂模式，由于课程知识点多，内容繁杂，涉及面广，课堂内容安排较满，教学节奏紧凑，造成了以教师为主体，缺乏互动环节的情况。同时，铁路行业规范要求，设计步骤等内容大多繁杂且抽象，学生仅凭借书本内容及教师讲授无法形成感知认识，难以理解，对知识的掌握大多也是死记硬背，一知半解，无法真正掌握技能。学生反馈学习难度大，找不到兴趣点，导致缺乏学习主动性和积极性，教学效果不理想。

（二）教学手段单一，教学辅助资源有限

受传统教学模式影响，课堂中仍存在“灌输式”“填鸭式”讲授模式。在师生关系中教师占据主导地位，在教学环节中教师教授的知识占据核心位置，在教学内容中过度依赖教材和课件。学生在这种课堂模式下很难形成个性思维，培养创新能力，在实际生产中缺乏发现问题、解决问题、独自思考判断的能力[3]。加之轨道交通信号与控制专业具有铁路行业特色，具有很强的专业性和行业壁垒，先进技术的发展十分迅速，落地形成教育教学体系并适用于应用型本科的教学辅助资源十分有限。教材选取上，只有林瑜筠主编的《铁路信号工程设计》，参考书目较少，网络慕课中多为高职院校开设的铁路信号识图与施工实训类课程，包含一些故障检修和具体设备维护，较为碎片化，难以形成知识体系。因此，传统教学模式下的人才培养模式存在短板，学生毕业后空有理论基础，进入企业后无法快速在实际生产中应用先进技术，解决实际问题，难以满足企业要求，未能达到新工科背景下培养优质人才的目标要求。

（三）教师一线工作经验不足，实践教学水平有限

随着我国铁路行业的快速发展和高速扩张，轨道交通领域企业对于人才的需求日益增加，为满足铁路行业各个环节的人才培养和人才输送需求，各大高校相继开设轨道交通信号与控制专业。但随之而来的是教师队伍人才紧缺的问题。从师资队伍来看，从事轨道交通信号与控制专业的专任教师的数量有限，且多为年轻的硕士或博士毕业生，少数有轨道交通领域相关企业的工程实践经验，而铁路信号设计与施工是一门学科综合性和实践性非常强的课程，相关的设计方法、施工技能、故障检测等十分依赖现场实际的工程经验。此外，该课程涵盖车站和区间自动闭塞室内外的全套联锁控制系统及信号设备，价格昂贵且对于实验场地要求较高，高校难以配备完整的实验实训设备，造成学生对于现场设备的施工过程及逻辑电路的联锁关系缺乏直接的操作经验。因此，部分专业教师工程经验缺乏和学校实验条件不足导致课程的实践教学水平有限，实际教学效果与教学目标存在一定差距。

二、“铁路信号设计与施工”实践教学课程体系改革措施

新工科背景下，高校的人才培养模式有了新的目标和要求，着重体现为学科的实用性、交叉性和综合性，培养具备较强工程实践能力的高素质多元化复合型人才。应用型本科院校，应当深入贯彻新工科建设理念，将实践教学环节与理论教学进行有机融合，深化教学改革，构建实践教学课程体系，为企业培养输送技术应用能力过硬的应用型人才[4]。

（一）以“目标”为导向，重视过程化考核，优化课程考核体系

传统课程考核体系较为单一，期末考试分数在课程考核中占据较大比例，容易造成学生考前突击复习，机械性记忆，应付考试而忽视过程的学习模式。在实践教学课程体系的改革中，应以人才培养目标为导向，增加过程化考核所占比重，由原来的30%增加为40%，增加课题调研报告、项目小组任务考核、学术前沿讲座等多元化考核方式，调动学生的积极性和学习主动性，培养学生的实践创新能力和解决实际问题的能力，培养学生团队协作，分工合作的团队意识，引导学生关注行业前沿先进技术发展，激发学生对于专业的认同感和自豪感，从而培养优秀的行业高素质人才。

1. 结合人才培养目标，明确教学目的

基于对铁路信号设计与施工课程教学内容的整体把控，结合学校应用型本科院校定位和具体情况，制定适用于本专业学生的教学大纲，明确该课程的教学目标。在教学内容的设计上，注重学生对于计算机联锁、自动闭塞等常见场景下的工程设计及施工技能的掌握，注重学生对于室内外设备布置图设计的实际绘制、设备安装的操作要求等，适当弱化了对驼峰信号、高速铁路等难度较大的场景的工程设计的要求。在教学目标的设定上，希望学生通过本课程的学习，掌握铁路信号典型工程设计的基本知识，掌握铁路信号典型设备安装施工的基本标准、基本方法和基本技能；使学生能够综合运用铁路信号专业知识，解决铁路信号设备在设计、安装等方面的实际问题，培养自觉遵守安全规章的意识，锻炼工程实践的动手能力，进入企业后能快速适应岗位，应用所学技术解决实际问题。

2. 以学生为主导，实行项目任务制度

在实际工作中，许多工作任务都是以项目形式呈现的，通常也需要小组成员的通力协作。我们在教学过程中，也可以参照企业项目任务制的形式，选取合适的知识点进行翻转课堂。教师讲解相应的理论基础，并给出项目任务书，明确项目目标任务及完成时间节点。学生为主体，根据自己擅长的部分，优势互补，自由组队，并明确团队内的角色分工，自主制订项目工作计划，自行查阅文献资料，在规定时间内完成任务并进行项目汇报。例如，铁路信号设计与施工课程的设计部分，涉及很多设备布置图纸的设计。在教学过程中，选取了车站信号设备平面布置图设计这个章节作为翻转课堂的试点内容。教师讲解了平面布置图包含的内容，设计规范和设计要求，各个设备布置的基本原则等理论知识，并以一个典型案例进行讲解，说明在设计过程中需要注意的实际问题。学生理解所学知识后，根据教师给出的模拟车站的实际线路条件及项目任务要求，4 ~ 5 人组成一个团队，完成整个项目的总体规划、项目分工、需求分析、框架设计，自学绘图软件 CAD 的使用方法，完成各个模块任务的具体实现，输出设计图纸，撰写总结报告，并最终汇报成果。在这个过程中，除了让学生更好地掌握课程知识点外，还模拟了实际工作应用场景，让学生切实体会项目开发的常规流程，积累实践经验，培养自主学习能力和团队意识，对学生未来在求职面试、快速适应从学生到职场人的角色转变起到一定助力。

3. 融入课程思政元素，增强学生行业认同感

传统课程考核体系中的课程评价往往局限于对专业知识和基础技能的考核，忽略了对学生思想政治素养和价值观的考核，而这也是新工科背景下对于多元化复合型人才培养的重要环节。在教学过程中，可以有机融入课程思政元素，潜移默化地培养学术兴趣，增强专业使命感和社会责任感，并引入可以量化的过程考核指标，建立学生正向反馈机制，及时对教学效果进行评价。例如，要求学生结合个人兴趣自行参加行业学术讲座或慕课专题讲座，并结合课程所学内容撰写学术报告。（见图 1）

图 1 轨道专业学生参加学术讲座

通过多元化考核方式，引导学生开阔视野，将课程学习中掌握的知识与铁路行业发展有机结合起来，了解行业发展前景和先进技术，增强专业自豪感和认同感，坚定学生在铁路行业持续学习深耕的信心。

（二）借助网络教学平台整合资源，建立教学资源库

铁路信号设计与施工课程教学内容中包含很多现场信号设备的安装、施工、维护、检修等操作流程，知识点多、知识面广、实践性强。课本中大量的文字描述枯燥乏味，难以记忆，学生无法对设备的构造组成、工作原理有直观的感受，传统的理论讲授方式不足以满足需求，且由于专业特殊性，网络上供学生自主学习的慕课资源较为稀缺，难以系统学习。因此，在铁路信号设计与施工课程教学中，通过多渠道挖掘整合教学素材，逐步积累教学资源，借助智慧树网络教学平台，建立具有专业特色的教学资源库。例如，在计算机联锁工程施工这个章节的教学过程中，在传统的 PPT 讲授的基础上，还结合了播放动画教学视频、分享现场录制的操作视频、展示设备实物图片、分享企业实际案例等方式进行讲解，使学生增强对于现场设备的直观认识，加深对于操作流程的记忆和理解。

此外，学生在课前预习、课堂理解知识点、课后复习、课后作业、拓展学习等环节遇到问题还可以通过网络资源库进行重复观看；并且在后续课程中，教师将会持续补充更新教学资源，完善知识库，学生在后续进行毕业设计和实习过程中如需巩固基础知识时也可以在线持续学习。

三、搭建发展平台，提升师生专业实践技能

（一）对接岗位职业标准，培养专业实践技能

新工科建设要求坚持以问题为导向，要求能够满足产业发展需要，学生能够迅速适应岗位要求，学校人才培养改革应对接岗位职业标准，针对性培养学生专业技能，使学生更好地完成从学校到企业的过渡[5]。因此，除了在课程中培养学生的实践能力，还应积极拓展技能培训渠道，搭建发展平台，鼓励学生参加学科竞赛、职业技能竞赛，加强校企合作，创造企业实习机会。

例如，轨道专业学生参加“1+X”城市轨道交通信号检修职业技能培训，考取技能等级证书，参加运达科技信号调试工程师岗位实习等，使学生拓宽视野，增强专业实践能力，丰富了对于专业岗位的认识，提高了学生在就业中的竞争力，为培养全方位复合型人才打下坚实基础。（见图 2）

图 2　轨道专业学生参加 1+X 职业技能等级考试

（二）积累工程经验，构建“双师型”教师队伍

师资队伍在学科发展建设、人才培养中起到了至关重要的作用。在应用型本科院校中，要培养的是创新实践型人才，教师自身的工程经验欠缺一定程度限制了教师在人才培养中发挥的作用[6]。因此，在探索实践教学改革的过程中，应加大校企合作的力度，努力寻求企业与专业教研室、与专业教师的合作机会，以不同形式深入企业进行工程实践训练，建立“双师型”教师队伍[7]。将科研技术应用到现场的实际生产中，积累工程实践经验和现场实际案例，了解企业人才需求，以目标为导向，有针对性地进行人才培养，向社会

输送高素质的应用型工程实践人才。

四、结语

在产业结构调整、企业转型升级的新趋势下，深化工程教育改革是满足产业持续发展的重要行动计划。高校是深化教育改革，培养输送年轻力量的重要阵地。应用型高校应紧跟时代步伐，持续探索改进教学理念，完善实践教学体系，培养具备工程实践能力的高素质复合型人才。

参考文献

[1] 张鹏，张晖，杨学南. 新工科背景下地方院校大数据专业人才培养探索与实践[J]. 当代教育实践与教学研究，2019（23）.

[2] 崔跃华，刘建华，张福生. 铁路信号设计与施工课程教学改革初探[J]. 中小企业管理与科技（上旬刊），2013（8）.

[3] 宋福顺. 铁路信号设计与施工项目化教学设计与实施[J]. 科技资讯，2016，14（34）.

[4] 户国，魏丽丽，李立明. 轨道交通信号与控制专业实践课程体系构建与实践[J]. 实验室研究与探索，2017，36（9）.

[5] 侯庆来，钟玉涛. 应用型本科院校职业教育产教融合体制机制探索[J]. 中国现代教育装备，2019（11）.

[6] 林明哲. “双一流”背景下创新人才培养工作的思考——以学院人才培养工作为例[J]. 教书育人（高教论坛），2019（15）.

[7] 周吉康. 构建“双师型”教师的实践与探索[J]. 出国与就业（就业版），2011（3）.

以赛促教，全面提升“FPGA设计与应用”课程教学质量

——第六届四川省高校青教赛反思

◎ 苗雅男　尤小泉　罗海　蔡方凯　赵柯　肖尚辉　耿玉茹

（成都工业学院网络与通信工程学院　四川成都　611730）

【摘　要】“青教赛”被誉为高教界的“全运会”，是各路怀揣教书育人理想的青年教师展现自我、大放异彩的舞台，也是反映综合实力水平、促进教学改革、更新教学理念、改进内容与方法的平台。教师可以通过参加竞赛来提高自身的教学实践和创新能力，并把比赛成果应用到课堂教学中，形成“有情境—有活动—有内容—有递进—有建构—有反馈”的教学模式，促进教学目标的有效达成。

【关键词】以赛促教；FPGA；提升教学质量；青教赛反思

近年来，随着我国教育事业的迅速发展，各高校纷纷引入大量优质人才，专任教师队伍呈现出“年轻化”的特点。教育部发展规划司2019年教育统计数据显示，目前我国普通高校专任教师中，青年教师（40岁及以下）的数量为137.67万，占比大约为79.11%[1]。青年教师已然成为各高校教学和科研的主力军，然而在由学生转变为成熟教师角色的过程中，大多数青年教师在教育教学方面普遍感到不适应，需要一个快速成长和成才的平台。近年来，为了鼓励高校教师潜心教学，掌握现代化教育理念和教学方法，锤炼教学基本功，提高教学质量，以赛促学已成为我国教学改革的一项重大举措。其中，每两年一次的高校青年教师教学比赛（简称“青教赛”）被誉为高教界的“全运会”，可谓是参赛规格最高、规模最大、人数最多、质量最好的比赛，不仅能让各位参赛教师在竞赛平台上充分展现自己，也能在相互交流中取长补短，提升教学技能[2]。

作为此次省赛的参赛选手，笔者有幸亲历了整个赛事过程，收获了十分宝贵的经验，比如对教学内容的理解得以加深、教学基本功得到了锻炼、心理素质也得到了加强，在备赛过程中重新认识了“FPGA设计与应用”课程，不断反思和重构教学内容体系，用心钻研教学设计，将新的教学方法和理念自然融入其中，并不断寻求新的突破，力图达到更好的教学效果。在此次竞赛中，自己受到了很大的鼓舞和鞭策，辗转反侧之余，也想总结一下此次教学竞赛的心得体会，不仅有助于为本课程的建设提供必要保障，也可以与同行分享经验，共同成长和进步。

一、“以赛促教”的理论研究

2012年教育部发布文件《关于全面提高高等教育质量的若干意见》（教高〔2012〕4号）第二十七条明确提出，要提高教师业务水平和教学能力，推动高校普遍建立教师教学发展中心，有计划地开展教师培训、教学咨询等业务，提升青年教师专业水平和教学能力[3]。在推进高校青年教师教学技能培养的多种方式中，“以赛促教”的竞赛培养方式是其中最快速、最有效的方法。因为通过教学竞赛不仅可以展现参赛教师的风采，促进教师之间的沟通交流，也能够促进青年教师的自我提升和发展，帮助青年教师树立良好的师德风范、及时更新教学思想和观念、提高教学能力和综合素质，而这些积极作用是其他培养手段无法比拟的。

二、“以赛促教”的实际意义

“以赛促教”的培养模式有利于提升新时代青年教师的综合素质、教学能力和专业化水平，对进一步激励青年教师投身于课程建设，提高教学质量具有重要意义。

（一）夯实业务基础，扎实教学基本功

“青教赛”是一次全方位的自我历练过程，对教师的教学基本功和业务能力都提出了较大考验。参赛教师必须了解学科前沿领域的最新研究动态，迅速梳理出课程的主要知识脉络，并挑选出具有代表性的15个教学节段和内容，

草拟出细致的教学设计方案，制作出简洁精美的 PPT 课件。整个过程往往需要重新梳理课程的知识体系，在此过程中也会对课程产生新的了解和认识，尤其是对一些重点内容会有更深的理解和把握，对于教师教学综合能力的提升和教学内容的归纳、演绎、推理和逻辑分析能力的培养都有极大的促进作用。

（二）转变教学理念，钻研教学方法

由于各高校“重科研、轻教学”的现象普遍存在，多数非师范类高校青年教师属于“学术特长型”，即专业优势突出，而在教学能力与方法、教育理念与技巧等方面缺乏系统教育理念和基础理论的学习与实践，缺乏完整的教育知识体系训练，难以在教学中敏锐地发现问题和规律[4]。所以，可以此次比赛为契机，摒弃原有的认知体系和教学理念，总结教学规律，改变不良教学习惯，钻研科学的教学方法，融合更符合现代化理念的教学思路，实现自我的全方位蜕变。

（三）提高教研能力，推动教学质量提升

“青教赛”的考核及评分标准十分严格，所以参赛选手往往需要据此标准重新审视课程体系，认真梳理课程的逻辑性、深入挖掘课程的重难点、努力寻找课程的实用性和趣味性。此过程无形中提高了教师对教学设计重要性的认识、对教学思想指导性的理解、对教学方法和教学模式改进的思考，进而在无形中提高教师的教学研究能力。同时，“青教赛”过后可以将全新的教学理念转入日常教学中，丰富教学内容，提高教学创新力，对教学质量的全面提升具有显著的推动作用。

（四）促进交流沟通，搭建互动平台

“青教赛”是青年教师展现风采和实现互动交流的重要平台，它能够更全面、更高效地发挥优秀示范作用，促进青年教师与各级优秀教师的交流互动；同时也扩大了青年教师之间的交流面，让青年教师领略到更多其他专业领域的教学风采，与更多元的教学思想发生碰撞，收获更多类型的教学经验与技巧，从而获得教学方法、教学手段、教学组织、教学技巧等多方面的启发和帮助。

三、“以赛促教”在“FPGA设计与应用”教学中的实施规划

（一）以赛促改，明确“FPGA设计与应用”课程规划目的

（1）改进教学方法、精进教学内容：经过此次“青教赛”的打磨，笔者意识到原本的课程教学内容和方法依然停留在传统的教学模式中，并未真正符合如今的教学理念，部分内容选取不得当，出现了偏离课堂教学实际、违背教学规律、超出学生接受能力等现象。因此，赛后在未来的长期教学中，要坚持不断反思教学效果、改进教学方法、精进教学内容，不断思考教学实践中学生需要掌握的理论方法与专业技能，整理出成体系的方法；同时，将课程内容进行重新分解与组合，并借鉴其他学科资源，真正“打通”专业，将全部专业知识融会贯通，形成资源共享和优势互补。

（2）深耕教学技能，坚持自我锤炼：此次“青教赛”也反映出要想从根本上改善教学效果，提升教学质量，就必须从平日的点滴变化开始积累，强化自身教学水平、规范教学设计、深耕教学技能，细心打磨每一堂课，从而将日常教学中真实的教学能力和水平推向更高层次。因此，青年教师只有不断在一朝一夕中锤炼自我，提升自身的教学能力，弥补教学技能方面的不足，才有资格登上三尺讲台，为学生“传道、授业、解惑”[5]。

（3）注重日常积累，形成独特风格：“青教赛”的赛课内容源于日常教学的积累，是日常教学的结晶，更是日常教学水平提升的驱动力。竞赛中选取的节段内容都宛如一件件被精心雕琢的工艺品，这些闪耀光芒的结晶往往都是日常教学活动中总结和积累出来的成果，饱含着付出和努力，凝结着辛勤和汗水。所以，“青教赛”不仅是一次自我历练和成长的旅程，更是一次重塑自我的过程。通过比赛，笔者更加清醒地认识了自我，也凝练出了特色鲜明的自我教学风格，同时也迫不及待地希望实践于日后的教学中。

（二）以赛促教，体现“FPGA设计与应用”课程规划细节

（1）合理设置教学内容，取舍有度：通过教学比赛对本课程乃至整个学科的内容都有了新的认识。每一堂课的内容都有深浅、难易和繁简之分，因此需要教师理清课程本身的前后逻辑，了解和把握课程之间的关系，区分重点和难点内容，告别“照本宣科”式的讲解，能够合理地设置教学内容，疏

通整个教学脉络，才能更加自如地进行教学内容的取舍以及重难点内容的选择。

（2）精心组织教学内容，转承自然：明确教学内容之后，就需要对其进行精心的组织和布局，衔接自然得当，力争做到丝丝入扣、转承自然，所以“导入—承接—转折—产出”是教学组织的关键。“导入”是一堂课的开始，亮眼的开场能够引起观众的注意力、引发共鸣，为课程的顺利开展奠定基础，既反映了教师的知识水平、教学水平、用心程度、功夫深度，也体现了教师的文学素养和组织才能；“承接”是向具体内容过渡的过程，起到“承上”的作用，讲解本堂课的知识核心，为后续学习奠定理论基础。承接自然可以引领思想、引导思维，使学生感受到所学内容之间层层深入、丝丝入扣的紧密关联；“转折”是向深入思考内容过渡的过程，起到“启下”的作用，做完教学内容的基础铺垫之后，需要引导学生向应用领域进行知识扩展，实现“理实一体”，培养学生的工程实践能力。转折自然可以激发学生创新思想、拓展创造思维，使学生感受到理论学习与实践应用的密不可分、浑然一体；“产出”是一堂课的结束，是对整堂课的总结，既要呼应前面内容、回归主题，又要埋下伏笔，留给学生想象的空间。同时，“产出”也要求学生在专业技能方面有所收获，能够针对一个简单的应用问题或是实际项目案例进行设计，实现“以产出为导向”的工程教育教学目标。

（3）熟练展现教学内容，图文并茂：精心组织了教学内容之后需要对其进行有效的表达，为了确保表达效果，就需要对授课内容了然于心，做到熟练表达。熟练的基础是不断地反复和重复训练，因此，复杂的事情简单做，简单的事情重复做就一定会熟练成自然，从而自然而然地展现。当然，干瘪的理论讲授难以引发学生的学习兴趣，因此，教学内容应以“图文并茂”的方式展现出来，增强学习内容的趣味性，所展现出来的图文要搭配得当，不能脱离教学主题，要以 FPGA 工程设计的思想、方法和应用阐述为主旨，因需而选，因选而定，有理有据，具有典型性，否则反而会影响整体的教学效果和质量。

（4）善于融合信息化技术，妙趣横生：在“青教赛”的现代化教学理念中，除保留传统教学中的优势外（板书设计），更加注重教师对信息化教学手段的运用。充分利用教学媒体、信息资源，可以将教学内容清楚、直观地呈现出来，将系统设计过程生动展现，为学生构建出形式丰富多样、充满现代化教学气息的学习环境。

（5）敢于打破传统思想束缚，创新课堂：传统的课堂教学往往会将授课内容限定在学科的框架之内，教学形式及内容保守而陈旧，缺乏创新性和开放性，难以带给学生创新性思想启发。因此，在今后教学中要注重知识的交叉与融合，着重培养学生的创新能力和创造性思维，本着“不囿于一隅，不执于一端”的理念，使其开明思想、开阔心胸、开扩视野，构建内容、形式、方法多元化创新课堂[6]。

（三）赛教结合，全面提升“FPGA 设计与应用”课程教学质量

“青教赛”的经历过程将“台上一分钟，台下十年功”体现得淋漓尽致，为了台上 20 分钟的教学展示，要投入极大的精力去认真做准备，从 15 个教学节段内容的选定、教学设计的筹划和撰写、教学课件的制作和润色，到教学语言的组织、教学形体的训练等无一不渗透着备赛的辛酸和汗水。但也正是得益于这段难得的经历，才促使笔者对课程教学产生了新的、全方位的认识，将竞赛中“博采众长”的经验融入日常教学。在今后的教学中，要更加精心钻研、认真准备，将勤学苦练的教学基本功落在教学实处，为全面提升“FPGA 设计与应用”课程教学质量尽心竭力。

四、赛后反思

此次“青教赛”之旅是一个探索和发现教学艺术的旅程，也是一个挖掘和发现“新自己”的过程。随着本次比赛的落幕，一段难忘的旅程结束了，同时另一段崭新的教学之旅也开启了。因此，通过比赛，笔者也得到了一些赛后反思，可以应用到日后的课程日常教学实践中。

（一）采取“以学生为主体，教师为主导”的教学结构

将过去以“讲授为中心”，以“教师为主体”的教学结构转变为以“以探索学习为中心”“以学生为主体，教师为主导”的教学结构，将循循善诱的教导变成学生自主学习的原动力，鼓励学生自主探索解决相关问题，激发学生学习的主观能动性，培养学生实践的集体性思维和协作性意识，构建“知识

教-学共同体”。

（二）实行“以实践能力培养为主，理论概述讲解为辅”的教学模式

要想真正培养出符合行业需求的专业性技术人才，单纯依靠课堂上的“讲·理论”是远远不够的，需要通过“做·实践”来培养学生的综合实践应用能力，让学生将理论应用于实际，以满足行业市场需求。因此，可以将本次备赛过程中重新探索的教学模式以及重新整理的教学内容应用于日常课堂教学，引入层层递进的教学案例，传授学生处理问题的经验、引导学生思考问题的方法、培养学生解决实际问题的能力，从根本上解决工程实践中“教与学”的矛盾[7]。

（三）开展“教学无止境，实践出真知”的教学过程

“FPGA 设计与应用”是电子信息类专业集软、硬件于一体，强调实践应用的专业课程，因此在教学实践中要避免“述而不作”，积极探索具有工程实际背景、具有实操性的教学案例，加强对学生实践技能的培养，尽量以“发现问题—分析问题—解决问题”的思路开展教学，使学生在“学做结合”的环境中尽快熟悉硬件描述语言的设计与开发流程，掌握基于 FPGA 技术的复杂数字电路设计方法，提高数字系统设计与维护能力，为日后的跨学科应用夯实理论基础，强化实践能力。

（四）实现“春风化雨，润物无声”的课程思政

实现立德树人的终极目标，是每一位青年教师都需要认真思考并付诸实践的问题[8]。以“FPGA 设计与应用”课程为载体，将思政教育融入专业课堂，打造“专业+思政”的闭环教学模式，在坚守专业目标定位的同时，融入思政元素，在专业教学中践行思政教育，将课程思政以“春风化雨，润物无声”的方式与专业知识相结合，实现育人于无形。

总之，以此次“青教赛”为起点，在未来的教学岁月中，笔者将继续不忘初心、牢记使命、矢志不渝，带着爱心和责任走上讲台；带着热情和微笑面对学生；带着温暖和关爱走近学生；用学识和智慧鼓舞学生；用平等和信任尊重学生；用才学和品德感染学生，真正做到“学高为师，身正为范”。

五、结语

庄子曰：“水之积也不厚，则其负大舟也无力；风之积也不厚，则其负大翼也无力。”感谢“青教赛”为青年教师展示自我提供了广阔平台，感谢来自学校和学院的支持。通过此次比赛，笔者意识到了要将比赛成果“辐射”回日常课堂教学中，才能真正实现“以赛促教”的目标。同时，也要在平时不断更新专业知识、创新教学方法、增加课堂感染力，扎实教学基本功，努力践行“FPGA 设计与应用”课程的教学改革，实现“FPGA 设计与应用”课程教学质量的全面提升。

参考文献

[1] 罗丹，韩忠强. 发挥青教赛助力作用，提高青年教师执教能力[J]. 北京教育，2015，7.

[2] 王爱兰.“青教赛”促进高校青年教师教学能力提升的探究[J]. 科技视界，2020，12.

[3] 李丹.“以赛促教”激励下高校教师教学能力提升的途径——以“学术特长型”青年教师为例[J]. 东北农业大学学报（社会科学版），2013，11（4）.

[4] 胡前库，王海燕，曹新鑫. 对当前高校青年教师教学竞赛的几点思考[J]. 教育教学论坛，2016（10）.

[5] 郑春燕. 什么是好的大学课程？——第二届全国高校青年教师教学竞赛之后的感悟[J]. 中国大学教学，2015，6.

[6] 原弘. 以青年教师教学竞赛引导课堂教学改革和质量提升[J]. 中国大学教学，2017，11.

[7] 万林艳，姚音竹.“课程思政”与“思政课程”教学内容的同向同行[J]. 中国大学教学，2008（12）.

[8] 陆道坤. 课程思政推行中若干核心问题及解决思路：基于专业课程思政的探讨[J]. 思政理论教育，2018（3）.

工程认证背景下应用型本科院校实验室开放机制探索
——以成都工业学院宜宾校区为例

◎ 胡玥玥[1] 廖继轩[2] 李玺[1] 李垠桦[2]

（1. 成都工业学院宜宾校区 四川宜宾 644000；

2. 成都工业学院汽车与交通学院 四川成都 611730）

【摘 要】为贯彻落实工程认证提倡的三个基本理念，即学生中心、产出导向和持续改进，成都工业学院宜宾校区自建设以来，依托地方政府和市直相关部门的鼎力支持，锚定办好地方高水平应用型学校的目标，以培养应用型本科人才为核心，探索实验室开放机制。

【关键词】工程认证；应用型；实践教学

工程教育专业认证（简称“工程认证”）是国际通行的质量保证制度，其核心是确认工科专业毕业生达到行业认可的既定质量标准要求，遵循“以学生为中心”，以“产出为导向”的标准，对培养目标、毕业要求、教学环节、持续改进等方面提出了具体的要求。因此，为了推进我国工程教育改革，提高工程教育质量，增强中国工程行业的竞争力，各高校陆续开展了工程认证工作。据统计，截至 2021 年年底，全国一共有 288 所高校，涉及 1977 个专业通过了工程认证。

对于应用型高校而言，依托工程认证，以培养学生的专业知识、创新、实践、团队协作、沟通交流等方面的能力为目标，其教学内容就需要设置必要的实践环节，以达到学生的能力和素质培养的工程教育任务。成都工业学院在应用型本科人才培养中的实践教学方面存在一些缺陷，如教学手段单一，缺乏综合实践环节，限制了学生的创造性和能动性；实践教学定位目标不清晰；很多需要实践的课程仅停留在课堂；实践教学管理比较松散[1]。基于此，在培养应用型创新人才时需要不断优化资源配置，丰富教学过程中的教学手段，注重添加综合实践教学环节，激发学生的主动性和创造性，明确实践教学的培养目标等。

高校实验室作为实践教学的重要场地，也作为横向研究、提供社会服务的重要窗口，各高校在实验室建设上不断投入精力。以工程认证为契机，探讨实验室资源开放的新模式是十分必要的，一方面，可让实验室资源得到充分利用；另一方面，可激发学生参与开放实验的主观能动性，让实验室作为学生经常活动的主要场所。

针对高校实验室开放共享的问题，国内外众多学者进行了大量的理论与实践研究。2020 年浙江水利水电学院卢孔宝[2]借助“互联网 + ”理念建设信息化实验室，构建三层递进式开放模式，减轻管理工作量的同时有效开展实践创新活动，显著提升实验室利用率以及学生竞赛获奖数和科技立项数。潍坊学院王文成等[3]对传统实验教学和实验室管理中存在的问题,从网络化信息管理体系的建立、引导学生参与实践活动以及完善实验室管理政策三个方面提出了实验室开放的有效实施措施和建议，提高了学生实践创新的主动性。2018 年长春理工大学张晓枫等[4]针对开放性实验室管理和运行出现的诸多问题和困难，建立了以多种形式的本科生创新竞赛与实验室开放运行的互促双赢机制，提高了本科实验室的使用效率和开放质量。福州大学陈祺等[5]则从绩效评价的角度研究了高校实验室共享开放问题，从多个层面构建实验室开放共享绩效评价指标体系，并运用科学评价方法进行实证分析，实践证明上述方法具有可行性和有效性。

综上，针对宜宾校区实验室的实际情况，结合校区专业特点和地方产业需求，以培养目标和学生成长为指导建立开放实验室，让各学科之间的学生在各自专业上相互交流，学习拓展并融合交叉学科的专业知识，达到工程认证对培养学生的标准和要求。

一、工程认证背景下学校实验室使用现状

传统实验室的使用模式是将实验教学作为理论教学的补充和扩展,在人才培养中起到了举足轻重的作用[6]，但对于培养高素质的应用型人才仍有不足。

（一）实验教学过程缺乏创新性

传统的课程实验模式以教师为主体在理论课结束后统一进行课程实验，

教学过程单一，由教师对实验目的、原理、方法和步骤进行一一讲述后，学生再按照教授内容进行练习，学生在规定的时间内完成规定实验内容后将实验结果整理总结。在这样的传统实验教学过程中，学生更多的是“看实验”，而不是“做实验”，导致学生积极性不高，无法激发学生的主观能动性，大大降低了学生在实验学习过程中的主体地位。

（二）实验内容陈旧

当前，大部分课程实验都以验证性或演示实验为主，设计性或开放式创新性的实验内容较少，学生只需按照实验指导书规定的步骤在实验台上验证相关原理即可，实验内容较为原始和陈旧，没有充分调动起学生的创新思想和意识。

（三）开放范围大，使用人数少

以成都工业学院宜宾校区计算机实验室为例，宜宾校区 18 间计算机实验室（10 间计算机基础实验室，8 间语言实验室）均向学生开放，学生可自主选择某一时间段前往机房练习。但在实际开放过程中发现，学生前往机房学习的人数较少，即使是人数最多的计算机考试备考期间，也仅仅是接近 200 人次/天，学生的参与度不高。

（四）硬件设施好，使用效率低

成都工业学院宜宾校区语言基础实验室配备了全新的硬件设施和丰富的外语视听资源，但使用学生则寥寥无几，实验设备使用率较低，但是反观有教师任教、有第二课堂学分激励的英语角课堂则火爆异常，座无虚席。可见，教师引领和政策的激励对实验室开放成效、学生参与度有重要影响。

二、实验室开放新模式

基于上述实验室的使用现状，结合宜宾校区的实际情况，对其实验室开放的实施路径建议如下：

（一）逐级扩大开放程度，有序开展实践训练

宜宾校区是新建校区，实验室的使用仍处于初级阶段，实验室的开放应遵循循序渐进的原则，逐级扩大实验室开放程度，由最初的课程实验、教师教学式的“集中开放模式”，到技能训练、教师指导式的“预约开放模式”，再到科研竞赛、自我管理式的“全面开放”模式。

（二）搭建网络化信息平台，提升管理能力与效率

实验室的开放将显著增加实验室管理人员的工作量，传统的管理方法已经无法满足实验室开放的管理需求，因此，依托网络化、信息化管理平台，对实验室进行精细化管理，实验室管理员和学生可以清晰了解到实验室每台设备、每个工位的预约和使用情况，并在平台上实现实验室的预约、安全管理条例的学习、门禁权限的申请等功能，既有利于减少管理员的工作强度，又有利于学生合理规划实验时间，提高实验设备运转率。管理员可基于平台统计学生的实验情况、设备的利用率以及指导老师的工作量，为学生成绩的评定、实验指导老师工作量的认定提供可靠的数据基础。

（三）制定合理有效的激励措施，双向驱动实验室开放

实验室开放必定会增加实验室教师的工作量，如果仅靠教师的奉献精神无疑是不可持续的，因此，需要建立长效的管理制度来调动教师的积极性，将教师的个人需求与实验室开放有机结合起来。如设立实验室开放基金，补贴开放实验室产生的耗材费用和工作人员津贴；将实验室开放项目视同职称评定的支撑材料，服务教师个人成长；基于信息化平台，定量核计实验室开放期间教师指导实验工作量，按课时量发放实验室开放津贴等。此外，在激励指导教师的同时，也要充分地调动学生的积极性，从老师、学生两个角度双向激励驱动实验室开放。当前，学生的实验成绩主要反映为课程成绩的一部分，且占比较少。以大学化学课程为例，实验部分成绩仅占该课程成绩的15%，很难吸引学生对实验课程的重视。因此，一方面，要对实验授课形式和考核方式进行改革，提高实验课时和实验成绩占比，提高学生的重视程度；另一方面，要借助实验室信息化管理平台，将实验室开放学习时长纳入第二课堂考核内容，完成实验课时可获得相应学分，以提高学生的积极性。此外，

学校可以把开放实验纳入实践教学环节，学生参与且成绩考核合格，可获得实践教学环节相应学分[7]。如若在学科竞赛中获奖，则可根据获奖级别认定不同等级学分，并在评奖优秀中给予相应优先政策。

（四）完善管理制度，创新管理机制

完善的管理制度和管理机制能有效地明确实验室开放过程中的权、责问题，免除师生的后顾之忧，避免实验室开放过程中权责不清导致的积极性不高的问题。因此，应从安全管理、设备管理和运行管理三个角度建立实验室开放安全管理制度、设备管理制度和运行管理制度，为实验室开放运行提供保障。其中，安全方面，对涉及危险化学品、易燃易爆品、剧毒物品等的，要有安全保障措施和制定责任人，统一负责实验室的安全管理；设备方面，建立信息化的借用制度和管理台账，方便管理员、师生随时掌握设备使用情况和运行状态，方便责任的追溯，督促使用人员爱惜实验设备；运行方面，校区提供专用的开放实验房间和开放实验时间段，为开放实验提供必要的工作环境支持。

此外，创新管理团队也有助于实验室的开放。在完善的管理制度保障下，部分管理工作可由学生承担。可挑选一批动手能力强、富有责任心的学生担任实验室的管理工作，以老带新，协助刚进入实验室的学生熟悉实验设备，解决基础问题，形成“学生为主、教师为辅”的管理模式，将开放实验室日常运行管理纳入学生自主管理的良性循环当中。

三、结语

实验室的开放共享是有效提升学生动手能力和实践能力的重要途径，是理论教学的必要补充。实验室开放模式的创新，不仅可以充分调动师生的积极性，提高学生的动手能力和创新思维，扩充教师的上升渠道，还可以降低管理人员的工作强度，提升实验室设备利用率，为应用型本科院校高素质人才的培养提供一条新的途径。

参考文献

[1] 薛玉香，王占仁. 地方高校应用型人才培养特色研究[J]. 高等工程教育研究，2016（1）.

[2] 卢孔宝. 以创新人才培养为核心的实验室开放模式研究与探索[J]. 实验技术与管理，2020，37（1）.

[3] 王文成，侯崇升，吴小进，等. 实验室开放管理的新工科人才培养探索[J]. 实验室研究与探索，2019，38（6）.

[4] 张晓枫，曲凯歌，嵇晓强，等. 基于创新竞赛的实验室开放运行机制改革[J]. 实验技术与管理，2018，35（1）.

[5] 陈祺，曾晓思，林键. 高校实验室开放共享绩效评价研究[J]. 实验技术与管理，2013，30（9）.

[6] 戴克林. 高校实验室建设与人才培养研究啊[J]. 实验技术与管理，2014，31（7）.

[7] 荣华伟，钱小明，钱静珠. 关于高校实验室开放管理的探索与实践[J]. 实验技术与管理，2014，31（12）.

探索ICPS创新创业综合能力素养推动“材料力学”课程顶层设计及实践的路径①

◎ 郑向华　王静　黄晓燕　张亚丽　黄静　张欢　吴丽红　罗金武

康泽毓　李一岚　赵晗

（成都工业学院智能制造学院　四川成都　611730）

【摘　要】机械类专业基础课程“材料力学”在培养学生工程能力和创新能力方面起着关键的作用。在新形势下，专业培养计划与能力体系相脱节、学生的评价方法单一、教师的教学资源滞后不能与时俱进等迫切需要解决。本文构建了不但能满足专业要求的课程模块，而且能反映课程本质的内涵；各美其美、和而不同的教师特色科研竞赛的知识体系结构；有序践行“三有”教学理念、“三实”的教学原则；教学改革经验对于面向新工科建设的基础类课程改革具有一定的借鉴意义和参考价值。

【关键词】ICPS；综合能力；创新创业；教学模型；评价体系

一、研究背景

围绕大学生质量提升内涵是应用型本科教育教学改革最紧迫的任务。教育理念的转变、人才培养模式的发展、教学体系的创新和教师教学能力的提升是促进教育教学改革的关键因素。随着成都工业学院工程认证教育培养计划的实施，协同“新工科”“新思政”建设的发展，在科学、人文、工程的交叉融合中，如何培养具有工程实践能力和创新创业能力的复合型综合性人才，对于

① 本文是四川省2021—2023年高等教育人才培养质量和教学改革项目“以立德树人为导向，机械基础课程群助力人才应用创新能力提升协同建设”（JG 2021—1402）、“基于‘慕课’技术人才培养创新模式的研究和项目资源的开发”（JG 2021—1558），2020年高等学校省级“课程思政”示范教学团队——机械基础课程群教学团队的研究成果。

"材料力学"课程建设提出了新的任务和要求。本研究结合课程组的理论与实践，进行课程的改革设计及实践。

针对教育体系定位不准确、相关教学资源匮乏、教师科研能力弱等问题，课程团队通过对欧美应用技术做得好的斯旺西大学、奥斯纳布吕克应用科学大学等32所高校150余篇文献研究发现，欧美高校在创新创业能力培养方面都十分注重学生的实际解决问题能力，教学方法灵活，尊重学生的个性化发展，他们在创新创业培养方面有许多经验和做法值得借鉴。面对"智能制造强国"和"创新型国家"的方略，课程研究组将能力与课程、竞赛、教师队伍建设、教师科研工作、校园文化建设和实践等逐步关联。

二、课程面临的新形势与改革迫切性

（1）成都工业学院存在专业培养方案与创新创业能力培养模式脱节的问题。

为了更好地将培养学生的学习探索能力与创业能力结合起来，课题组提出了"应用型本科人才培养六大核心能力"的概念，核心成分包括"内涵""环境"和"关系"，来支持内容、概念学习；"探索""推论"和"反思"，来支持问题解决技能和自我导向学习中的认知过程。在此基础上改进了教学方式与方法及培养方法，以学科竞赛项目为载体、以项目制教学为措施，联动课内课外，逐步形成了以课程群内逐级培养、校赛选拔、奖励机制、双创协同、项目引导等方面的创新创业人才培养策略，实践成效显著，学生成绩及格率、优良率逐年提升，省级以上奖项逐年增长。

（2）学校的教学方法在评价方法上，考试（笔试）占的比重过大，在能力培养和成果检验上存在不匹配的问题，课题组摒弃了单一评价的方法，用多样化、个性化的培养模式替代"重知识传授轻能力培养的'以教为主'传统教学模式"，以更好地适应我国人才培养新需要。

（3）教师的教学内容和方法存在"吃老本"的问题，不能对标"两性一度"课程建设。一方面，时代在飞速发展，知识也在迅速更新；另一方面，教学的知识、内容乃至讲解的方法、教案、课件却没有产生相应的变化。在内容上，教学与时代脱节，知识丧失了时效性；在教学上，教师与学生脱节，学生丧失了积极性。课题组针对这个问题，提出课程要与时俱进，以"两性一度”（高阶性、创新性、挑战度）为原则，课程建设资源基于学科竞赛及项目内容，同时注重对学生的引导，提高创新创业教学水平，推进项目式教学，达成师生共创常态化。

三、以学生为中心、以产出为导向和持续质量改进的理念构建 ICPS（I Can Problem Solve）

分析研究以“互联网+”大赛为样本的学科竞赛内容、目标，分解为能力指标，以之为载体的理念与方法融入课程群目标、任务、分步实施进行创新创业六大核心能力培养。教学团队以学生为中心、以产出为导向和持续质量改进的理念，构建 ICPS 综合能力素养的培育体系，支撑新工科地方性应用型人才培养模式尤为重要。综合能力素养的培育体系中递进式融入“学会学习”“团队协作”“博专并举”“产教一体”“供需结合”“协同推进”是其创新创业教育实施的基本特色。

（一）依托专业建设及课程建设，竞赛项目匹配课程知识点实现核心素养培养

将竞赛项目任务化并依托国家级一流专业确定人才培养计划中能力指标创新创业能力综合素养的达成度分解并嵌入课程体系中，进行融入递进式培养建设，具体如图 1 所示。

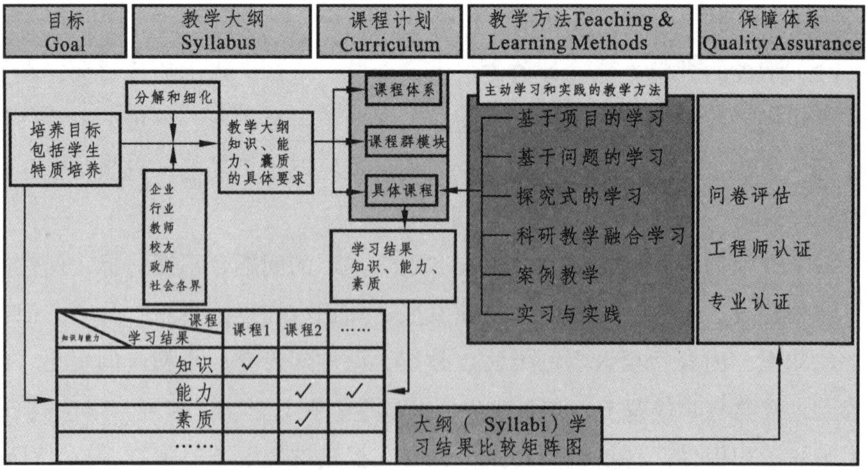

图 1　机械基础系列课程设计实现核心素养培养结构

（二）以课程、项目双载体实现课内课外联动培育综合能力素养

课程教学的核心理念是以学生为本，将知识传授、能力培养、素质提高相融合。课程教学改革中学习有效知识就成为要解决的根本问题，就是学生学习了知识以后，能够有用、能用、会用。

（三）学科竞赛融合市场调研、机械、电子、计算机等内容

通过竞赛，推动学生对专业课程学习的主动性，学生不再是被动地接受课堂上教师的知识输入，而是在解决问题的工程框架下进行知识的需求、采集与学习，以极大提升效率，主要采取如下方式：① 博专并举：通过多种渠道方式宣传竞赛让学生创新创业知识普及；② 赛教一体：竞赛实训模拟，跨专业、跨年级、跨学校之间的学生进行的思维碰撞与合作，以科研创新推动创业实践；③“赛学教研用”结合：整合资源，为教学和学习搭建了一个集工程应用学习与实践探索于一体的立体化平台；④ 协同推进：协同高校、政府、企业、教师和学生等多方力量，形成内在凝聚力和推动力，构建生态综合发展体。创新创业教育内化为一种精神文化力量渗透在教学的每一个角落。

依托四川省地方普通本科高校应用型示范课程“材料力学”等进行竞赛项目创新创业能力课程建设。

（四）基于实践基地进行创新能力拓展

总结大量国内外专业双创教育办学经验及对口企业需求后，课题组基于人才的培养目标，依托企业、项目与平台培养学生（见图 2）。

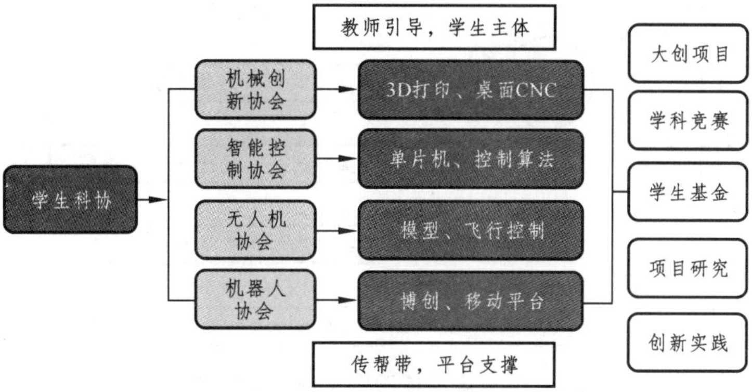

图 2　课内课外相结合实践、实验、实际基地

四、基于 ICPS 层次化、多样化设计教学模型

课程设计与建设中，首先要解决育人目标与立德树人根本任务的融合问题。实施采用新理念、新内容、新方法、新技术建设，突出学生中心，注意能力培养，具有高阶性、创新性、挑战度，已成为当前教学改革工作中的重要任务。成果将育人目标与立德树人根本任务相融合、教学内容与课程思政元素相融合、传统教学方法与现代信息技术相融合等，并进行建设。学科竞赛作为新时代的精品，不但要实现专业培养目标，更要完成立德树人的根本任务；实现实施学科竞赛思政元素与创新创业能力建设目标的紧密相连、与知识点的紧密相连，则是建设的重中之重。

其次要健全校赛机制，为扩大学科竞赛的参与程度，采用晋级、待定、淘汰的校赛机制选拔优秀作品。由此，学生参与程度得到极大的提高，竞赛影响力扩大，在竞争的过程中互相学习、互相超越的氛围中，学生劲头十足，学习动力也显著提升。

再次以学生为中心完善奖励机制，机械类专业完善了以竞赛为主导的奖励机制，营造了良好的参赛氛围，学生参与激情化，更是推动着学科的发展。

最后，改良打分机制，评价体系多样化。图 3 展示了以竞赛为载体的学生能力提升路径，从竞赛任务的获取到参赛直至总结，都为学生的能力提升创造了良好的环境。竞赛更能展示一个人的“闪光点”，在团队协作中，不光

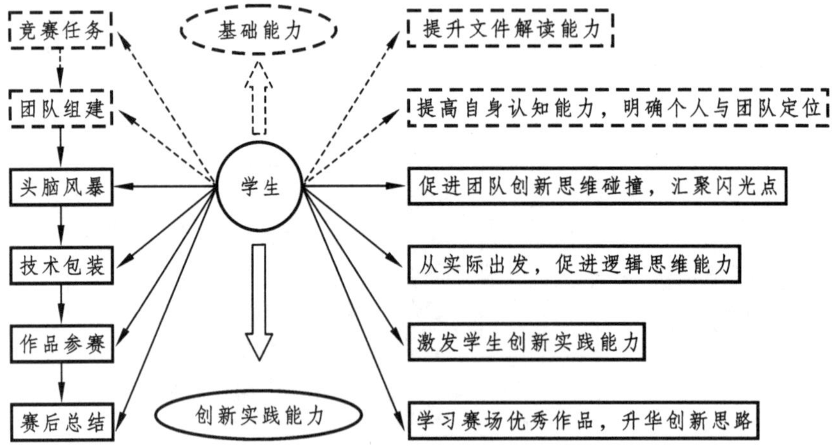

图 3　竞赛为载体的学生能力提升路径

需要有理论丰富的成员，同样需要动手能力强的成员，也需要表达能力强的成员。项目制教学下，对学生的考核是多级的，不以成绩为唯一落脚点，而是以项目本身的价值来评价。这对学生明确定位，扬长避短，培养自信有着重大的帮助，也对教学本身具有重要的意义。

五、实践成效

近年来，学校机械类专业以 ICPS 课程设计为主导培育学生，累计孵化培育了 123 项国家级大学生创新创业训练计划项目，为各类学科竞赛输送了优质参赛作品并获得不错的成绩。近年来，学生在学科竞赛中获省级及以上奖励 152 项，先后在全国大学生工程训练综合能力竞赛中获国家级特等奖 1 项、全国大学生数学建模竞赛获国家级一等奖 3 项、全国大学生先进成图技术与产品信息建模创新大赛获国家级一等奖 10 项、全国大学生机械设计创新大赛获国家级二等奖 1 项、四川省“互联网+”大学生创新创业大赛获金奖 1 项等。

部分参赛学生毕业后选择了自主创业，依据市场实际需求将竞赛成果改造升级，并进行成果转化，优秀创业者已达 9 人次。另有接近 40%的参赛学生选择读研深造或留学，为国内科研高校输送了优秀的创新型人才。还有更多的学生因学科竞赛中表现出的特长而成为九洲集团、长虹集团、京东方科技集团股份有限公司、通威新能源、英特尔、德州仪器等国内外知名企业的员工。95%以上用人单位对以上毕业生的专业素质和专业能力、学习能力、合作交流沟通能力、组织管理能力给予了充分肯定。

参考文献

[1] 郑向华，罗金武.“互联网+”竞赛为主导的创新创业人才培养策略与实践——以机械类专业为例[J]. 创新创业理论研究与实践，2021，9（5）.

[2] 王充，郑向华. 开放式实验室促进“互联网+”创新型人才培养机制的研究[J]. 创新创业理论研究与实践，2021，9（5）.

[3] 刘秋菊，罗清海，邹祝英，等. 学科竞赛对大学生创新能力促进作用分析[J]. 高教学刊，2020（19）.

[4] 王春嬉，王宏超，甘娟. 应用型本科院校创新创业教育与专业教育的融

合路径研究[J]. 现代职业教育，2020（40）.
[5] 丁广龙，夏镇波，辛志宏，等. 创新创业教育：新工科类大学生学科竞赛体系构建[J]. 创新与创业教育，2019（2）.
[6] 熊杰，付艳锋，段智迪. 创新教育理念下工科大学生学科竞赛实践体系的构建[J]. 长江大学学报（社会科学版），2018（2）.
[7] 张丽霞. 高校创新创业教育模式现状及其重构[J]. 中学政治教学参考，2020（9）.

思想政治教育

新形势下新建本科院校党员教育培训体系构建研究
——以成都工业学院党员教育培训工作为例[①]

◎ 李娅　李星桂子

（成都工业学院党委组织部　四川成都　611730）

【摘　要】全面从严治党的新形势背景下，高校党员教育培训工作面临更高要求。新建本科院校存在党员教育培训效果欠佳、责任主体单一、培训内容和形式固化、教育资源分散等突出问题，本文基于实际提出从抓实“三级”主体、优化支部建设、搭建教育培训平台、改革教育培训模式、创新教育培训内容、建立监督评价机制等方面构建党员教育培训体系，以期牢牢把握党员教育培训基本原则，高效开展新建本科院校党员教育培训工作，全面提升党员教育培训质量。

【关键词】新建本科；党员教育；培训体系

党的十九届六中全会通过的《中共中央关于党的百年奋斗重大成就和历史经验的决议》指出：“党和人民事业发展需要一代代中国共产党人接续奋斗，必须抓好后继有人这个根本大计。”高校党的建设直接关系办学方向，关系人才培养，关系党的事业，而党员教育培训作为加强党的建设的一项基础性工作，很大程度上直接决定着党组织的创造力、凝聚力和战斗力。在全面从严治党的新形势下，新建本科院校处于转型的攻坚期，党员教育培训工作更是显得急迫而重要。

一、新建本科院校党员教育培训存在的问题

成都工业学院于 2012 年升格为本科院校，并于 2018 年顺利通过教育部

① 本文是成都工业学院校级科研课题项目（2020SZ011），成都工业学院党建创新项目（cxyb201907）的研究成果。

本科教学合格评估，一定程度上具备了新建本科院校的特质，具有一定的代表性。因此，为更加全面深入地了解当前新建本科高校党员教育培训的现状，成都工业学院党委组织部于 2021—2022 年深入全校 20 余个基层党组织开展调研工作，走访党员干部、一线教师党员、党务工作者、学生党员若干，同时面向全校师生党员开展综合问卷调查，共收集到有效问卷 504 份，其中教职工问卷 164 份（含干部 19 份），学生问卷 340 份，分别占全校在职教职工党员人数的 15.51%和学生党员人数的 29.74%。从调研走访和问卷数据分析出发，可以在一定程度上发现学校党员教育培训中存在的普遍问题，以及广大师生党员对于党员教育培训工作的实际需要。

（一）党员教育培训基础不牢，总体效果欠佳

党员教育培训质量是检验高校党员教育培训工作好坏的重要基础，研究发现，学校党员教育培训工作的总体效果差强人意。比如：问卷中调查党员对“三会一课”概念的认识，只有 44.84%的人选择了“非常清楚”，有 51.79%的人选择了“大概清楚”，甚至还有 3.37%的人选择了“完全不清楚”，且其中包含了个别党务工作者；从受访者的身份进行分析发现，学生党员对“三会一课”的了解程度不如教师党员。通过对基层党组织“三会一课”记录的查阅发现，存在记录不详、记录不规范、重要活动程序缺失、倒置等问题。“三会一课”作为党内政治生活的重要载体，一定程度上反映了很大一部分党员对党的基本知识了解不够。针对党员参加教育培训累计时长的调查显示，有近一半的党员反映自己 2020 年参加培训的时间不足 32 学时，尚未达到党员教育培训的基本要求。在评价自己作为党员先锋模范作用发挥的情况时，有 33.13%的人认为自己仅基本合格，有 0.60%的人认为自己不合格，可见党员示范效应不够突出。以上这些情况也侧面反映了学校党员教育培训监督、管理、轮训等体制机制方面的不健全。

（二）基层党组织作用发挥不够充分，培训责任主体单一

调查发现，学校党员教育培训的主体工作主要落在学校党委层面，基层党组织更多的是被动接收学校安排，缺乏自主创新意识，依赖性较强。比如入党积极分子培训和发展对象培训从课程设置到学时安排等均由学校党委主

要负责。针对问卷中“您所参与的培训主要由谁主办？”的问题，有42.06%选择的是学校党委，51.79%选择的是基层党组织，而在实际走访调研中发现，部分基层党组织“主办”的培训还是学校党委“布置”的工作。在调查的20余个二级党组织中，大部分二级党组织对党员教育培训工作缺乏长期统筹计划，对党支部的指导和要求也不够。作为参训主体，党员自身的责任意识不强，主动参加培训、追求上进的意识不够。问卷调查显示，有41.87%的调查对象是被动听从组织安排参加培训，还有个别调查对象表明自己从不参加培训，这在一定程度上表明很大一部分党员缺乏对党员责任和义务的清晰认识。

（三）培训内容缺乏针对性和有效性，培训形式固化

培训中对教育内容和教育形式进行了重点研究，从问卷调查看，有50%的调查对象认为学校党员教育形式单一、缺乏吸引力；有26.79%的调查对象认为教育内容陈旧，针对性、时效性不强；有43.25%的调查对象认为培训多以教育者为中心。针对“您最希望学校党员教育培训从哪方面提高？”的问题，有25.60%的选择了学习内容，有56.35%的选择了学习形式。另外在实际工作中也发现，当前学校各级党员教育培训普遍存在“流于形式，内容单一”的问题，教育培训内容陈旧，缺乏新意，创新性不足，贴合党员身份不够，与教学、科研融入不够，且多以主题报告、文件传达、交流研讨等形式开展，党员“身在课堂，心在别处”的现象突出。特别是学生党员，作为朝气蓬勃的“90后”“00后”，每天被各种新鲜的事务和技术充斥，更是难以对传统的培训内容和模式感兴趣。调查访谈中，学生党员普遍反馈希望学校的党员教育培训内容和形式能更“潮”、更“活”一些。

（四）培训资源分散，教育不均衡

项目组梳理了2020年6月以来校党委组织开展的党建工作培训情况，在累计20余次的专题培训中，受众群体主要侧重两类：一是党组织书记；二是入党积极分子和发展对象。对基层党组织调研显示，针对普通的师生党员，基本以日常教育为主，极少有专题的轮训计划，教育不均衡的现象明显。这种不均衡还表现为党员教育培训的衔接性不够，比如对入党积极分子、发展对象的教育培训比较重视，有详细的培训计划、严格的学时要求、匹配的师

资库，但是对预备党员或正式党员的教育培训则相对放松和忽视，加之缺乏对党员自主学习的引导，造成了党员入党前后接受教育培训差别大，常态化教育未能贯彻党员发展和成长始终。另外，作为新建本科院校，党员教育培训资源有限，经费不充裕，管理队伍不完备，加上学校对师资力量、校内外资源统筹整合应用不够，各院系、基层党组织等育人主体之间也缺少充分的信息交流和协同配合，使有限的资源未能得到充分利用，如对学校现有的陈毅精神在党员教育培训中的作用挖掘不够。

二、新形势下构建高校党员教育培训体系的重要方向

（一）把握“三项”基本原则

新形势下新建本科院校要构建良好的党员教育培训体系，要立足基础，牢牢把握“政治性”“针对性”“实践性”的基本原则。所谓政治性，即要求党员教育培训应引导党员亮身份，讲党性，将“讲政治”放在首位，立场鲜明，坚定社会主义道路，坚持弘扬社会主义核心价值观，恪守政治底线，忠诚，勇于担当。所谓针对性，即要求党员教育培训要立足不同的受众群体，充分考虑其自身特点，分类指导，精准施教，把握好培训的方向性，着力解决党员的思想素质，提升党员的政治站位，不断适应国家和社会需求。而实践性则要求党员教育培训要注重回归党员的主体地位，注重理论学习与实践锻炼相结合，既要夯实理论知识，也要做到知行合一，切实提升党员教育培训的参与度，充分发挥党员的先锋模范作用。

（二）树立“三全育人”的行动指南

2016 年，习近平总书记在全国高校思想政治工作会议上强调：“要坚持把立德树人作为中心环节，把思想政治工作贯穿教育教学全过程，实现全程育人、全方位育人，努力开创我国高等教育事业发展新格局。”高校党员教育培训工作也要围绕“立德树人”的根本任务，扎实推进“三全育人”，要充分认识到党员教育培训非一朝一夕一人之力可以完成。其中，全员育人强调要调动一切可以调动的资源，充分发挥各类组织机构、全体教师、党员先锋的作用，形成全员育人体系，使各个育人主体发挥自身优势，参与到党员教育培

训的各个过程之中。全过程育人强调要注重党员教育培训各个环节的特殊性和衔接性，确保教育培训不断线。党员教育培训要贯穿党员发展的 5 个阶段（入党启蒙、入党积极分子、发展对象、预备党员、正式党员），要融入师生党员的日常工作和生活中，切实增强教育培训的实效性，提升党员思想政治素质。全方位育人则强调党员教育培训体系的构建要从内容、形式、途径等方面下功夫，要从党员自身和实际出发，科学设置教育培训课程，因材、按需制定教学方案，完善培训内容，充实培训方式，搭建全方位育人载体。

（三）围绕“提质增效”的根本目标

党员是党的基石和细胞，是加强党组织建设的骨干力量。党员的党性修养强不强，素质高不高，作用发挥得好不好，既关系到党的建设，也决定着党组织的创造力、凝聚力和战斗力。党员教育培训要始终将高效提升党员素质作为根本目标，从以下方面发力：一是提升党员学习的主动性和能动性。要通过培训，提高党员思想认识，促使党员积极主动参与党员教育培训，学习党内知识，参与党组织活动，摒弃功利思想，自觉履行党员责任和义务。二是要提高党员理论水平和能力素养，使党员深入了解党的理论知识，坚定理想信念，不断提升能力水平和业务水平。这就要求培训课程的设置要牢牢把握“增强党性、提高素质”这条主线，扎实开展理论与实践教育。帮助党员树立正确的世界观、人生观、价值观，使其在学习和工作中充分发挥先锋模范作用。三是要强化党务干部队伍建设。新建本科院校基层党务工作者主要由辅导员或专任教师兼任，兼任人员党务知识匮乏，专业性较差，且队伍不稳定，极大影响基层党建工作。要通过党员教育培训，进一步提升党务干部队伍的管理水平，充实党务干部后备力量，为大力推进“对标争先”计划和实现“双带头人”工程奠定基础。

三、新形势下新建本科院校党员教育培训体系构建的举措

（一）做好顶层设计，完善“学校党委—院系党组织—基层党支部”三级培训主体

当前高校党员教育培训所反映出的诸多问题的实质在于缺乏系统的思考

和整体的安排。党员教育培训体系的构建要在《中国共产党党员教育管理工作条例》《中国共产党党员发展工作细则》等系列文件的指导下做好顶层设计。完善以学校党委、院系党组织、基层党支部构成的三级党员教育培训主体，明确各级党组织主体责任。学校党委应站在全局角度做好统筹工作，将党员教育培训工作融入学校党建工作的整体规划中，做好全校党员发展长远规划和年度计划，建立党员教育培训制度，切实推进党员教育管理常态化、规范化、制度化管理。院系党组织要成为学校党委的参谋和助手，起到承上启下的作用，既要参与学校党委关于党员教育的整体规划，又要结合院系实际，制定适合院系发展的党员教育培训计划。而基层党支部则要直接承担起组织党员、管理党员、教育党员、培训党员等具体工作，凝聚党员力量、发挥党员示范作用、提升基层组织力。

（二）优化支部建设，深化横向纵向联动

新修订的《中国共产党高等学校基层组织工作条例》指出，高等学校院（系）以下单位设立党支部，要与教学、科研、管理、服务等机构相对应。其本质是要求学校各级党组织根据实际情况，通过合理设置党支部，有利于精干高效地开展工作和加强党的建设。在此背景下，基层党组织可以根据年级、专业设置党支部，建立纵向联系，以老带新，巩固院系党组织建设。也可以从帮扶角度设置师生联合党支部，依托科研项目设立混合党支部，建立横向联系，跨越身份鸿沟，加强院系和专业间的交流。并在此基础上因材施教，根据党员身份设置不同的教育内容和侧重点，使党员教育培训更有针对性和有效性。同时要鼓励支部与支部间开展结对共建，打破学院之间、专业之间、管理部门和教学单位之间的“壁垒”，取长补短、共同进步。

（三）建强教育培训平台，创新教育培训载体

针对新建本科院校面临的资源分散、利用率低的问题，要从管理模式到师资队伍到培训阵地，加强培训管理的整体性建设，最大化地服务全校党员教育培训工作，提升工作效率。一是要重视师资队伍建设与培训课程建设。学校党委牵头，基层党组织协同，集合校内外资源，开发一批优质课程，打造一批教学线路，建设一批师资力量，构建党员教育培训“大平台”，并在合

适的条件下将所有教学课程、教学老师、教学路线开放共享，基层党组织可根据需要在资源库中“点菜”“下单”。要积累优质素材充实资源库，及时调整不合时宜的教育资源。二是要构建全方位的教育载体。传统的党员教育培训多以“三会一课”、党校专题培训为载体，且基本上是就培训而培训，其规范性较强，但因内容单一、形式固定等原因造成培训效果不佳，因此急需创新教育载体，如通过广泛开展志愿活动、读书交流、演讲比赛等来激发党员的学习兴趣。

（四）改革教育培训模式，丰富教育培训内容

一是在形式上改革。党员对理论学习和实践学习，线上学习和线下学习均有较强的需求，高校党员教育培训一方面可采用理论学习、交流研讨、实践锻炼、主题报告、线上自学等多种形式开展；另一方面要考虑在延续传统教育形式的同时顺应时代发展，积极探索应用新媒体，大胆尝试通过微信公众号、网站平台、微党课等形式开展党员教育培训。

二是在内容上改革。党员对学习内容的多样性和创新性要求比较高，高校要合理设计教学模块，培训内容既要有传统的党章党规教育、理想信念教育、党史国史教育等，也要紧跟步伐，创新性地开展时事政治教育、榜样示范教育、实用技能培训等。

三是要注重党员教育培训和业务的融合。调研中有 72.82%的人表现出希望将党员教育培训融入工作（学习）中，因此在培训模式上要注重集中培训和日常培训的融合，注重主题教育和常规教育的结合，注重党员教育培训效果的提升，避免党建和业务“两张皮”现象。

（五）完善监督考评机制，建立效果激励机制

作为党员教育培训的关键环节，新建本科院校党员教育培训效果不佳与各项机制不健全有极大的关系。对于存在的突出问题，首先，要严格审查高校党员人才培养计划。学校党委要统一审核把关基层党组织的《年度党员教育计划》《党员教育培训方案》等，防止培训内容安排不合理、课程联系实际不紧密、党员漏训、内容较偏等现象。其次，要建立监督机制，如出台《党员教育培训实施办法》《党校学员管理制度》，使党员教育培训的基本管理做

到有章可循。督促基层党组织为所有党员建立教育培训档案，纪实党员参训情况，合理调配党员参训。再次，要建立考评机制，对标《2019—2023 年全国党员教育培训工作规划》中明确的教育培训任务，将其全部纳入考评范围，结合考试成绩、工作汇报、访谈沟通、作用发挥等情况，根据培训对象的特点，采用定性考核与定量考核相结合的方式，客观评估教育培训效果，及时反馈存在的不足，帮助其改正提高。最后，要合理应用考评结果，建立效果激励机制，将党员教育培训结果应用于党员评奖评优、荣誉申报等工作之中，激励党员树立正确的价值导向。

四、结语

党员教育培训工作是党的建设的一项基础性工作，高校党员教育培训工作关乎党后继有人的伟大事业，是一项重要而艰巨的任务，需要学校、学院、职能部门多方面的努力。课题组基于成都工业学院党员教育培训存在的问题进行分析，在此基础上构建了党员教育培训体系，能够在一定程度上推动学校党员教育培训工作的高质量开展，也能为同类新建本科院校开展党员教育工作提供参考。当然，这仅仅是一个“框架”的探索，具体实施办法还需要根据高校实际情况进一步完善。

参考文献

[1] 李洁，唐鑫. 高校党员教育培训体系构建研究[J]. 中国人民大学教育学刊，2018（2）.

[2] 刘洁，杨连生，毕明树. 新形势下高校学生党员教育培训体系的构建[J]. 思想理论教育导刊，2014（12）.

[3] 李洁，唐鑫. 新时代创新高校党员教育培训体系研究[J]. 中州学刊，2018（8）.

[4] 梁茂宗，戴雨吟，李智，等.“三全育人”背景下高校学生党员教育培训体系研究[J]. 青年时代，2020（12）.

新工科背景下课程思政教学探索与研究
——以数字信号处理课程为例

◎ 周依　李晓钰　付宁　曾梓峰
（成都工业学院网络与通信工程学院　四川成都　611730）

【摘　要】课程思政的实施是新工科背景下一个非常重要的举措，能帮助新时代高等教育实现立德树人的根本任务，是贯彻全员育人、全程育人、全方位育人的关键。本文从多方面分析了课程思政的重要意义及课程思政教学实践存在的诸多问题，并以数字信号处理课程为例，根据具体教学内容挖掘、提炼思政元素，从课程大纲出发，明确教学任务，设定教学目标，改进教学方法，通过案例、翻转教学等方法立体多元地融入思政元素，实现让立德树人“润物无声”。

【关键词】课程思政；数字信号处理；立德树人

为深入贯彻全国教育大会精神及习近平总书记关于教育的重要论述，2020 年 6 月，教育部印发了《高等学校课程思政建设指导纲要》，对所有高校的所有专业学科提出明确要求，要全面推进课程思政建设，从“育人”的本质出发，围绕全面提高人才培养能力这一核心点，系统进行中国特色社会主义和中国梦教育、社会主义核心价值观教育及中华优秀传统文化教育，坚定青年大学生理想信念，切实提升立德树人的成效。

新时代大学生是祖国的希望，最重要的是教给他们正确的思想，引导他们走正路。推进课程思政建设，就是要寓价值观引导于知识传授和能力培养之中，帮助学生塑造正确的人生观、世界观、价值观，这是人才培养的应有之义，更是必备内容。很显然，课程思政设计的重点应当是知识传授、能力培养和价值塑造的有机结合。

一、数字信号处理课程简介及课程思政实施现状

数字信号处理是电子信息类专业一门非常重要的专业基础课，也是网络与通信工程学院通信工程专业的一门专业必修课，授课对象主要是大三学生，一共 48 个学时，其中包括 40 个学时理论课，8 个学时实验课。该课程理论性较强，需要较好的数学功底，主要内容包括离散信号与系统分析、信号估值与信号滤波，与实际工程应用结合非常紧密，很多知识点可以直接应用于工程实践，如通信信号处理、语音信号处理、图像信号处理等。课程要求学生掌握数字信号处理技术的基本概念和理论基础之外，还要培养学生运用频谱分析、多速率信号处理、滤波器设计等方法来解决工程领域中的实际问题。

“课程思政”是一种隐性的思想政治教育，与“思政课程”不同，它不是一类特定的课程，而是一种教育理念，主要通过挖掘各门课程当中所蕴含的思想政治教育元素，然后通过合适的教学方法有机融入教育教学全过程，将教书育人的内涵落实在课堂教学主渠道，让所有课程都渗入“思政味道”、发挥育人价值，让立德树人“润物无声”。目前新工科背景下专业课的课程思政还处于不断摸索阶段，还存在很多不足。

（一）课程思政教学实践中还存在“表面化”“硬融入”的问题

还有很多教师的“课程思政”就是在专业课程中抽出部分时间讲授思政内容，但课程思政并不是简单的“课程+思政”，而是要将思政育人元素完美融入专业知识，这两者的关系应当是“如盐化水”，而非“米中掺沙”。专业课程教育是追求不变的真理，侧重点在“真”，而课程思政是引领青年走进真正的幸福与快乐，要求在“真”的基础上突出“善”与“美”，实现真善美的完美统一。专业课思政元素的挖掘往往形式大于内容，容易呈肤浅化、牵强化的特点，简单地植入不仅有做表面功夫之嫌，也无法使学生的思维在专业知识与思政内容上“自然转场”，容易导致价值引领上的杂乱无章，达不到应有的育人效果。

（二）对专业课程所蕴含的思想政治教育元素挖掘不够

大多数专业课教师认为思政元素就是思想政治教育的理论知识（马克思

主义、毛泽东思想、邓小平理论等），其实不然，思政元素是思想政治意识形态的体现，主要指“育人元素”，包括一些观念、精神、原理。比如社会主义核心价值观、航天精神、女排精神等。只要是对学生成长有积极引导，有利于激发学生正能量的都属于课程思政的范畴。课程思政与思政课程对于立德树人的作用如图 1 所示。

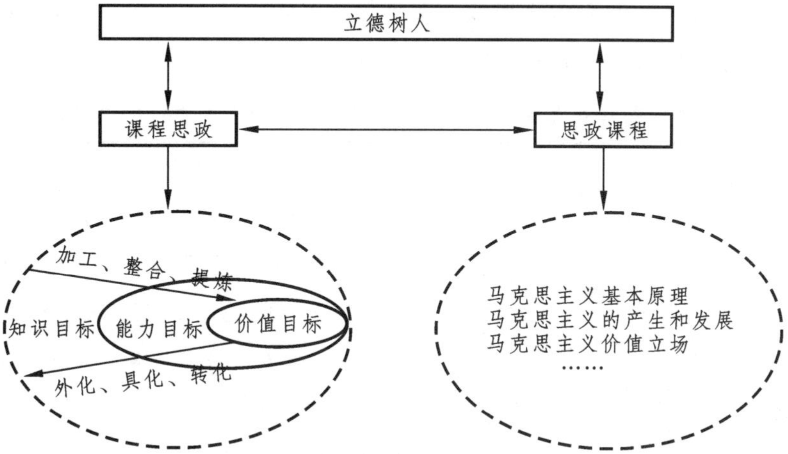

图 1　课程思政与思政课程对于立德树人的作用

（三）教师的课程思政育人能力和意识需进一步提升

高等教育体系中，专业课教师是“主力军”。在早期的课程思政实践中，有部分高校提出了“教育者先受教育”的理念，虽然从思想上认识到专业课教师思政素养的重要性，但是仍然缺乏相应的理论方法。专业课教师往往会将更多的精力放在提高专业理论知识及课堂教学水平上，而缺乏对课程思政教育教学规律的研究，直接影响课程思政教育教学的目标设定和思政元素的融入水平，导致“授业”与“传道”相分离，制约了课程思政的发展。

二、思政元素的挖掘与融入

课程资源建设是实现课程思政与专业课教学相融合的“新基建”，那新基建的范畴是什么呢？笔者研究了《高等学校课程思政建设指导纲要》，根据“知识传授、能力培养和价值塑造相结合”的教学目标，坚持“以人为本”的教学理念，围绕数字信号处理课程的教学内容，采用自然辩证法，分别从家国情怀、人格养成、科学素养几个方面进行深入剖析和融合，挖掘隐藏的思政元素，对课堂内容的编排和教学方法进行改进，从国家发展、电子信息专业、时政热点、哲学、方法论等角度，拓展思政教学内容，将社会主义核心价值观、民族和时代精神、诚实守信等中华传统美德、中国电子科学领域的前沿技术及成功应用、爱国科学家故事等，作为课程思政教育的参考内容。根据这个总体目标，我们对课程思政方案进行了总体设计，其中主要知识点对应的教学目标及思政内容如表 1 所示。

表 1　数字信号处理课程主要知识点与教学目标及思政目标对应关系

知识点	教学目标	思政目标
绪论	掌握数字信号处理的基本概念、信号与系统的分类、数字信号处理的特点、数字信号处理技术的优势	引入数字信号处理技术的起源，介绍我国著名数学家华罗庚，以此激发学生的爱国主义热情，加强爱国主义教育。 融入目前与数字信号处理息息相关的科技和目前取得的重大科技成果，如 5G 通信技术、“墨子号”量子卫星，增强学生的民族自豪感、荣誉感及社会责任感
z 变换	掌握 z 变换的定义及其收敛域、求解 z 反变换的方法、差分方程的定义和解法并能灵活运用 z 变换的性质和定理	z 变换是一种数学变换方法，把信号从时域变换到频域去进行分析。在日常生活中，我们也需要从不同的角度看待问题和分析问题，不能钻牛角尖，引导学生在解决问题、分析问题时，要善于思考、勇于创新
离散时间系统	认识离散时间信号和离散时间系统的定义、时域连续信号通过采样变成数字信号的过程；深入理解序列的拉氏变换、傅氏变换与 z 变换的关系；熟悉卷积的计算方法、几种典型的离散时间系统	介绍信号时域抽样在列车控制系统中的应用，进而阐述我国高铁从引进到引领的发展历程，激发学生勇攀高峰、为交通强国做贡献的爱国情怀。 讲解采样定理时引入奈奎斯特的介绍，告诉学生学知识一定要夯实理论基础，这样才能在人生道路上越走越好，越走越远

续表

知识点	教学目标	思政目标
快速傅立叶变换	认识和理解四种时间信号及其傅立叶变换的形式、离散傅立叶级数变换的定义及主要性质、离散傅立叶变换的定义及主要性质、利用离散傅立叶变换对数字信号进行频域分析的方法。掌握按时间抽取和按频率抽取来计算FFT的方法和信号流图、线性调频 z 变换计算 DFT 的方法	引入傅立叶生活的时代背景,结合国家发展、民族复兴这一主题来鼓励学生奋发向上,以中华民族复兴为己任,克服学习上的畏难情绪,努力学习,把人生目标同国家民族复兴的伟大目标结合起来
数字滤波器的设计	掌握数字滤波器的概念,学会利用信号流图表示数字滤波器不同的实现结构。掌握利用模拟滤波器的理论设计数字滤波器的方法——脉冲响应不变变换法和双线性变换法。熟悉线性相位FIR滤波器的四个特性,掌握利用窗函数法及频率采样法设计数字滤波器的方法	讲解滤波器设计的时候引入滤波器在卫星通信中的应用场景,了解中国航天史上一个个伟大的创举,学习平均年龄只有30 多岁的中国航天人踏实严谨、吃苦耐劳、实践创新、攻坚克难、追求卓越的航天精神
综合设计	数字信号处理知识的综合运用	小组成员学会精诚团结、相互信任。由于分工原因,可能就会只看得见自己做的努力和贡献,没有从客观的角度、别人的立场分析和思考问题。这样则很难圆满完成任务。因此,我们特别强调在设计过程中要求每位队员要学会换位思考,站在他人立场分析及思考问题,尊重和理解队友

续表

知识点	教学目标	思政目标
实验课程	围绕信号的采样与重建、完成 LTI 离散时间系统的频域分析、IIR 数字滤波器的设计、FIR 数字滤波器的设计，让学生巩固所学理论知识，掌握最基本的数字信号处理的理论和方法	学生在实验过程中，详细记录数据，做到有理有据。俗话说“细节决定成败”，只有做到一丝不苟、精益求精，不好高骛远，用心做好每一件小事才能成功。在实验过程中，学生会遇到各种各样的问题，但可通过教师的指导、同学的交流合作来解决问题，人生亦如此。成长道路上困难无时不在，但遇到困难并不可怕，要有必胜的信心，要善于请教，要有合作的精神，要突破传统，要勇于创新

课程思政建设“新基建”的内容并不是一成不变的，要与时俱进不断更新，及时抓住当前热点事件来引导学生树立正确的三观。另外值得注意的是，“身教”与“言传”同样重要，要有效达成课程思政育人目标仅仅依靠课程中的教学案例肯定是不够的，教师在教学全过程中表现出来的敬业精神及对教书育人事业的态度、自身的科学思维方式和工程素养、解决实际工程问题的能力与创新意识等，都是达成思政目标必不可少的因素。

三、思政教学的实施与革新

高校课程思政建设是一个复杂的系统工程，需要我们始终坚持“立德树人”原则，从教师素养、课程大纲、教学方法、考核评价等多个方面对课程思政进行积极探索与大胆创新。

（一）提升专业课教师思政育人能力和素养

专业课教师是课程思政的设计者和实施者，必须兼具专业课教师和思政教师的双重素养，需要通过政治理论学习、业务训练、集体备课等方式不断提高自身知识和能力，要熟练掌握和正确运用马列主义的思想、观点和方法，坚信社会主义核心价值观，持续培养自己的人文素养和科学精神。同时，要积极回应社会现实问题，以积极正面的思想来引导学生，用社会主义核心价值观来认清事物的本质。另外，教师也要不断围绕“课程思政”的理念、内容、目标、过程等对课前、课中、课后的情况进行“自我评价”，以便发现问题并采取有效措施进行改进。

（二）以课程目标为导向的课程大纲设计

传统课程大纲在教学方式上以老师讲授为主，学生被动接受老师“灌输”的知识，学习效果完全被忽略。显然，这种课程大纲无法满足现在教学改革的要求。基于 OBE 人才培养理念，课程组设计了以课程目标为导向的课程大纲，包含课程基本内容及培养目标，所有教学内容必须明确指向课程目标，实施的教学方法以帮助学生提高学习效果为前提，同时将思政元素融入课前、课中、课后的各个阶段，加强价值塑造在课程思政中的引领作用，促进“知识传授、能力培养、价值塑造”目标的同步达成。

（三）教学方法的探索与创新

当今大学生有思想、有主见、富有创造力，但是也有很明显的缺点，如不守规矩、责任心不强、沉迷于手机和电子游戏，课堂上迟到、旷课、玩手机现象严重，作业敷衍了事也不与老师交流，导致教学效果差。针对这些问题，教师需要不断尝试革新教学方法，从多处着手，改变学生对待课堂的态度，从而提高上课效率。

（1）实行线上与线下混合式教学。课上可以多采用小班分组、项目驱动、渐进翻转以及基于“慕课堂”和“雨课堂”的师生互动教学模式，搭建“立体化”课堂，循序渐进地减少教师授课的时间，适度翻转，满足学生不同层次的需求，增加课堂趣味和新鲜度，构建“理论+实践+协作”三能力提升的渐进混合式教学体系。例如：将所有学生分成 5～6 人的小组，老师布置自习提纲并给出线上预习章节，通过慕课堂提前推送讨论课题，学生通过线上课程资料自学掌握基础知识点，小组内讨论讲解方案并做好分工，最后每组派出代表展示本组的学习成果，并提出自学过程中遇到的问题，在老师引导下和其他同学一起围绕问题进行讨论，直至解决问题。小组学生之间通过自主学习互动，让学生的思维能够充分、活跃地得到训练，有利于培养学生自主学习和团队协作的能力。

（2）帮助学生形成 3W+1H 的科学思维。类比分析是学生由表及里、由此及彼，全面深刻认识事物的重要思维方法。3W+1H 教学方法就是在课堂讲授过程中将晦涩难懂的知识分解为 What（什么）、Why（为什么）、Where（哪些）和 How（如何）几个角度来进行讲解，比如在讲时域离散信号知识点时，将时域离散系统介绍、常用典型序列、序列的运算等内容通过重新组织和整合，形成 3W+1H 的形式，包括“什么是时域离散信号”“哪些信号是时域离散信号”“为什么要将时域信号离散化”和“如何表示时域离散信号”等几个问题，按照 3W+1H 的模式，分别针对离散时域信号的定义及表示方法，常用典型序列、序列的运算等知识进行分析和讲解。在 What 和 Why 的维度里可以培养学生设疑、析疑的能力，在 Where 和 How 的维度里可以带领学生多了解祖国的前沿科技和老一辈科学家的奋斗精神，同时不断激发学生奋发图强的自觉性和责任感。

（3）充分利用多媒体技术教学。枯燥乏味的专业知识很难让学生一直将注意力集中在课堂，相反学生都爱听故事、看视频。为了调动大家听课的积极性，教师可以充分利用多媒体电子技术，在课件中引入历史人物或热点时事的图片、视频或动画演示，将学生的注意力集中在课件上，在专业知识中融入能引起共鸣的故事，以提高思政教育的渗透效果。

（四）优化课程思政评价考核机制

课程的考核也要体现“以学生为中心”的原则，不能以一张试卷定胜负。课程思政育人目标的考核非常特殊，无法进行定量考核，需要特别注重过程性的评价与反馈，可以将学生翻转课堂、慕/雨课堂学习情况、课堂回答问题情况等纳入过程性评价范围；在评价标准方面，要从思想道德品质、学习参与度、创造性思维、批判性思维等各方面进行评价；在课程结束后通过调研了解学生的学习体会，通过分析学生反馈的信息，进行思政育人目标达成情况评价，通过评价结果不断优化教学方法。

四、结语

专业课程是载体，思政教育是灵魂，价值观引领是课程思政的重要任务。

本文以数字信号处理课程为例，坚持协同育人的教育理念，将国家意识、科学思维、团队精神、个人道德素养等融入教书育人的全过程，在课程思政实践中，从提高专任教师思政育人能力、课程大纲的创新、教学方法探索、优化评价机制等方面着手，不断提高育人质量，最终达到立德树人的根本目的。

参考文献

[1] 习近平. 在全国高校思想政治工作会议上的讲话[N]. 人民日报，2016-12-09（1）.

[2] 王璐. 高校课程思政教学中思政元素的挖掘与融入[J]. 陕西教育（高教），2022（5）.

[3] 张林，李桂芬. “数字信号处理”课程思政探索与实践[J]. 电气电子教学学报，2022（2）.

[4] 王芳，漆为民. 模拟电子技术课程思政建设的实践探索[J]. 高教学刊，2022（14）.

[5] 曹玉东，王东霞. 基于工程教育认证和 OBE 理念的教学大纲设计——以数字信号处理课程为例[J]. 大学教育，2021（3）.

[6] 贺山明，王晓明，廖春发，等. 新时代工科专业课程思政引入元素探讨[J]. 高教学刊，2021（9）.

经管类学科“课程思政”教学改革现状探究

◎ 苟竹林

（成都工业学院经济与管理学院　四川成都　611730）

【摘　要】自“课程思政”被提出以来，各大高校纷纷对课程思政展开探索和研究，并将研究成果转化为实践。经管类学科与其他学科相比具有不同特征，其政治色彩比较鲜明，并且关乎国家生存和发展，因此经管类学科“课程思政”的研究和探索至关重要。尽管目前国内很多高校已经取得一定的研究成果，但是依然在成果质量、转化率高低、课堂引入环节、思政元素挖掘、评价机制等方面存在问题，基于此，本文对目前经管类“课程思政”的重要性、存在的问题进行深入分析，并从教改方案的构建、教学内容、教学手段、质量把控等方面提出改进对策。

【关键词】经管类；课程思政；教学改革

党的十八大以来，中共中央办公厅、国务院办公厅和教育部等关于高校思想政治工作出台了一系列重要指示。多项文件都强调思政在教学中的内涵和意义，提出从课程和教学方式中深挖思想政治教育资源，提倡各学科各专业协同育人的效应。近年来，本着立德树人的宗旨，各大高校开展了一系列的课程思政改革和实践，并取得一定的成果。如：复旦大学把“经世济民”作为经管类学科改革的出发点；浙江财经大学经济学院围绕五大方面进行教改；天津工业大学经济学院融入党的十九大精神开展“课程思政”，开展特色示范课堂建设和项目建设等。在经济全球化的大背景下，国际经济思潮和资本市场对我国青年学生们的影响极大，如何让青年学生树立正确的经济观，明辨是非，坚定走中国特色社会主义道路，经管类“课程思政”至关重要。

一、经管类学科“课程思政”的内涵及其重要性

（一）经管类学科“课程思政”的内涵

“课程思政”的核心是立德树人，围绕着“培养什么样的人，怎样培养人，为谁培养人”这些根本问题开展教学改革。我国高校的教育事业无疑为国育才为党育人。如何全面、有效、深入地建设“思政课程”是值得深入和长期探究的重大命题。不同地方的高校、不同专业的课程在思政课程中的显性和隐性资源有很大的不同，如融入手段、方法、借鉴的案例等。专业课程建设中将价值观念以润物细无声、潜移默化的方式融入知识授课中，让智慧和内心碰撞融合才能守好这道渠，种好责任田。国内经管类专业关于“课程思政”还未形成较为成熟的理论体系和实践经验。经管专业的课程要在借鉴西方先进观念的同时，秉持马克思主义的核心理念，努力构建适合中国特色的哲学社会科学学科体系，引导学生深入领悟国家的法律制度、道德规范、政策导向的深层内涵。

（二）经管类“课程思政”的重要性

1. 构建经管类课程话语体系

目前国内大多数高等院校经管类专业开设的经管类基础性课程，大多是在西方发达资本主义的实践基础上，总结出来的理论体系，我们要辩证地看待其经济规律和理论基础背后为资本主义辩护的本质。我国实行的是社会主义市场经济体制，因此需要让学生在学习借鉴的同时学会分辨和批判，学会辩证地看待问题，进而为我国社会主义事业的发展服务。融入最新的经济新形势、国际国内最新的经济动向，提高学生分析问题和解决问题的综合素质，培养他们追求真理、实事求是、明辨是非的能力，进而更好地为我国社会主义事业贡献智慧和力量。

2. 激发学生的学习兴趣，提高教学效果

经管类学科理论性非常强，数理模型抽象难懂，学生学习起来难以理解，且比较吃力；经管类学科中很多的案例都来自西方资本主义国家，适合我国实际情况的较少，跟我国经济状况实际应用脱节，学生学习兴趣不高；经管

类学科偏理论性，传统的课堂教学缺乏趣味性，不利于调动学生的积极性和主动性，可以在课程教学中融入中国的典型案例，结合实际问题，增加学生分析问题的能力和灵活运用的能力。另外，教学手段利用不够，学生的主体作用难以发挥，甚至有些学生产生了厌学情绪。

3. 培养社会主义接班人

经济发展是推动社会发展的重要抓手，中国从站起来到富起来离不开经济的支撑，但任何事物的发展都存在两面性，中国经济腾飞的同时也隐藏了很多弊端，如贫富差距进一步拉大，高校在人才培养方面“重才干，轻德育”，部分高校教师缺师德师风等现象层出不穷。高校是将国家培养的人才输入社会的最后环节，“课程思政”的提出为高校指明了到底“培养什么样的人，为谁培养人”的方向，给高校如何进行教学改革提供了依据，帮助大学生更好地认识、理解中国特色社会主义的本质内涵和中华民族伟大复兴历史使命，更好地担当起社会主义事业接班人这个角色，从而更好地在祖国百年复兴事业上立大志、展宏图。

二、经管类学科“课程思政”目前面临的问题

（一）“课程思政”成果质量不高，转化率低

目前我国的“课程思政”建设在如火如荼地进行着，课程思政重点名师和团队、一流课程、先行校等方面都作出了重大贡献，并且起到了很好的示范效应。但同时也存在很多问题。一方面，很多的论文、课题滥竽充数，浮于表面的课程思政，没有太多的营养价值。这反映出很多教师对课程思政的理解还不够深入，并没有潜移默化地形成自己的教育理念。另一方面，研究成果跟实际教学脱离，尽管“课程思政”成果较多，但实际的现场教学运用少、实际的成果转化率低。

（二）“课程思政”课堂引入生硬，让学生反感

“课程思政”提出来的时间并不是很久，并且经管类专业教师专业性比较强，较少涉及思政相关的内容，对思政元素不敏感。很多教师在课程教学中

往往容易忽视或者忘记思政元素的导入，尽管记得也会生搬硬套，衔接很不自然、不生动，缺乏灵活性，容易给学生造成为了思政而思政的感觉，以致学生领悟不到位，难以接受，甚至引发学生反感，降低学生的积极主动性，滋生厌恶情绪。这样不仅不能达到思政的效果，并且容易对教师所传达的思政理念产生排斥和不认同情绪，适得其反。

（三）“课程思政”教学资源挖掘不够，同质化严重

一谈到课程思政的课程资源，首先考虑的就是红色资源，如延安革命根据地、长征路、狼牙山五壮士、黄继光等。这些很多是学生从小听到大的故事，缺乏新鲜感、资源单一，难以激发学生的学习兴趣和深入思考。虽然时代在变化，人们爱国爱党的方式也在改变，人生观、世界观、价值观也在与时俱进，但本质的东西没有变，通过现象揭示本质的责任需要依靠教师。其实这些问题反映出很多教师对思政的认识不够深刻，对思政资源的挖掘和发现还不够深入，没有用心观察生活，没有将所教的东西的真谛和本质传授清楚。

（四）“课程思政”呈现手段单一，难以激发学生的兴趣

课程思政要实现立德树人，为国育才，为党育人的宏大使命，是在无形中潜移默化地塑造学生们的三观、培养他们的综合素质，将社会主义的核心价值观内化于心、外化于行。而学生要容易接受、喜欢去接受这些，在课程教学中必然要让学生产生兴趣，转被动为主动吸收。这些离不开好的教学手段。而传统的思想观念的引入主要靠摆事实讲道理，正例加反例，说服教育。但对于“00 后”大学生来说，反而成为一种枯燥、厌烦的方法。他们更喜欢互联网的动态、新鲜、丰富、互动等特质，因此教学手段的创新和转变也非常重要。

（五）“课程思政”的评价体系待完善，评价结果难以量化

“课程思政”更多的是学生思想层面的培养，教学成果一般通过学生思想意识的转变来体现。一方面，“课程思政”的评价体系主要局限于通过学生对教师在“课程思政”方面的课堂教学进行评价，然而“课程思政”还有校外课堂，如还包括科研、社会实践、日常生活等；另一方面，这种教学成果花

费时间很长，难以短期见效，难以用具体的量化数据来体现，一般通过问卷调查来进行评估，但这种方式具有主观性。

三、经管类“课程思政”的对策建议

本文的研究目标是将地方高校应用型人才培养方案的需求和思想政治建设的特点相结合，将教学改革和中国特色社会主义道路理论体系相结合，构建基于显性教育和隐性教育新模式，并融入大学课程教学中，熏陶学生情感、态度和意志，培养学生独立解决问题和创新能力。改革传统教育教学方式，将经管类理论教学和中国经济社会实践有机衔接，完善人才培养评价体系，探索出兼顾才能、素质、德行等全方位的人才培养方案和体系。

（一）构建“课程思政”教改方案

“课程思政”改革是一个全方位、系统性的育人体系，具有涉及的课程广、涵盖的内容丰富、应用场景多元化等特征，如何构建合理、科学的教改方案至关重要，影响整个方案的可行性和有效性。国内知名高校如复旦大学、中国人民大学、上海财经大学等开展了“经济学基地班”的培养模式，并且已经取得一定的成效，成都工业学院经管类专业可以参照构建类似的培养模式，同时兼顾四川经济实际，完善培养地方经济管理人才培养方案，构建融入地方思政元素经管类学科的“课程思政”体系，创新多元化的教学模式、完善“课程思政”评价体系，以更贴近地方高校教育教改要求。

（二）教学内容建设

参照教育部关于经管类专业教学计划和课程设置进行适当调整与改革，关注国内外现代经管类科研新成果、研究新动态，深挖思政元素，提高学生辩证分析问题的能力和理论联系实际的能力。首先，“课程思政”内容应注重理论教学与我国实践经验相结合。为了更好地构建经管思政话语体系，“课程思政”中融入了中国经济典型案例讲解，可以解决以往课堂教学与我国实践环境相脱节的问题。除研究现有教育理论和教学方法之外，课程还需注重创新教育实践研究，按照经济学专业特色，培养理论基础扎实又了解中国经济改革实践、适应社会经济发展需求的高层次人才。其次，“课程思政”的教学内容不仅涵盖课堂教学，还应包含课外、校外等多方位、多层次环节，包括社团活动、社会实践、校外交流、日常活动等。让学生真正在课内、课外、校内、校外多场景受到思政潜移默化的影响，从而有助于学生形成健全的、稳定的思想意识。

（三）教学方法和教学手段建设

经管类的课程理论性强，课堂上纯理论的讲解会非常枯燥，难以激发学生自主学习的主动性和积极性。为了更好地调动学生的学习兴趣和学习效率，首先，采用“互联网+”、现代信息化等教学手段优化课堂教学，大力推进启发式、讨论式、交互式等教学方法，如将“雨课堂”“云班课”“慕课”等应用软件，灵活、合理地嵌入教学课堂中，激活课堂氛围，激发学生的主动性和积极性，让学生变被动学习为主动学习。其次，充分发挥学生是教学主体的重要地位。在新的教学模式中，采用“翻转课堂”教学模式，转换课堂角色，从学生的视角来讲解问题，着重讲解学习难点和重点，更好地了解学生的思维盲点和痛点，从而切实有效地激发学生的积极性和主动性，进而提高学生的学习效率。

（四）教学质量控制体系建设

首先，构建科学合理的评价考核标准。建立科学合理的考核标准，更注重学生综合素质的考核。“课程思政”教学评价应该涵盖学生的教学整个过程，应该注重平时的考核，而不能仅仅以期末考试成绩来判定。思政和知识、技能的学习不一样，思政更看重思想层面的变化，是一个阶段性的、长期性的过程，需要结合平时表现来进行评估。其次，“课程思政”的教学评价不能单单根据学生的评教来反映，应兼顾学生、老师、学校“三位一体”的评价体系，如生生互评、师生互评、老师互评、校师互评，从而全面、综合评估，避免偏见和过于主观。同时做到及时发现问题及时解决，加强对教风、学风的检查监督，积极开展毕业生质量跟踪调查。最后，加强教师的思政和师德师风培训。教师会最直接、最深刻地影响学生，正所谓“学高为师，身正为范”，老师的价值取向、素养高低很大程度上影响“课程思政”的效果。一方面，在教师中树典型，立榜样，宣讲正面案例；另一方面，完善教学考核制度，加重“课程思政”的考核权重，同时增加教师对思政元素挖掘能力的培训，增强就近取材、活学活用的能力，提高教师思政元素的灵活应用能力。

四、结语

“课程思政”自提出以来，很多研究成果和实践经验还需要不断被充实和完善，课程思政的形式是多样的、内容是丰富的、内涵是有深度的，但都必须围绕“课程思政”的本质展开，在课程教学中结合显性和隐性资源，融入社会主义核心价值观，帮助学生树立正确的价值观，真正做到“为国育才，为党育人”。尽管目前还存在一些问题，还需要在内容、教学手段、评价体系等方面进行完善，但恰恰也要依靠这种“不断突破—不断反思—不断改进”的模式促进“课程思政”的良性、高效发展，为社会主义事业的发展奠定基础。

参考文献

[1] 李丰团，郭佳，刘琪. 经管类研究生课程思政建设现状及其实现路径[J]. 现代商贸工业，2022（16）.

[2] 董必荣. 论课程思政的本质与内涵[J]. 财会通讯，2022（12）.

[3] 彭芸. 思政元素融入“货币金融学”教学的探索与实践[J]. 湖北经济学院学报（人文社会科学版），2022（7）.

[4] 田富强. 以协同创新方式构建经管课程思政话语体系[J]. 湖北经济学院学报（人文社会科学版），2022（6）.

[5] 胡万欣，孔德龙. “互联网+”背景下的应用型本科专业课程思政教学实施路径研究[J]. 轻工科技，2022（3）.

[6] 隋蔗. 经管类专业基础课进行课程思政的探讨[J]. 沈阳工程学院学报（社会科学版），2020（3）.

[7] 牛似虎. “转动课堂”模式下经管类专业多元化教学方法探索[J]. 才智创新教育，2016.

[8] 陈炜. 西方经济学课程思政教学改革的研究与实践[J]. 赤峰学院学报（自然科学版），2021，37（10）.

[9] 习近平主持召开学校思想政治理论课教师座谈会[EB/OL].（2019-03-18）. http://www.gov.vn/xinwen/2019-03/18/content_5374831.html.

[10] 黄素心，屠淑莹. 经管类专业“课程思政”教育教学改革的思考[J]. 商贸教育，2021（14）.

[11] 游普元. 提高教改项目申报成功率的探讨[J]. 价值工程，2013（11）.

[12] 徐丽艳. 浅谈微观经济学原理混合式教学模式的建设[J]. 大学教育，2021（11）.

[13] 祝伟，樊茂清. “高级宏观经济学 B”课程思政路径探析[J]. 黑龙江教育（理论与实践），2021（10）.

生态学视域下应用型本科院校大学英语课程思政建设的生态路径研究

◎ 畦婷　曾筝

（成都工业学院外语与国际教育学院　四川成都　611730）

【摘　要】大学英语作为应用型本科院校受众面最广的通识课程之一，兼具工具性和人文性，肩负培养语言综合能力强、具有家国情怀和国际视野的跨文化交际人才的社会使命。新时期，课程思政全方位融入大学英语教学后，令其发生了一系列变化和发展，打破了外语教学原有的生态平衡状态，致使大学英语教学生态系统出现了诸多失衡现象。基于生态学的理论，针对应用型本科院校大学英语教学特点，本研究旨在探讨课程思政教学改革引起了何种失衡现象，并从教师生态位扩展、课程体系建设、教学内容重构、生态化评价系统构建4个维度克服失衡现象，构建大学英语课程思政建设的生态路径，使教学系统恢复动态平衡、内在协调、良性互动的可持续发展状态。

【关键词】生态学；大学英语；课程思政；生态路径

2020年6月，教育部正式印发《高等学校课程思政建设指导纲要》，明确"全面推进高校课程思政建设，发挥好每一门课程的育人作用，构建全员全程全方位育人大格局"[1]。大学英语课程是学生接触西方文明、文化的重要途径，学生易受外来文化和思潮的影响，将思想政治教育有机融入大学英语课程的重要性与必要性不言而喻。《大学英语教学指南（2020版）》明确了大学英语课程思政的要求："大学英语教学应融入学校课程思政教学体系，使之在高等学校落实立德树人根本任务中发挥重要作用。"[2]应用型本科院校是培养高素质应用型和技能型人才的主阵地，其学生具有异质性强、可塑性强、思想意识多样化、学习能力和文化基础知识较薄弱等特点[3]。应用型本科院校需要加快文科类课程改革，学生的人文素养也有待提高。因此，在新文科建设和高校课程思政建设背景下，应用型本科院校大学英语课程如何贯彻落实“立德树人”根本任务，实现“育人”与“育才”有机统一，培养出具有家国情怀和国际视野的复合型跨文化交际人才，成为亟待解决的问题。

黄国文指出越来越多的学者“以生态学的眼光看待周围所发生的一切，生态地审视和反思过去和现在的世界，同时也预测人类的未来”。[4]生态学基本理论从生物学领域逐渐被应用到人文社科领域，出现了学科的“生态学化”，生态经济学、生态教育学、生态语言学等新兴学科应运而生，外语教学与研究也出现了生态学化的研究方向。

一、生态学与课程思政的耦合

生态学是研究生物和周围环境相互关系的科学。从生态学视角研究大学英语教学就是依据生态学原理，尤其是生态系统、生态平衡、协同进化等原理与机制，研究教学系统内部诸要素与周围环境的相互关系，研究各种教育现象（如失调现象）及其成因，探讨外语教学生态特征和功能及其演化和发展的规律，以维持教学生态系统的动态平衡[5]，实现教学效益的最大化。“生态系统”指“一定地域（或空间）内生存的所有生物与环境相互作用的具有能量转换、物质循环代谢和信息传递功能的统一体”[6]。大学英语教学生态系统则指通过课堂教学活动，教师与学生均释放能量，完成知识流动与循环、信息传递的全过程。系统内部各生态因子（主要包括教学环境、学生、教师）之间相互作用、协调共生，构建了一条完整的教学生态链。

课程思政建设具有系统性、动态性和导向型思维，这与生态系统理论的整体性、系统性、层级性特征具有高度契合性[7]。课程与思政的有机融合，知识传授、能力培养与价值引领“三位一体”的有机统一，隐形教育与显性教育的有机结合都体现出生态学的整体性思维。“三位一体”教学目标又符合生态系统的层级性特征，每一目标有其独特的生态位，同时又相互交织、相互影响，构成复杂的教学生态系统。国内外语教学的生态学研究视角已有十多年的历史，主要聚焦于生态化外语课程体系建设[8]、外语教师生态化发展[9]、学生生态位[10]、信息化背景下大学英语教学生态失衡现象研究[11]、生态化教学设计研究[12]等方面。在课程思政背景下，目前只有寥寥几篇文章从生态学视角探究大学英语课程思政建设，研究的广度和深度还有待提升。李晓旭[13]从“三全育人”生态格局出发，从学生、教师、教学模式、育人体系、评价体系五个维度分析大学英语课程思政生态链构建。但现有研究尚未关注思政教学改革后英语教学生态系统出现的失衡现象及其生态路径建构。因此，本研究基于生态学理论，立足于应用型本科院校大学英语教学特点，探讨“课程思政”作为大学英语教学生态圈的“外来者”给教学生态系统带来了何种失衡现象以及应该采取何种解决措施，以重构“良性、动态平衡、互动”的教学生态系统。

二、课程思政背景下大学英语教学生态系统的失衡现象

课程思政理念的确立给大学英语教学带来了全方位的变革，包括教学理念、教学目标、教师发展要求、教学方法与手段、人才培养方案、教学内容、教学评估等方面，这些变革打破了大学英语教学系统中原有的生态平衡，引发了一系列错位和失衡现象。

（一）生态因子的生态位失衡

生态位用于描述物种在一定环境中所拥有的最能适合其生存和发展的时空位置，有合适的动态生态位，才能与周围环境达成和谐共生，维持整个生态系统的和谐稳定、动态平衡[5]。在教学系统内，国家教育方针政策、教学设施设备等生态因子处于不断变化发展中，教师和学生作为教学系统中的核心生态位，教师需不断提高专业能力和教育教学水平，学生需提升学习能力，端正学习态度，主动调整以适应课程思政建设新要求，克服失衡现象，从而维持整个教学生态系统的稳定发展和动态平衡。

外语课程思政要求教师必须有过硬的思政素养和育人能力，善于挖掘语言教学材料中的思政元素，并将其有机融入语言教学过程中。但是，从应用型本科院校课程思政实施现状和调查结果来看，大学英语教师思想政治素养不够扎实、思政教育经验不足、德育意识不够强等问题仍然突出，以致在大学英语课程思政建设中教师生态位失衡和错位。对于教学内容中的思政元素，

经验不足的教师采取生搬硬套、“满堂灌”的方式，缺乏多元化的教学方式，使思政教学内容显得突兀、枯燥，以致学生丧失兴趣，育人效果不佳。另外，大学英语专业教师与思政课程教师缺乏沟通交流，未形成思政教师、专业教师协同育人的生态育人局面。

学生生态位失衡主要表现为其生态位重叠。由于学生人数、设备、师资等教学条件的限制，许多高校大学英语不得不实施大班教学，班级人数高达60~90人，违背了生态空间的最适度原则。学生密度过大导致难以展开个性化教学，课堂上难以对不同学习基础和能力的学生群体实施因材施教，使学生在思维方式、专业能力、知识背景等方面趋同，缺乏创新能力和创造力。学生生态位重叠将进一步造成某一职位的就业生态位重叠，继而影响整体社会的生态平衡。另外，在情感态度方面，应用型本科院校学生在英语学习方面，尤其是对思政语言材料的学习投入不够，学习动机不强，自觉性较低，自主学习管理情况还有待提升。

（二）教学目标与教学内容失衡

为了响应全国高校课程思政建设号召，高校外语教师积极投身于课程思政改革当中，在大学英语教学中刻意加入思政元素，完成了语言教学和思想政治教育的结合。但实际上存在着语言内容与思政内容割裂、思政元素挖掘假大空的现象。具体表现在以下几个方面：第一，将语言知识传授、能力培养内容与思政内容设置为两个独立的板块，按时间先后安排教学。这实际上违背了课程思政的系统性与整体性，尚未真正实现将思政教育融入专业课程，只是将专业知识与思政内容简单相加而已。第二，重语言教学，轻思政引领。有的教师认为大学英语课时量紧张，教学任务繁重，在有限的课堂时间内完成语言教学任务，培养学生的语言综合应用能力，提升四六级过级率更为重要，缺乏对其中思政元素的挖掘，忽视了对学生道德、情感、价值观等方面的引领，造成语言知识传授、能力培养与价值观塑造教学生态链脱节，思政目标与语言目标“两张皮”。第三，重思政引领，轻语言知识传授。为了突出思政育人内容，课堂上教师淡化了语言知识教学和语言能力训练，将“课程思政”变成了“思政课程”，显然背离了课程思政建设的真正目的。第四，思政教学内容与学生实际情况脱节，未能将育人融入真实的语言环境中，未能与语言教学有机融合，使思想政治教学停留在理论灌输层面，德育浅显化，形式流于表面，融合手段较为生硬。

（三）思政评价体系缺位

在全国高效推进课程思政改革背景下，大学英语课程在多数高校仍然以四、六级过级率作为该课程教学效果的主要评价指标。成绩评定以期末卷面成绩和平时成绩按比例构成，平时成绩侧重形成形评价，主要包括学生出勤率、课堂表现、课后作业、线上学习情况等，评价内容着重强调学生对语言知识的掌握情况、语言综合应用能力，对于学生价值观形成关注较少，思政教育效果难以在对学生进行考核和评价中体现。这样一来，一方面，学生以通过四六级考试作为他们大学英语课程学习的最大动力和主要目标，只注重语言知识的积累，忽视了道德人格的发展、理想信念的形成、文化自信的树立、跨文化交际能力的培养等目标的达成。另一方面，教师为了提高学生的四六级过级率，以语言知识传授和语言能力培养作为主要教学目标，忽视了大学英语的人文属性，淡化了对学生的价值引领，没能充分利用课堂来培养学生的民族文化自觉，树立文化自信。

除此之外，多数高校尚未将大学英语教学的育人效果纳入教师考核体系。教师的教学评价多以课时量、科研积分、学科建设、教学管理等量化标准为主，“立德树人”根本任务的实施情况和效果尚未提出明确的细化考核指标和激励机制，致使专业课教师对课程思政建设投入精力不够，不利于思想政治教育的推进和落实。

三、大学英语课程思政建设的生态路径

在课程思政建设过程中，不仅要精准挖掘教学内容中的育人资源，发挥大学英语课程的育人功能，同时也要避免因过度挖掘而导致“课程思政”转变为“思政课程”，防止形式流于表面使思政教育与语言知识教学“两张皮”。基于上述失衡现象，本研究从教师队伍建设、课程体系建构、课堂教学内容与环境以及评价体系四个方面构建大学英语课程思政建设的生态路径。

（一）教师生态位扩充

《高等学校课程思政建设指导纲要》指出“全面推进课程思政建设，教师是‘主力军’，广大教师要进一步强化育人意识，找准育人角度，提升育人能力”[1]。在教育教学生态系统中，教师生态位是指教师在特定的教育教学环境下所占据的地位和发挥的功能，关注教师对教育环境因子的适应力与支配力[14]。课程思政建设给大学英语教师提出了新要求，也带来了新契机，这就要求教师必须通过自身能力的增长扩充其生态位，以适应课程思政改革带来的变化，维持教育教学生态系统的可持续发展。

根据生态系统整体性特征，教师在教学生态系统中不可能是单独存在的个体，个体之间需要相互竞争与协作才能维持教学系统的良性和可持续性发展。“整体性”特征启示我们应该构建“生态化教师共同体”，它是教师群体基于共同目标自发形成的，在和谐的环境中互动协作、相互作用，通过合作、对话、反思和共享等活动来促进全体教师共同成长与发展的一种整体、开放、动态、有序的生态系统[15]。因此，为了加强教师思政建设能力和育人能力，高校应搭建思政建设互动交流平台，健全开放、共享的课程思政优质教学资源，鼓励专业教师之间相互交流经验、观摩现场教学、参与思政教育理论与教学实践培训，相互学习，共同进步。同时，在信息化背景下，借助虚拟教研室重要载体，不仅构建同年级专业教师之间的教师共同体，还应创设专业教师与思政教师间、多语种教师间、跨年级教师间的思政专题研讨会，全方位地提升大学英语教师的政治素质和育人育才能力，提高思政教学改革成效。

根据生态学的“花盆效应”，作物在人为创造的适宜环境下生机勃勃，但一旦离开当下的环境，便经不起任何风吹雨打，最终生长不良甚至枯萎死亡，这是它们对环境生态因子的适应阈值在下降，生态位降低所致[16]。外语教师也同样容易陷入“花盆效应”的泥潭。因此，在课程思政建设背景下，教师必须及时更新教学理念，提高思想政治素养，熟知中华文化及其内涵，不断调整教学内容，优化教学方法与手段，积极探索大学英语课程思政建设新路子，提高育人水平。并且教师应从教学质量、科研水平、专业知识能力、课程建设、组织能力等方面全方位地提升，以克服课程思政改革带来的教学生态系统失衡现象。这也符合生态学中的“整体效应”，打破了“限制因子定律”。

从生态的角度看，思政教学改革要求教师不仅要培养德智体美劳全面发展的、能为国家服务的社会人，而且要培养具有强烈生态意识的“生态人”[4]。教师需要转变教学观念，树立“以学生的学为本”的生态教学理念，不仅培养学生的语言综合应用能力及跨文化交际能力、弘扬社会主义核心价值观、进行中华传统文化教育、传播习近平新时代中国特色社会主义思想，还要引导学生敬畏自然、尊重生命，具有强烈的整体意识和思维方式，关注生态文明，拥有生态智慧。

（二）生态化大学英语课程体系建设

课程建设是全面推进课程思政建设的“主战场”[1]，思政建设与教学改革不应只局限于课堂教学，应从课堂教学向第二、第三课堂自然延伸，形成课内外同频共振、全方位、全过程的育人环境。生态化课程体系注重建立一个全方位、立体化的课程体系，具有兼容、动态、良性等特征，以满足不同学生多元化和个性化需要。大学英语兼具工具性、人文性和国际性，高校除了开设语言基础课程（英语读写、听说、语音、语法）外，还应开设语言文化类、行业英语类、英语考试类选修课程，形成反映校本特色、动态开放的生态化大学英语课程体系。以笔者所在的高校为例，学院不仅开设了大学英语听说、读写基础课程，还开设了商务英语、丝路英语、六级测试、外报外刊选读、电影赏析、中国文化概况等拓展类课程，以满足学生多样化的学习需要，克服教学系统中学生生态位重叠的现象。

课程思政建设期待达到“内化于心，外化于行”的育人目标，因此思想政治教育绝不该止步于课堂教学中的语言知识学习，教师更应引导学生在语言实际应用过程中产生价值体悟，树立正确的价值观，使思政教育从课内延伸到课外、线下扩展到线上，打造线上线下混合式大学英语课程思政课堂。教师可利用智慧树、itest、We learn、U 校园、批改网、中国大学 MOOC 等优质网络教学平台，结合单元主题和课堂教学中的思政关联点，给学生补充恰当的思政语言学习材料，包括国内外时事新闻、TED 演讲、学习强国学习材料等，让学生在真实的情境中学习语言，体验材料中的价值取向，获得价值认知。此外，学校还可以定期举办思政主题的英语角、讲座、辩论赛、演讲比赛、写作比赛、翻译比赛等活动，真正实现“做中学”，潜移默化地提升学生的思想道德修养。这样一来，课堂教学则能与第二课堂、第三课堂无缝衔接，实现全方位、全过程育人效果。

（三）重构教学内容

课程思政教学改革要求由原来单一的专业知识传授转变为知识传授、能力培养与价值引领的有机融合，这给教师在教学资源建设、教学材料选择、教学活动设计、教学内容安排等方面带来了新的挑战。为了在大学英语课堂教学中自然、巧妙地融入思政元素，避免将专业知识内容与思政内容简单相加，教师需要在教学目标的指引下，在参考教材内容熟知的前提下，对教学内容进行梳理、重构，创新性的加工，充分挖掘其中体现时代精神、传承中华文明文化、具有中国特色的思政元素，从而形成适应思政教学改革环境的生态化教学内容，将思政引领深入融入语言知识传授与能力培养中去。同一门课程的教师可以分工协作，相互启发，共同建设一个开放的、动态的、适用于应用型本科院校学生特点的思政语料库，凝练教材中每个单元主题下的思政元素，以单元为模块汇集相关思政教学资源。

以大学英语综合课程为例，每个教学单元需有一个与该单元主题契合的思政主题引领教学设计，使之贯穿在重难点词汇句型学习、课文理解、听说读写译活动、课后产出性任务与项目等各个环节。大学英语的人文性与思想性赋予课程本身丰富的隐形思政教育资源，包含政治认同、家国情怀、文化修养、法治意识、道德修养。且大学英语是学生接触西方文明文化的重要途径，要引导学生增强文化意识，提高对不同价值观的敏感度和对不同文明文化的鉴赏力，采用多元的视角和比较方法展开思辨，正确处理共性与差异，树立文化自信，深刻领悟文明互鉴的意义。其工具性属性赋予其很强的实践性，教学内容需联系学生实际，为学生发展提供合适的知识和思政给养，引领学生在真实的情境下，在实践过程中提升语言应用能力并树立正确的世界观、人生观、价值观。

以《新时代明德大学英语综合教程 1》中第八单元“Embracing Diversity”为例，该单元反映的是“多样性”和“多元化”的内涵，引导学生正确理解差异，尊重文化多样性，做到兼容并蓄，并增强对中华文化的认同和自信是该单元的价值目标。其中课文 A “My Diversity Story: Strengthening Innovation and Social Outcomes”（我的多样性故事：促进创新和社会公平）以种族歧视和性别歧视为例，传递尊重多样化、社会公平和兼容并蓄的价值观。课文 B “Cultural Intelligence: Working Confidently in Different Cultures”（文化智能：在不同文化中游刃有余）传达的是尊重文化多样性，正确对待文化差异的价值观。该单元的第一个教学阶段通过课前情景任务的展示，帮助学生熟悉“diversity”一词的含义，并指导学生思考讨论日常生活中多元化现象，以达到语言交际和价值体验的双重目的。视听任务来自 TED 演讲“The Power of Diversity within Yourself”，讲述个体的多元化背景在全球化进程中的重要性，通过视听任务的启发带领学生思考现实生活中具有多元化形象的典型人物，如钟南山、谷爱玲等。课后在线上平台上布置本单元词汇学习及课文预习任务。第二阶段主要聚焦词汇学习、文章结构及写作手法分析和批判性思维培养。结合课后练习帮助学生识别和掌握文中因果关系及例证方式的运用，带领学生对文中提及的“性别歧视”和“种族歧视”现象进行批判性思考和讨论，转变学生对于性别角色的刻板形象，追求多元化。第三阶段为语言知识与能力巩固阶段和思政主题升华与扩展阶段，结合课本上的短片“Me or We — Cultural Difference”，从中华文化的包容性到中西方“集体主义”与“个人主义”文化的对比，帮助学生认识和尊重文化多样性，并树立对中国集体主义文化的自信。该单元的生成性任务为项目调研和段落写作，要求学生以小组为单位调研中华文明文化多样性的案例，并进行展示汇报，以培养和考查学生的语言能力、调研能力、用英语讲好中国故事的能力和合作互助意识；写作任务即进行因果关系段落写作，旨在说明中华文化多样性的原因，该任务是对课文主题的自然延伸，既回应了思政主题，又强化了写作能力，为四六级考试服务。整个单元教学中课前创设情景驱动学生的学习兴趣，课中学习由浅入深，由个体到国家层面，促成教学目标的达成和价值观的树立，课后项目产出，做到学用一体、以评促学。

（四）健全生态化评价体系

评价与测试是检验教学目标达成度和教育教学质量的重要手段。构建大学英语课程思政建设的生态化评价体系就是健全评价体系，实现多方联动，建设多元化的评价体系，实现以评促建、以评促教、以评促学。思政教学改革意味着教学评价反馈必须将育人效果整合到语言知识与能力评价中去，坚持“显性与隐形评价相结合的原则”[17]。课程思政评价体系建设既要注重评价主体、评价方法与手段，也要注重评价内容。

从评价的主体来看，教师和学生作为教学的主体，应当充分参与到评价过程中去，学生通过自评、互评、小组评价等方式对自己和他人进行评价，互相指正，相互学习，在评价过程中认识自我，相互提高。教师则将评价贯穿于教学全过程，评价内容不仅包括学生的语言知识获得与能力提升，还要关注学生道德品质、思政素质、文化素养、跨文化交际能力等方面的培养效果。课堂内外的语言任务、口头作业、课堂开展、小组讨论、即兴发言、单元测试等都可以反映学生的语言知识掌握程度、语言表达能力与情感意志水平。在形成性和终结性评价过程中，教师结合中西文化、意识形态和社会主义核心价值观内容设置开放性问题，引起学生批判性思考，既测试语言能力，又反映学生的价值观。此外，教师还可以利用 iwrite、批改网等具有智能批改技术的平台开展及时的评价反馈。在上述案例中，在评价学生课后产出性任务（汇报展示与段落写作）时，不仅利用 iwrite 线上平台对学生的作文进行反馈，还采用了教师评价、学生自评、同伴互评的方式。在评价学生的汇报任务时，评价指标不仅包括语音语调是否标准，词汇和句子是否运用准确、是否具有连贯性和逻辑性，还包括阐述内容是否充分诠释了中华文化的多样性、是否准确理解了中华文化包容性和多样性的内涵、是否讲好了中国故事、是否发挥了团队合作精神等。这些评价内容既包含了语言目标，也评价了思政目标达成度。教师不仅能关注学生的知识掌握情况与能力发展情况，还对学生在课堂活动中表现出来的价值取向、对不同文明的鉴赏力、思辨能力、团队合作意识等方面进行评价，充分发挥评价对教育教学的导向作用。教师基于评价结果，不断反思自己的教学设计，不断修正和完善教学实施方案，使教育教学效果达到最优。

另外，教师教学的育人效果也应纳入绩效考核和奖励机制系统，利用督导评价、自我评价、学生评价、同行评价等方式，多维度、全方位地考察教师的教育教学水平。评价内容包括教师的学科专业能力、课程思政的实施情况、思想政治素养、政治敏锐性、师风师德等，从而不断提高教师队伍的综合能力。

四、结语

大学英语课程的人文属性赋予其丰富的思政资源，使之与思政教学改革具有高度契合性，在应用型本科高校大学英语教学中有机融入思政教育是课程思政建设背景下的必然要求。结合应用型本科院校实际情况，基于思政教学改革背景下教学生态系统失衡现象的分析，从教师生态位扩充、课程体系建设、教学内容重构和评价体系构建四个维度构建大学英语课程思政建设的生态路径，将价值引领自然融入知识传授与能力培养中去，将思政资源输入与思政意识产出相结合，引导学生塑造正确的世界观、人生观和价值观，使大学英语教学重新进入和谐、兼容、良性的发展轨道，维持教学生态系统内部的动态平衡和内在协调。大学英语教师应不断提升思想政治素养及学科专业素养，全方位提升教育教学水平，从而为提高应用型本科院校大学英语课程教学工作质量、提升人才培养质量、落实立德树人根本任务做出贡献。

参考文献

[1] 教育部关于印发《高等学校课程思政建设指导纲要》的通知[EB/OL][2020-06-01](2022-08-15). http://www.moe.gov.cn/srcsite/A08/s7056/202006/t20200603_462437. html.

[2] 教育部高等学校大学外语教学指导委员会. 大学英语教学指南(2020 版)[M]. 北京：高等教育出版社，2020.

[3] 王剑娜. 应用型本科院校英语课程思政内涵与实施路径[J]. 邢台职业技术学院学报，2022，39（3）.

[4] 黄国文. 外语教学与研究的生态化取向[J]. 中国外语，2016，13（5）.

[5] 陈坚林. 计算机网络与外语课程的整合——一项基于大学英语教学改革的研究[M]. 上海：上海外语教育出版社，2010.

[6] 朱云翠. 基于生态语言学视角的大学英语教学生态系统调查分析[J]. 大学英语（学术版），2017，14（1）.

[7] 卢晨昊. 高校课程思政生态路径构建研究[J]. 江苏高教，2022（4）.
[8] 徐启豪，王雪梅. 教育生态学视阈下的大学英语课程空间研究[J]. 外语电化教学，2018（8）.
[9] 雷丹，陈坚林. 大学英语教师“态”的生态学解析[J]. 外语学刊，2015（5）.
[10] 李晨，陈坚林. 大学英语教学生态系统中学生生态位研究[J]. 外语电化教学，2017（5）.
[11] 彭小飞. 大学英语教学失调现象透析:基于教育生态学视角[J]. 教育学术月刊，2013（13）.
[12] 胡芳毅，王宏军. 从“任务链”到“生态圈”：大学英语教学的生态建构[J]. 外语教学，2019（2）.
[13] 李晓旭. “三全育人”视域下大学英语课程思政生态链构建[J]. 武汉船舶职业技术学院学报，2022，21（2）.
[14] 雷丹，柳华妮. 外语教师角色与教师生态位研究[J]. 外语电化教学，2015（2）.
[15] 曾小丽. 批判与超越：教师共同体概念的再探析——基于生态哲学的视角[J]. 当代教育科学，2016（2）.
[16] 宁云中. 生态、空间与英语教育教学研究[M]. 北京：中国戏剧出版社，2019.
[17] 胡杰辉. 外语课程思政视角下的教学设计研究[J]. 中国外语，2021，18（2）.

应用型本科高校大学英语课程思政的特殊性与实施路径研究

——以成都工业学院为例①

◎ 杨运杰　高颐心

（成都工业学院外语与国际教育学院　四川成都　611730）

【摘　要】应用型本科高校大学英语教学具有其特殊性，这种特殊性既体现在校情和学情上，也体现在大学英语课程思政的作用上。基于这些特殊性，本文以成都工业学院为例，采取“问题/目的—对策—实施路径”模式，在充分分析该校校情、学情、大学英语课程思政作用特殊性的基础上，尝试提出了应用型本科高校大学英语课程思政的教学对策和实施路径。其中，教学对策是对上述特殊性的直接回应，而实施路径则是对教学对策的具体实施，涵盖了教学内容和教学评价两个层面的具体内容。

【关键词】应用型本科高校；大学英语；课程思政

“课程思政”这一概念自提出以来，便受到教育工作者们的广泛关注。2020年，教育部印发了《高等学校课程思政建设指导纲要》[1]，强调课程思政建设要在所有高校、所有学科专业全面推进。可见，课程思政业已成为高校开展课程建设、进行课堂教学改革新的着力点。然而，不同类型的高校、不同学科的课程，其课程思政建设具有其特殊性，需要具体问题具体分析，这也是马克思主义哲学的基本原理之一。

在外语界，关于应用型本科高校大学英语课程思政建设这一问题，目前已有一些相关研究。一些学者基于产出导向理念，从课程实施的微观层面出

① 本文是四川外国语言文学研究中心、上海外语教育出版社资助项目（SCWYH22-27）的研究成果。

发[2]，另一些学者借鉴相关教学理论，如有效教学理论[3]和 POA 理念[4]，探索将思政元素有机融入大学英语教学的途径。一些研究者在实践中摸索，结合本校教学实际，阐述了所在院校大学英语课程思政教学改革实践的成果，如安传达和秦丽波[5]实施大学英语课程思政学生主体模式的探索，以及廖菲等[6]以大学英语 1、2 和暑期社会实践为例，探讨了"课程思政"在大学英语教学和实践中的应用。也有相关研究者采取"问题—策略"模式，在对应用型高校大学英语课程思政教学的现状进行深入分析的基础上，探究了大学英语实施课程思政教学的有效路径，如聂彩兰等通过问卷调查和访谈等方式发现了问题，并基于此提出了可供参考的整改依据。研究者们提出的策略包括建设相关教学资源、修订教材与教学大纲、改革教学方法、优化教学设计、提升教师德育能力等。

可见，以往研究多为理论导向，偏重理论层面的阐述，且多采用"问题—策略"模式。有鉴于此，根据具体问题具体分析的原则，本文以成都工业学院为例，采取"问题/目的—对策—实施路径"模式，在充分考虑应用型本科高校大学英语教学特殊性的基础上，结合该校教学现状与自身教学实践，尝试提出具有针对性的应用型本科高校大学英语课程思政的教学对策和实施路径，希望能为相关教学研究与实践提供一定的参考和借鉴。

一、应用型本科高校大学英语教学的特殊性

（一）校情的特殊性

成都工业学院始建于 1913 年，是辛亥革命后四川举办的第一所实业学校。学校长期面向行业办学，主要经历了"全国重点中专"成都无线电机械学校和"全国示范高工专"成都电子机械高等专科学校两个办学阶段。2012 年，学校升格为本科院校，是四川省教育厅、四川省经济和信息化厅推进本科产教融合"厅校共建"全省唯一试点高校。学校本科专业 39 个，涵盖管理学、理学、经济学、艺术学、文学等多个学科门类，重点面向"智能制造""电子信息""现代服务业"3 个领域，构建起了对接地方产业链、创新链的应用型学科专业布局。

成都工业学院的育人目标在于为社会发展培养应用型创新人才，重点在

“应用”和“创新”。其中，“应用”是指“应用型人才”，是相对于学术型人才和技能型人才而言的。学术型人才精于理论研究，技能型人才擅长实际操作，应用型人才介于两者之间，“既有足够的理论基础和专业素养，又能够理论联系实际将知识应用于实际”[7]。而“创新”，其在《现代汉语词典》中的解释为“抛开旧的，创造新的”[8]，强调打破常规，突破现有的思维模式，创造性地提出问题和解决问题[9]。成都工业学院坚持“地方性、应用型、开放式”的办学定位，强调应用与创新，以期服务四川、辐射全国，努力建设成为全国一流、四川引领的应用型本科高校。

（二）学情的特殊性

1. 生源情况

成都工业学院主要在本科第二批次进行招生，学生的高考成绩处于中等水平。成都工业学院虽是百年老校，但升本时间较短，属于新建本科院校。不同于老牌本科院校学生的情况，成都工业学院的学生具有以下特点：

首先，学习自觉性不足，未能养成良好的学习习惯。以前在高中时，大部分同学都缺乏自觉性和积极性，往往只会跟着老师的教学安排走，甚至有时候都不能完成老师布置的学习任务。学习主要依靠老师督促，未能养成良好的学习习惯。进入大学后，这些学生暂时未能及时转变学习观念，依然固守着以前的学习习惯，只会亦步亦趋地跟随老师的教学进度。

其次，学生偏科较为严重，各科高考成绩不够均衡。进入成都工业学院的学生，往往都或多或少地存在偏科的问题。整体而言，学生的高考成绩还不错。但是，往往因为其文科类学科，如语文和英语差，或者是其理科类学科，如数学比较差，以致总分不够理想，未能更进一步达到优秀的程度。就大学英语这一门课而言，高考英语成绩差的同学，往往在多年的偏科中几乎已经对英语学习丧失了信心。

最后，英语水平差异较大，英语基础参差不齐。考虑到这一问题，大学英语实行分层教学，分为 A 级和 B 级，A 级学生英语成绩较好，B 级学生英语基础则相对薄弱。然而，虽然实行了分层教学，但在各个层级内部，学生的英语水平仍存在较大差异。这种差异，在 B 级的学生中尤其显著。在一个 B 级的英语班里，可能有高考英语成绩在 30～40 分的学生，也有可能有 80～

90 分的学生。这些学生英语成绩的差异反映出其对英语学习的不同态度、不同学习方法以及不同学习期待。

2. 学习需求

成都工业学院，从其名称来看，就是一个典型的理工类高校，而事实也的确如此。因此，在成都工业学院，大部分学生的学习精力主要放在专业课的学习上，这是无可厚非的。相对而言，学生在大学英语等公共课上付出的精力和时间就很有限。

就大学英语而言，大部分学生的学习需求就是顺利通过期末考试，其次就是过四级，想要冲击六级的学生人数占比较少，而有考研需求的同学就更少了。笔者曾经就这一问题和数名学生进行过深入的交流和探讨，发现即使是平时在英语学习上比较积极的同学，因为其专业课和其他课程任务繁重，每天在英语学习上投入的时间也很有限。这种情况在考四六级前和期末考试前体现得尤其明显。与此同时，随着时间的增长，学生年级的上升，学生英语学习的积极性逐渐下降。因为后期专业课内容增加，学生英语学习减少，英语学习积极性随之降低。

二、大学英语课程思政作用的特殊性

课程思政自提出以来，便受到众多学者的关注。不同的学者，从自己的研究视角和教学经验出发，对课程思政给出了不同的定义，外语教师和研究者们也对此进行了不同的解读。在此，我们参考文秋芳[10]和黄国文[11]的定义，将外语课程思政定义为：以外语教师为主导，通过外语教学内容、评价制度等方面，致力于为学生塑造正确的世界观、人生观、价值观，促进学生德、智、体、美、劳的全面发展。

不同于专业课程和其他公共基础课程，大学英语课程的思政作用具有其特殊性。一方面，大学英语课程的思政作用不容忽视，但是其作用也是有限的。学生在校不只学习这一门课程，不能仅靠大学英语来完成立德树人的全部任务。这一任务的完成，还有赖于各门课程的通力合作，“各门课都要守好一段渠、种好责任田，使各类课程与思想政治理论课同向同行，形成协同效应”[12]。另一方面，大学英语作为外语类课程，其思政功能具有其独特之处，主要体现在树立文化自信和建立文明互鉴意识两个方面。“在与其他国家文化进行比较的基础上，外语课程能够使学生更加坚定文化自信，更加尊重其他文明，对文明交流互鉴和人类命运共同体构建有更鲜活、更深入的理解。”[10]

三、应用型本科高校大学英语课程思政的实施路径

如上所述，应用型本科高校的校情、学情和大学英语课程思政的作用都具有其特殊性。针对以上特殊性，研究提出了具有针对性的应用型本科高校大学英语课程思政的教学对策和实施路径，具体如图 1 所示。

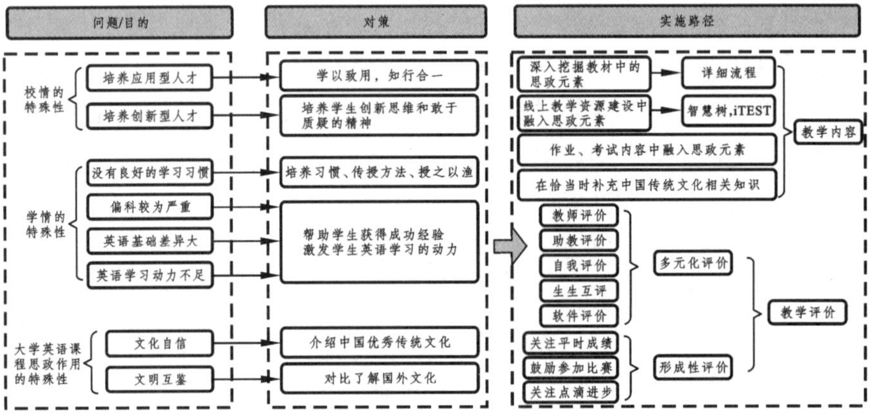

图 1　高校大学英语课程思政的教学对策和实施路径

（一）教学内容层面

1. 深入挖掘教材中的思政元素

教材是教书育人的载体，大学英语课程思政目标的实现，需要教师深入挖掘教材中的思政元素。但是，教材中思政元素的挖掘不是随意的，需要遵循一定的步骤和流程。教师需要在充分理解育人目标的基础上，通过对教学内容的深入分析，最终设计出适切的教学方案[10]。

在上一门课之前，拿到教材后，教师或遵循以下步骤：第一步，深入理解国家、学校、学科的教学目标，充分厘清上位目标与下位目标的关系，构建目标体系。第二步，进行校情、学情和学生需求分析。第三步，深入分析教材，包括从前言中找出编者的理念，梳理各单元之间的关系，梳理单元内

各部分之间的关系。第四步，在充分考虑教学中各要素的基础上，深入挖掘教材中的思政元素，设计教学方案。

下面，我们以《全新版大学进阶英语综合教程 1》[13]第一单元“The Pursuit of Dreams”（追寻梦想）的第一篇课文 *Deaf DJ*（《耳聋的打碟师》）为例，详细阐述如何深入挖掘其中的思政元素。在完成上述前两个步骤之后，进入分析的第三步和第四步，具体如下：

第三步，这本教材面向的群体为大一新生，各单元的话题分别为梦想、大学生活、战争与创伤、政客、环境保护和生活方式。第一单元的单元标题为“追寻梦想”，可以看出，本单元的主题为逐梦。通过阅读课文《耳聋的打碟师》，我们发现这篇课文讲述了一位聋人克服重重阻碍，最终成为一名打碟师的故事，其核心也是逐梦。单元引入活动中有钱学森和乔布斯逐梦经历的阅读练习，单元末尾有“My Dream Job”（我梦想的工作）的写作练习。

第四步，紧密结合教材内容，深入挖掘教材中的思政元素。对于钱学森和乔布斯逐梦经历的阅读练习，在讲解快速阅读技巧的同时，我们可以引导学生对比两者的异同。对于课文，可以带领学生深入梳理主人公的经历、遇到的困难及其应对的方式，在学习语言知识的同时，也能让学生体会到追梦的辛酸与快乐，在学生心中埋下一粒精神种子——就算遇到困难，但不到最后一刻也决不放弃。在传授语言知识的同时，将思政教育融入其中。最后是单元末尾练习，其题目为“My Dream Job”（我梦想的工作），在书写之前可以引导学生思考这种工作是否一定是现实存在的。在巩固语言知识的同时，也锻炼了学生敢于质疑的精神和创新思维。

可以看出，教材中思政元素的挖掘不是随意的，需要遵循一定的步骤。就某一种教学材料而言，其能传递的思政价值是有限的，需要教师进行深入挖掘，结合单元主题，重点突出其中的某一点，抓住主要矛盾[14]。与此同时，语言知识是大学英语课程的根本，而思政教育需要有机融入其中，就像盐溶于水[15]，无形无色却又无处不在，于潜移默化中产生深远而持久的影响。

2. 线上教学资源中融入思政元素

成都工业学院大学英语教学目前统一采用的是“线上+线下”相结合的模式。线下的主阵地为课堂，线上则主要依靠两大平台——智慧树平台和 iTEST

智能测试平台。目前，智慧树平台主要用于视频课程的发布和观看，iTEST 智能测试平台则用以进行配套测试和练习。其中，智慧树平台的视频课程主要为大学英语四六级考试相关内容，涵盖听力、阅读、翻译、写作等专题内容。与此同时，在 iTEST 智能测试平台上，除了与智慧树平台视频课程相关的配套练习，其余的则主要是期中课业水平检测的内容。可见，线上平台目前主要倾向考级相关内容，思政元素融入略显不足。

要解决线上教学资源中思政元素融入不足这一问题，需要教研室和任课教师的共同努力。一方面，需要教研室联系实际，把握时代脉络，对线上教学内容进行更新迭代，有机融入课程思政元素；另一方面，也需要任课教师积极利用平台优势，根据授课班级的专业特点、学生特点、学生学习需求等进行个性化的处理，增添有针对性的课程思政元素。通过教研室和任课教师的通力合作，将线上和线下的课程内容进行有机整合，以更好地实现大学英语课程的思政教育目标。

3. 作业和考试内容中融入思政元素

自 2016 年习近平总书记在全国高校思想政治工作会议上发表讲话提出“课程思政”这一概念以来，“课程思政”这一研究问题便日益受到社会各界研究者们的广泛关注。当然，外语界的教师们也不例外，他们从各自的视角和研究专长出发，对如何在课堂教学中有机融入思政元素提出了自己的见解。然而，研究者们的关注点多放在如何在授课内容中进行思政教育，而在作业和考试内容中融入思政元素则或多或少有所忽视。

教学应当是一个闭环，要构建“课前预习—课前准备—课堂学习—课后练习—总结”的“闭环式”结构，引导学生养成良好的学习习惯，督促学生有效、高效学习[16]。因此，若要实现大学英语课程思政的教学目标，在作业和考试内容中有机融入课程思政元素是必不可少的。尤其对于成都工业学院这样一个应用型本科高校而言，这也是培养和检验学生应用能力的重要体现。

在作业和考试内容中融入思政元素，不能生搬硬套，而是要做到润物无声。如在听力题中使用带有一定价值倾向的材料，引导学生树立正确的世界观、人生观和价值观。在阅读材料中选择一些实用性的文段，让学生在学习语言知识的同时也能了解一些实用的知识和技能。在翻译材料的选取上，可以选择一些展现中国优秀传统文化的材料，引导学生树立文化自信。此外，在写作题目的选择上，除了应用文体，也可选择一些思辨性比较强的题目，培养学生的创新思维和敢于质疑的精神。

4. 补充中国传统文化相关知识

“为党育人，为国育才”是教师的使命和担当，教师应当为党和国家的建设与发展培养未来的接班人和栋梁。在传统的外语教学中，教师往往偏重语言知识和技能的教授，却忽视了对学生人文素养与思想政治素质的培养[17]。而大学英语作为一种跨语言、跨文化的学科，更应重视培养学生的文化自信、增强学生文明互鉴的意识和能力。因此，在恰当的时候，教师应适当补充讲授中国传统文化相关知识。

如《全新版大学进阶英语综合教程第 2 册》[18]第二单元标题为“Tales of True Love”（关于真爱的传奇故事），在考虑到教学时间、教学进度等情况下，可适当补充讲解中国和西方的经典爱情故事，西方有罗密欧与朱丽叶，中国有梁山伯与祝英台，还有“孔雀东南飞”。这样，既能达到树立文化自信和促进文明互鉴的作用，也能引导学生树立正确、理性的爱情观。再如成都工业学院的校本化内容——陈毅精神，在讲到相关课文和语言材料时，可以结合时事与时下热点，自然顺带提出。这样做，既能达到与学校思政课同向同行的目的，也能培养学生用外语讲好中国故事的能力。

（二）教学评价层面

1. 多元化评价

在传统的大学英语教学中，评价多为教师向学生做出的单向评价，存在评价效率较低、客观性有所欠缺等问题。随着时代的发展和课程思政教育目标的提出，势必需要进行更为多元化的评价。为响应教育部最新发布的《大学英语教学指南（2020 版）》的号召——着力凸显信息技术和人工智能技术在大学英语教学中的应用[19]，笔者曾结合自身教学实践，尝试构建了基于“云班课+好弹幕”的大学英语信息化教学模式（详见论文《基于“云班课+好弹幕”的大学英语信息化教学改革与实践》，待刊），这一模式能提供包括教师评价、助教评价、自我评价、生生互评、软件智能评价等在内的多元化评价。

教师评价早已问世且被广泛使用。助教评价即借助“云班课”软件的助教评价功能，协助教师进行评价。两者具有一定的相似性，在此不再赘述。而自我评价即让学生进行自我点评，有助于学生形成对自我的认知，同时也能让学生掌握自我评价和自我认知的正确方法。生生互评，既能借助“好弹幕”软件发送弹幕的功能，也能利用“云班课”的评论、点赞等方式展开。这能在一定程度上修正教师评价和学生自我评价的偏误，有利于学生形成对自我正确而清晰的认知。软件智能评价是技术赋能外语教学最为生动的体现，有两种途径可供选择。一方面，教师能利用“云班课”的“智能批改”服务，提高批改的效率和针对性；另一方面，老师也能将一些智能批改软件、智能学习软件等介绍给学生，引导学生学会用软件进行自我评价。如利用批改网、Grammarly 等，引导学生掌握信息技术，授之以渔。

采取多元化的评价模式，既符合成都工业学院应用型本科高校的校情，也满足了前文提出的传授学生方法、授之以渔的大学英语课程思政实施对策，有利于解决学生学习自觉性不足、未能养成良好学习习惯的问题，为学生终身学习、自我教育提供助力。此外，多元化的评价方式，也有助于为学生塑造正确的世界观、人生观、价值观，让学生能正确地认识自己，清晰地找到未来的方向，促进学生德、智、体、美、劳全面发展。

2. 形成性评价

目前，大学英语教学成绩的评定划分为三大块，即平时成绩、期中成绩、期末成绩，不仅关注学生最终的卷面成绩，也对学生的成长发展、点滴进步给予了关注和重视。文秋芳也曾建议，“可将每个学生的努力程度、进步速度与学习成绩共同作为评价依据”[10]。因此，在结合教研室统一规定的前提下，笔者对授课的班级制定了如下规定：

第一，为鼓励成绩在班级中等和中等偏下的学生行动起来，规定平时积极回答问题，无论正确与否，只要敢于尝试，便能获得平时成绩加分。经过实践，发现即使是英语成绩不甚理想的同学，在这样的激励措施下积极行动起来，也能获得比较好的平时成绩。这能帮助学生获得成功经验，对提高学生英语学习动力起到了积极的作用。第二，鼓励学生积极参加英语比赛，如新生英语口语大赛和全国大学生英语竞赛等。为扭转学生唯结果论的倾向，特补充规定：即使未能获奖，只要积极参与比赛就能加分。这既能鼓励学生勇敢进取，也能培养其不屈不挠的精神。第三，结合“云班课”软件，通过对学生的平时成绩进行记录和量化，能直观地看出学生的点滴进步。对于有进步的学生，也会在平时成绩上给予加分。

这种形成性的评价模式，能够帮助学生获得成功经验、激发学生英语学习动力，解决学生偏科较为严重、英语基础差异大和英语学习动力不足等问题，充分发挥大学英语课程的思政育人功能，于无形中、于无声处，潜移默化地改变学生对英语学习的态度，促使学生做出改变，促进学生的进步和发展。

四、结语

本文基于马克思主义哲学的基本原理具体问题具体分析，以应用型本科高校大学英语课程思政为研究对象，尝试针对其特殊性，提出具有针对性的大学英语课程思政实施路径。鉴于过往相关研究多采用“问题—策略”模式，本文尝试构建了“问题/目的—对策—实施路径”模式。针对过往研究多偏重理论层面的阐述，本文以成都工业学院为例，结合自身教学实践，提出并阐释了应用型本科高校大学英语课程思政教学对策和实施路径的具体内容。成都工业学院旨在培养应用型创新人才，学生存在学习习惯欠缺、偏科较为严重、英语基础差异较大、英语学习动力不足等问题，而大学英语课程思政又具有树立学生文化自信、培养学生文明互鉴能力的特殊作用。针对以上问题或培养目的，本研究提出了对应的教学对策，并将这些教学对策内化于实施路径之中。这些实施路径既包括教学内容层面的措施，也涵盖教学评价层面的方法。借此，希望能为应用型本科高校大学英语课程思政的教学研究和实际教学提供一定的参考和借鉴。

参考文献

[1] 中华人民共和国教育部. 教育部关于印发《高等学校课程思政建设指导纲要》的通知[EB/OL]. http://www.moe.gov.cn/srcsite/A08/s7056/202006/t20200603_462437.html.

[2] 宋茂儒，邓远亮. 应用型本科院校“大学英语”课程思政的可行性与实

施路径研究[J]. 成都工业学院学报，2021，24（2）.
[3] 罗红霞. 应用型本科院校大学英语课程思政有效教学研究[J]. 兰州文理学院学报（社会科学版），2022，38（3）.
[4] 韩延利. 基于POA的应用型高校大学英语课程思政教学模式的创新与实施[J]. 太原城市职业技术学院学报，2021（10）.
[5] 安传达，秦丽波. 应用型高校大学英语课程思政学生主体模式实践探索[C]//奋斗的足迹——献给北京科技大学天津学院建院十五周年论文集，2020.
[6] 廖菲，龚苇，吴静. 应用型高校大学英语教学与实践的“课程思政”创新案例研究[J]. 海外英语，2019（18）.
[7] 吴中江，黄成亮. 应用型人才内涵及应用型本科人才培养[J]. 高等工程教育研究，2014（2）.
[8] 中国社会科学院语言研究所词典编辑室. 现代汉语词典[M]. 北京：商务印书馆，2016.
[9] 文秋芳. 英语专业创新人才培养体系的研究与实践[J]. 国外外语教学，2002（4）.
[10] 文秋芳. 大学外语课程思政的内涵和实施框架[J]. 中国外语，2021，18（2）.
[11] 黄国文. 挖掘外语课程思政元素的切入点与原则[J]. 外语教育研究前沿，2022，5（2）.
[12] 吴晶，胡浩. 习近平：把思想政治工作贯穿教育教学全过程[N]. 新华社，2016-12-08.
[13] 李荫华，季佩英，冯豫. 全新版大学进阶英语综合教程第1册[M]. 上海：上海外语教育出版社，2017.
[14] 王敏，王滨. 热观察与冷思考：新时期推进“课程思政”改革的必然选择[J]. 教育探索，2019（1）.
[15] 王学俭，石岩. 新时代课程思政的内涵、特点、难点及应对策略[J]. 新疆师范大学学报（哲学社会科学版），2020，41（2）.
[16] 郭杨，张泽旭，王巍. “课程思政”视域下的闭环式教学路径探索[J]. 黑龙江纺织，2022（2）.

[17] 范铁英. 在教学中发挥外语优势，讲好中国故事[J]. 湖北开放职业学院学报，2021，34（23）.
[18] 李荫华，范烨，梁正溜. 全新版大学进阶英语综合教程第 2 册[M]. 上海：上海外语教育出版社，2017.
[19] 教育部高等学校大学外语教学指导委员会. 大学英语教学指南（2020 版）[M]. 北京：高等教育出版社，2020.

地方应用型本科院校形势与政策课校外实践教学基地建设探析
——以成都工业学院为例

◎ 陈利燕　罗英　李健怡

[成都工业学院学生工作部（处）、马克思主义学院、机关第二党总支　四川成都　611730]

【摘　要】加强形势与政策课校外实践教学基地的建设是深入推进形势与政策课实践教学改革的要求，是提升地方应用型本科院校形势与政策课实践教学实效性的要求，也是促进学生德智体美劳全面发展的需要。近年来，成都工业学院根据形势与政策课程改革方案，对形势与政策课实践教学进行改革探索，着重打造了形势与政策课实践教学基地建设，初步形成了以“形势与政策大讲堂”为引领，以实践教学基地为平台的“五位一体”教学模式，在一定程度上促进了实践教学基地建设的制度化、规范化、稳定化。

【关键词】形势与政策课；实践教学基地；模式；机制

高校思想政治理论课承担着立德树人的使命与责任，具有鲜明的意识形态属性，肩负着“为党育人、为国育才”的重要使命。思想政治理论课实践教学是思想政治理论课的重要组成部分，实践教学基地的建设是不断提升实践教学效果实效性的关键。近年来，成都工业学院在学校应用型本科院校转型发展过程中，积极推动形势与政策课教学改革，不断加强校外实践教学基地建设，探索符合学校特色的校外实践教学基地建设模式。

一、形势与政策课校外实践教学基地建设的意义

（一）深入推进形势与政策课实践教学改革的要求

2004 年中共中央、国务院《关于进一步加强和改进大学生思想政治教育

的意见》中明确指出，高等学校要把社会实践纳入学校教育教学总体规划和教学大纲，规定学时和学分，提供必要经费。重视社会实践基地建设，不断丰富社会实践的内容和形式，提高社会实践的质量和效果。2005 年中共中央宣传部、教育部《关于进一步加强和改进高等学校思想政治理论课的意见》，进一步强调了实践教学的重要性，并对实践教学的课程设置、教学安排、组织管理等具体环节作出了明确规定。2015 年中央宣传部、教育部《关于印发普通高校思想政治理论课建设体系创新计划的通知》，以创新的思维进一步丰富了实践教学的内涵，提出了齐抓共管的实践教学大格局，把高校思政课实践教学建设工作推向了一个新的高度。2017 年中共中央、国务院《关于加强和改进新形势下高校思想政治工作的意见》，提出要加强实践教学基地建设，建立健全国家机关、企事业单位、社会团体接收大学生实习实训制度。习近平总书记在学校思想政治理论课教师座谈会上讲话强调，着力推动思政课改革创新，要深刻把握“八个相统一”，强调要坚持理论性和实践性相统一，用科学理论培养人，重视思政课的实践性，把思政小课堂同社会大课堂结合起来。党中央、国务院的一系列文件精神，不仅强调了实践教学在思想政治理论课中的重要地位，也指明了校外实践教学基地建设的重要性，对如何提高实践教学的实效性指明了方向。

（二）提升地方应用型本科院校形势与政策课实践教学实效性的要求

根据国家、省市关于推动高等教育内涵式发展和地方普通本科高校转型发展的部署要求，地方应用型本科院校人才培养要充分与地方需求相结合，不断提升实践教学实效性，增强学生动手实践能力，加强校外实践教学基地建设。形势与政策课是理论武装时效性、释疑解惑针对性、教育引导综合性都很强的一门高校思想政治理论课，对于教学内容和时效性有特殊要求，更需要与社会大课堂结合，紧贴社会时事。校外实践教学基地作为形势与政策课实践教学的重要载体，在地方应用型本科院校大力建设校外实践教学基地的总体规划下，正好为开展形势与政策课校外实践教学提供了平台，对于培养大学生的创新精神和实践能力，有效提升形势与政策课实践教学的针对性、实效性和感染力，增强实践教学效果具有重大意义。形势与政策课要以立德树人为根本，以生为本，结合学校应用型人才培养的特色，积极加强校外实践教学基地建设，不断提高实践教学的实效性。

（三）促进学生全面发展的需要

习近平总书记2018年在全国教育大会上提出，要培养德智体美劳全面发展的社会主义建设者和接班人，德、智、体、美、劳五个方面一个都不能少、一个都不能弱。青年是国家的未来，是实现“两个一百年”宏伟目标的建设者和见证人。但是，由于自身阅历尚浅，社会经验有限，大学生对事物的认知不够全面，对于某些事物难以辨别真伪。加之新时代的大学生对网络的依赖性特别强，他们接收信息的渠道更为丰富，网络的隐蔽性使网络信息更是真伪难辨，容易使大学生受到不良信息的影响，导致其产生迷茫、沮丧、自暴自弃等负面情绪。特别是对于在社会主义建设发展过程中一些社会现象和社会问题的认识，更需要青年到社会实践中去体会、感悟。加强形势与政策课实践教学基地建设，提升实践教学效果，对于帮助大学生理解和巩固马克思主义中国化最新理论成果具有重要意义，能够帮助大学生更直观、生动地加深对国情、社情、民情的了解，增强大学生的社会体验；能够培养大学生自觉运用马克思主义基本理论、原理和方法解决实际问题的能力，帮助引导大学生形成科学的世界观、人生观和价值观，培养良好的道德品质。因此，要不断加强实践教学基地建设，让学生在社会实践中能厚植爱国情怀、坚定理想信念、练就过硬本领、勇担时代使命、锤炼品德修为，这是培养学生全面发展的需要。

二、形势与政策课校外实践教学基地建设的原则

（一）思想性与有效性相结合的原则

形势与政策课实践教学基地建设首先要体现思想性。思想政治理论课是落实立德树人根本任务的关键课程，肩负着为党育人、为国育才的重要使命，具有鲜明的政治属性。实践教学基地的建设要体现思想性，要有助于帮助大学生更加深刻地理解和巩固马克思主义中国化最新理论成果。在形势政策课校外实践教学基地的建设上，要坚持马克思主义指导地位，以习近平新时代中国特色社会主义思想为指导，全面贯彻和落实党的教育方针，坚持社会主

义办学方向，落实立德树人的根本任务，在党的坚强领导下，以生为本，坚持德育为先、五育并举，筑牢学生的理想信念，增强爱国情怀，提升品德修养，拓展知识见识，以及培养奋斗精神和综合能力。思想政治理论课与专业课最大的区别在于它不仅仅是理论知识的传授，更重要的还具有政治教育功能，要坚持思想性与实效性相结合的原则。在实践教学基地的选择上，要服从课程教学的目的需要，提升实践教学基地建设的有效性。结合理论课程教学内容，充分挖掘校外实践教学基地的思想政治育人功能，用习近平新时代中国特色社会主义思想铸魂育人，引导大学生树立正确的世界观、人生观和价值观，培养德智体美劳全面发展的社会主义建设者和接班人。

（二）系统性与整体性相结合的原则

形势与政策课校外实践教学基地建设要注重系统性和整体性。系统观念是马克思主义认识论和方法论的重要范畴，在形势与政策课校外实践教学基地的开发和利用过程中要把握系统性，自觉地坚持和运用系统观念，遵循整体性、结构性、层次性、开放性的思维方式，在基地的建设上体现出全局性、整体性、有序性、动态性等要素。在整体专业人才培养计划中，将形势与政策课实践教学基地建设纳入其中，与校内理论课教学、实践教学相结合，统一安排、统筹建设，多点发力、全面深化。作为地方应用型本科高校，要瞄准服务区域经济社会的发展，培养高水平应用型人才，在形势与政策课校外实践教学基地的建设中，要牢牢把握地方应用型高校人才培养特色，加强与专业课校外实践教学基地的联动，充分挖掘地方区域特色，统筹规划实践教学基地建设，服务应用型人才培养。同时，学校要统筹推进基地建设，整合教务处、人事处、学生工作部（处）、校团委等部门的力量，为实践教学提供强有力的组织保证。

（三）互补性与创新性相结合的原则

增强形势与政策课校外实践教学基地之间的互补性。形势与政策课对于教学内容和时效性有特殊要求，讲授专题紧跟社会时事，既是稳定的又是不确定的，校外实践教学基地的教育功能需要多样化，包括思想教育、政治教育、道德教育、劳动教育、爱国主义教育、国情认识等方面。因此，需要结合课程实际建立不同类型的基地，以充分发挥实践教育基地不同的教育功能，实现实践教学基地之间的教育功能互补。单靠形势与政策课一门课程建设有很大的难度，因此，形势与政策课校外实践教学基地的建设与开发要注重与其他四门思政课程校外实践教学基地建设互补，避免重复建设导致资源的浪费。在实践教学基地建设上要有创新性，充分挖掘思想政治教育内容，促进思政课程的协同联动，相互补充。同时，要与其他专业课程同向同行，在校外实践教学基地的建设过程中，找准结合点、切入点、着力点，紧跟时代的发展，创新实践教学的内容和形式，形成适应学校发展和人才培养需求的特色品牌的校外实践教学基地。

（四）稳定性与互惠性相结合的原则

形势与政策课校外实践教学基地建设要具有相对稳定性。形势与政策课实践教学基地是促进大学生全面发展的有力平台，思想政治教育元素的充分挖掘、课程的开发、实践教学模式的建设需要投入巨大的精力。同时，校外实践教学基地的建设是系统性、整体性推进的，各基地的建设是体系化的建设，因此实践教学基地建设具备相对稳定性尤为重要。学校要与校外实践教学基地建立长期、稳定的合作关系，才能将实践教学引向深入，形成较为成熟的实践教学模式，提升实践教学的实效性。因此，学校在校外实践教学基地的建设和开发中，要与实践教学基地建立互利互惠、互动互进的关系，一方面，充分发挥实践教学基地在思政课实践教学和人才培养中的作用，助力学校培养德智体美劳全面发展的人才；另一方面，充分发挥高校人才优势，为当地经济社会发展服务，进而最大化地开发实践教学基地的育人功能，保持实践教学基地的稳定性。

三、形势与政策课校外实践教学基地建设模式与运行机制探析

建设多元化的实践教学基地是形势与政策课实践教学取得实效性的关键所在。笔者所在学校形势与政策课根据课程改革方案，在学校“地方性、应用型、开放式”的办学特色，深入实施以“产教五融合”为特征的应用型人才培养模式的全面改革与创新下，对形势与政策实践教学进行了改革探索，

着重打造形势与政策课实践教学基地建设，初步形成以“形势与政策大讲堂”为引领，以实践教学基地为平台的“五位一体”教学模式，在一定程度上促进了实践教学基地建设的制度化、规范化、稳定化。笔者所在学校形势与政策理论课建有六个校外实践教学基地：大邑建川博物馆、陈毅故里、小平故里、四川长征干部学院雅安夹金山分院、雷波县莫红乡人民政府、昭觉县古里镇人民政府。

笔者所在学校形势与政策课校外实践基地建设主要有两种模式：一是参观型。主要以爱国主义实践教育基地为依托，参观调研学习型基地。例如，在校内教学周期间，利用周末时间组织部分学生分批赴陈毅故里、大邑建川博物馆、小平故里参观调研。二是项目型。以调研乡村振兴、考察国情等社会热点问题为中心的项目型实践教学基地。例如，将悬崖村、雷波县莫红乡、四川长征干部学院雅安夹金山分院，作为学校学生暑期社会实践教学的重要实践基地及第二课堂。

在校外实践基地的建设运行上，学校主要从组织机构、经费投入、队伍建设、评价体系等方面保障了实践教学基地的有效运行。

（一）健全政策保障机制

实践教学基地的有效运转离不开政策保障机制的建立。通过建立一系列管理制度，促进基地有序、规范、稳定化运行。首先，学校要与基地单位协商，建立健全实践教学基地的组织领导机构。在组织领导机构的领导下，形成一套校外实践教学基地有序运转的机制，包括制定和完善教学运行机制、教师责任机制、学生管理制度和安全管理机制，促进基地工作有序、规范运行，有章可循。其次，要加大经费保障力度。学校和实践教学基地要围绕基地育人服务投入相关经费，包括课程开发、基地运行保障、学生实践保险、车费、餐费等。同时，积极争取地方、国家的经费投入，保障基地实践教学顺利运行。例如笔者所在学校与六个校外实践教学基地分别签署了合作框架协议，按照协议内容，分别成立了专门的管理协调小组，为加强基地建设整合了校内外力量。在校外实践教学过程中，学校教务处、学工部、校团委结合部门职能职责制定了相应的激励政策，为校外实践教学的有效开展提供了保障，充分调动了师生的积极性。另外，在组织学生校外实践的过程中，学校和马克思主义学院均配套给予了校外实践教学专项经费支持，为校外实践教学的顺利开展提供了经费保障。

（二）强化人才保障机制

实践教学基地要充分发挥育人作用，一支专业的实践指导教师队伍是关键。要打造一支校内校外相结合的专兼职实践指导教师队伍，一是不断提升校内实践教师队伍的实践教学与科研能力。教师实践教学能力的提升一方面需要通过实践教学经验的不断积累，另一方面也需要提高教师自身的教研能力，为实践教学储备系统化的理论知识。比如，成都工业学院作为陈毅元帅的母校，学校高度重视对陈毅精神的研究和对红色资源的挖掘，专门成立了校陈毅研究会、成都工业学院传统文化研究院等研究机构，为教师深入研究陈毅精神等红色文化创造了条件，从而不断提升教师教研能力，打造了一支专业的以传承“陈毅精神”为代表的红色文化教研队伍。同时，与地方共建实践教学基地，使教师不仅是课程的实施者，而且成为课程的研究者、开发者，为教师的专业发展和创新能力提供发展平台。二是加强与地方的联系与合作，充分发挥校外实践教学基地专业人才的作用，通过聘请基地的有关人员做学生实践教学指导老师、开展讲座及教研等活动，提高实践教学质量。

（三）建立评价反馈机制

健全多元化考核评价体系，完善学生学习过程监测、评价与反馈机制。及时收集学生对实践教学评价的反馈。在每次实地参观后，及时追踪学生反馈情况，结合实际情况改进完善，不断提升实践教学的实效性。例如，成都工业学院于 2017 年 5 月学校与陈毅故里管理局签订了合作协议，共建实践教学基地，结合大一新生的“陈毅精神”专题教学持续组织学生参观“陈毅故里”教学实践。截至目前，已有 2 000 余名学生受益。实践教学实行过程性评价与终结性评价相结合的弹性考核制，注重对学习和实践过程的要求和考查。在每次参观完后，学生要按要求填写“校外参观记录表”并同时抄写在“形势与政策课实践教学学习与实践记录手册”上，内容包括：参观内容、感受收获以及对校外实践教学活动的建议。学生返校后，通过 PPT 等形式与班级同学分享参观内容、感想；同时，学校也将学生参观感受、对实践教学的建议反馈至陈毅故里实践教学基地。双方教学团队定期进行研讨，不断改进实践教学内容和模式，增强实践教学基地的育人效果。

此外，对于地方应用型本科高校来说，形势与政策课校外实践教学基地的建设要充分结合地方经济社会发展需要，积极争取地方政府的支持，充分发挥区域资源优势的作用，以立德树人为根本任务，深入挖掘地方思想政治教育资源，在互利互惠的原则下，将校外实践教学基地建设与服务地方经济社会发展相结合，聚焦地方需求，积极对接地方对于高校师生参与地方建设的实际需求，通过定期选派思政课教师和学生前往实践基地进行社会考察和实地调研，提供政策咨询、发展规划设计等，为当地经济社会发展把脉，提供思路和意见、建议，服务当地经济社会发展。同时，也将此作为师生了解社会的窗口，提升教师实践教学能力，从而提升实践教学实效性，提高人才培养质量和服务经济社会发展能力，真正实现校地共荣共生共发展。

参考文献

[1] 刘同舫. 高校思想政治理论课的功能及其实现[J]. 思想理论教育导刊. 2021（12）.

[2] 于春梅，潘贺男，王春梅. 高校思想政治理论课实践教学基地共建共享[J]. 齐齐哈尔大学学报（哲学社会科学版），2020（11）.

[3] 孙长轮. 新时代大学生实践基地建设的思想政治教育功能再探[J]. 学校党建与思想教育，2019（9）.

[4] 习近平. 学校思想政治理论课教师座谈会讲话[EB/OL]. 央视新闻网，2019-03-18.

[5] 熊晓琳，杨增崇. 高校思想政治理论课社会实践制度化建设：困境与突破[J]. 学校党建与思想教育，2015（4）.

人才培养与院校发展

“五育并举”高校人才培养体系的研究与实践

王平[1]　李传学[1]　杨强[2]

（1. 成都工业学院网络与通信工程学院　四川成都　610730；

2. 成都信息工程大学自动化学院　四川成都　610225）

【摘　要】“五育并举”作为高校人才培养的新出路，具有鲜明的时代背景。传统高等教育形成了智育优先的教育惯性，不利于培养全面发展的人才。高校要构建“五育并举”人才培养体系，就要重新审视教育的本质内涵，尊重实践主体的差异性，找到“五育并举”切入点，聚焦课程“五育性质”，建立“五育”实践机制，打造“家校共培”“企校共育”的“五育”生态，完成“内化五育”实践目标。通过构建“五育并举”人才培养体系，培养一批德智体美劳全面发展的人才。

【关键词】五育并举；人才培养；高校

“五育并举”，是各高等院校人才培养的新出路。在鲜明的时代背景下，党和政府提出了“立德树人”和“五育并举”的教育原则，这是对高校教育环节的重新审视。在传统高等教育中，出现了很多智育为先、他育滞后的人才培养现象[1]。“立德树人”的提出，是对高校育人行为片面性的第一层拷问，也给高校重新审视教育水平和人才质量提供了宏观依据。“五育并举”的提出，更是对“立德树人”的补充，为高校建立完整的“德智体美劳”全方位人才培养机制提供了政策支撑。各高等院校要在人才培养上，以德育为先，在人才培养的全过程融入并落实德育、德检、德评，促进智育、体育、美育及劳育共同发展，突破各领域、各专业人才能力培养的单一性，最终实现大学生能力多样性的培养。

一、“五育并举”人才培养的理论本质

（一）“五育并举”的权重关系

从字面意义上来看，“五育并举”中德育、智育、体育、美育和劳育的概念是平等的，并且这五种教育方向需全面全方位平衡发展。很多学者认为[2]，“五育并举”是“五育并重”的关系，实际上，从语义学的角度来分析，“五育并举”中的“并”并不等同于“相等”或者“并行”。首先，“五育”互相渗透，相比独立的“五育”更有意义。在高校中，“五育并举”中的德育、智育、体育、美育和劳育在实践时间上是可以有权重的。高校在教育环节“五育”的时间配比中，从表面以割裂的独立的角度来看，在智育方面配置的课程占大多数，而在德育、智育、体育、美育和劳育方面配置的课程基本上以选修课的形式出现，甚至不出现。但是，这样的现象并不能说明这些高校在“五育”上是“不作为”的，相反，很多高校在“五育并举”上出现了很多有代表性的成果[3]，这正是对“五育并举”中“并”的有力解读。“并”，从语义上来说，还有相融相合的含义。如果把相融相合的事物以割裂的形态来看，就必然会出现失衡的局面[4]，“五育并举”这一概念也如此，因此不能单纯地从具有时间配比概念的课程设置上去评价一所高校在“五育”上的“作为”与“不作为”。如果用“相融相合”去理解其中“并”的含义，则更能具体地对高校人才培养机制进行理解和评价。高校的“五育”培养一般在一个特定的时间和空间里，践行“五育”中其中的某几个教育方向，如“德智”结合、“体智”结合、“体美”结合、“智美劳”结合等，而不是纯粹的“智”。不可否认，高校承担着为社会传播知识和技能的角色，是社会经济发展的重要动力来源，这就决定了高校必须在课程的时间分配上以“智育”为中心，在其他“四育”上不能独立地设置太多课程，因此，“相融相合”的“五育并举”相比“并行并重”的“五育并举”对高校人才培养更具有指导意义。

（二）“五育并举”的基本要义

由前文分析可以得出“五育并举”并非“五育并重”的结论，因此，要进行“五育并举”实践活动，理清“五育”的含义和关系是关键。第一，关于智育，中共中央、国务院印发的《中国教育改革和发展纲要》中首次提出

“德智体”三育时，把“德”置于“智”之前，强调了德育是教育的底层承托。不可否认，智育在高校教育过程中具有重要作用，承担着为国家和社会培养战略创新人才以及工程实践型人才的重要任务。同理，德育作为“五育”之首，有其必要的原因和价值存在，对整个社会是否能形成和谐共处的关系具有关键作用[3，4]。高校做好品德教育，在人才培养中，引导大学生树立正确的三观，使其成为心理健全、品德优良的人，对推动国家和社会进步具有重要意义。第二，智育之于其他五育，仍是重要核心。依托于专业课程的开设，高校在不同领域不同专业的人才培养上形成了不同的办学特色，智育风格、智育活动也各不相同，但是，智育在不同高校中的地位是同等重要的，这是由于各高校深谙其自身发展倚仗智育培养水平，社会和教育部门在评价高校时也以其智育水平为核心评价标准。因此，不少高校在践行“五育并举”时，其教育方向仍以培养一批能创新、能工程、能实践的“智育”人才为主[5]。第三，体育之于其他五育，是重要保障。健康的身体、健康的心理，使高校大学生能够完成其他五育活动，丰富大学生活的内涵，为大学生进入社会工作，为社会做出贡献做好铺垫。五育中体育之“体”之“育”，指的是身体器官各项机能的强健，毋庸置疑，强健体能，已经成为体育目标认知的共识。第四，五育之“美育”，不只引导高校大学生学会审美。多数学者认为，“五育并举”中的美育，是对高校大学生审美水平的引导，包括事物美、人性美、行为美。这种美育的前提是高校大学生对于“美”的认知的思维完整度高，有健康的审美框架。而高校大学生的原生家庭、童年遭遇、学习经历各不相同，因此在成长过程中受到的正面和负面的刺激也各不相同。受遗传、特殊事件的影响，不少大学生存在不少心理方面的问题，包括原生审美能力缺失[6]。高校教育中的美育除了包括审美水平的提升，还包括重建大学生的审美能力。第五，高校人才培养中的“劳育”，除了培养大学生基本的劳动技能，还应当培养学生工程实践上的动手能力。通过面向新工科背景的工程培育活动，呼应地方经济对工程人才的需求，呼应国家在国际竞争中对高水平科技人才的需求。

（三）“五育并举”的多元性

依托于“智育”的全面推动和覆盖，新时代社会经济得到急速发展和膨胀，“如何应对新时代背景下人与人、人与科技的问题”“教育之于人的本质目标是什么”，成为社会性关注的话题[7]。这也说明“五育并举”的理解具有多样性，实践“五育并举”的个体可以根据自身实际情况，有差异、有个性地探索不同实践路径。从实践主体来看，“五育并举”也应具有多元内涵和意义：教师视角的育人能力的新考验，大学生视角的学习形式的新考验。因此，“五育并举”可以不限制大一统的实施路径，尊重实践主体的差异性，从教师、学生等视角展开实践活动。

二、“五育并举”人才培养体系构建之路

（一）“五育并举”从哪里出发

构建“五育并举”人才培养体系，可以“某域”为切入点，促使“五域并举”。教育的本质目标是，根据社会发展的特点，传递社会生产和生活经验，促进人的发展，培养社会所需要的人才[8]。“五育”是教育内容、方向和领域的分类，强调人在获取教育时的不同“质”。基于对社会经济的基本认知，人类探索并致力于推动其发展的领域大致可以分为“德域”“智域”“体域”“美域”“劳域”[9]。依赖于人在“五域”的产出，国家社会经济得以快速发展。不同的国家和地区，由于“五域”的侧重点不同，形成了不同特色文化和发展现象。例如，伊朗侧重用宗教引导“德域”和“美域”的方向，形成了颇具宗教特色的文化，同样也在地方历史建筑上形成了强烈的美学色彩。结合上文已经得出“五育并举”不等同于“五育并重”的结论以及实践主体具有差异性的结论，高校在构建“五育并举”人才培养体系时，可以有侧重领域，且要有正确的“五育并举”切入思路，可以结合办校特色、办校定位、办校风格，从优势学科和领域入手，切入“五育并举”。例如，民族类高校可以“德域”为切入点，理工类高校可以“智域”为切入点，体育类高校可以“体域”为切入点，艺术类高校可以“美域”为切入点，高职技校可以“劳域”为切入点。

（二）“五育并举”之路应该怎样走

要打造“五育并举”人才培养体系，具体的实践方法和措施是关键。第一，“轻装上阵”，可以利用已有的课程，通过具体划分课程的“五育性质”，

系统地实践“五育课程”，按照课程的具体“五育性质”有侧重地展开“五育”，形成初步的“五育”人才培养体系。比如，在高校中，可以将“思想道德与法律基础”“形势与政策”“毛泽东思想与中国特色社会主义理论体系概论”“中国近现代史纲要”课程“五育性质”划归为“德育”，进而在这些课程中重点开展“德育”：在讲解“思想道德与法律基础”课程时，有侧重地强调除了法律对人类行为的约束、社会道德对法律之外的人类行为的约束补充；在讲解“形势与政策”中的政策形式、国际关系和国内外重点事件时，引导大学生认清当前中国所处的国际环境，使其形成“只有国强，才能民强”的爱国逻辑；在讲解“毛泽东思想与中国特色社会主义理论体系概论”时，引导大学生决心为社会主义事业奋斗；在讲解“中国近现代史纲要”时，让大学生牢记历史，不忘使命。第二，要开展“五育”特色活动，强化“五育”深度，形成“特色五育”人才培养体系。通过“轻装上阵”的大学课程开展五育，虽然见效快，但是影响不够深刻。为了使“五育并举”进一步融入高校人才培养体系中，可以在高校中形成一套有规划的“四年制”实践活动机制和相应的指导文件，使大学生在校期间能够逐步深入参加这些有意义的“五育”活动。比如，针对美育，可以开展艺术画展、文化长廊、口才演讲、唱响校园等基本美育活动，也可以开展“川剧变脸”、二胡演奏、琵琶演奏、古体文字展览等传统文化艺术活动，还可以开展现代舞、乐队、芭蕾舞剧等当代艺术活动。第三，打造“家校共培”“企校共育”的教育生态环境，全方位引导高校大学生养成高水平“五育素养”，形成“全面五育”人才培养体系。有学者认为，当代大学生“五育素养”水平的高低，很大程度上受家庭教育的影响[10]。家庭教育作为“五育素养”水平的决定因素之一，应当纳入“五育并举”人才培养体系，例如，高校通过学生家庭联系信息，与大学生家庭进行互动，推荐大学生家庭完成一些有意义的“家庭五育实践项目”，并安排大学生通过撰写实践报告的形式反馈实践心得和收获，以此来达到“家校共培”的目的。达成“五育并举”的关键举措可以是“高校内育”“家校共培”，也可以是“企校共育”。企业作为高校人才培养体系的直接受益方，应当承担部分培养高水平“五育素养”大学生的社会责任。例如，高新企业提供校企合作平台，用于高校大学生进行工程实践；运动俱乐部和高校联动，举行特色体育赛事；美术馆、博物馆提供特色展览活动等。

（三）“五育并举”终点在哪里

要实践好“五育并举”人才培养体系，“内化五育”是重点。“五育并举”作为一项长期的实践，没有终点可言。“五育并举”，既可以视作实践举措，又可以视作实践目标。前文都将“五育并举”视作实践举措，当其视作实践目标时，要系统地归纳“五育并举”在不同层面上应当达成的目标。首先，要实践好“五育并举”人才培养体系，就要有一套系统的五育机制，从“硬件”上“内化五育”。从人才培养方案的课程设定，到教学教材的五育关联，到教学 PPT、教案和大纲的五育体现。其次，高校内部不同角色层面，以人为主体，“内化五育”。在领导干部层面，展开“五育并举”实践条例、方案的专项研讨；在教师层面，展开“如何在课程中实践‘五育并举’”的研修；在学生层面，建立关于“五育素养”的评价体系。高校可以从上文所述的不同角度“内化五育”，从而完成构建“五育并举”人才培养体系的目标。

三、结语

高校构建“五育并举”人才培养体系，培养全面发展的人才，具有重要意义。“五育并举”的教育原则，是健康家庭和谐相处的需要，是科技企业长远发展的需要，还是中国发展特色社会主义的需要。高校构建“五育并举”人才培养体系可以分以下三步走：通过“德域”“智域”“体域”“美域”“劳域”切入“五育并举”；通过赋活课程性质、开展特色“五育”实践活动、打造“家校共培”和“企校共育”教育生态形成具体的人才培养体系；通过“内化五育”最终形成一套有生机活力的人才培养体系。

参考文献

[1] 冯建军. 构建德智体美劳全面培养的教育体系：理据与策略[J]. 西北师大学报：社会科学版，2020，57（3）.
[2] 颜怡，冯益平. 高校“五育并举”育人体系构建研究[J]. 学校党建与思想教育，2021（20）.
[3] 吴长青，林可夫，苏强. “五育文化”特色育人的探索实践[J]. 教育研究，

2017，38（3）.
[4] 刘登珲，李华.“五育融合”的内涵，框架与实现[J]. 中国教育科学（中英文），2020，3（5）.
[5] 熊梅. 当代综合实践活动课程开发的理论基础[J]. 教育研究，2001（3）.
[6] 桑新民. 对“五育”地位作用及其相互关系的哲学思考[J]. 中国社会科学，1991（6）.
[7] 李美凤，李艺. 人的技术化之合理性辩护[J]. 科学技术哲学研究，2008，25（1）.
[8] 顾明远. 教育大辞典：增订合编本（上）[M]. 上海：上海教育出版社，1998.
[9] 魏善春. 基于五育融合的课堂教学重构：样态，理念与实施[J]. 中国教育科学（中英文），2021，4（3）.
[10] 钟柏昌，刘晓凡. 论“五育融合教育”[J]. 中国电化教育，2022（1）.

基于产业需求的飞行器控制与信息工程专业“3+X”人才培养方案制定

◎ 王艳萍　严月浩　王启宇　贺拾贝　胡明朗　邓萍　白风　张洁馨

（成都工业学院汽车与交通学院　四川成都　611730）

【摘　要】人才培养方案制定是高校人才培养中的重要环节，应用型高校如何准确把握地方经济发展现状和趋势，实现高等教育与区域社会经济的协调发展，在应用型专业人才培养中切实面向地方行业需求，提升区域社会经济发展推动力和行业服务能力至关重要。成都工业学院飞行器控制与信息工程专业教研室在充分调研四川无人机产业分布、归纳技术类别的基础上，制定了“3+X”专业人才培养方案，力争走出产业链、技术链、教育链相结合的新工科建设之路。

【关键词】飞行器控制与信息工程；人才培养；产业需求；无人机

成都工业学院在航空领域人才培养方面较早就有涉足，早在1942年四川省立成都高级工业职业学校（成都工业学院1925年10月—1950年11月校名）时期，学校为了支持抗日战争就开办了航空维护科，于1944年增加航空机械技术科，时任教育部部长陈立夫调拨了两架飞机和若干发动机供教学之用，学校编著航空维护专业教材若干，培养了一批专业人才，为抗战胜利作出了应有的贡献。

随着时代的变迁，在2013年学校百年校庆上，深圳莲花百川科技有限公司向学校捐赠了价值100万元的无人机设备，建立了校企合作无人机开放实验室。2016年1月学校同所在区域郫都区人民政府签订共建“四川无人机创新创业基地及产业研究院”协议，在菁蓉镇联合打造无人机创新创业基地，同年成立无人机产业技术研究院；2016年9月，学校招收了无人机应用技术专业专科学生30人；2017年学校依据“服务地方产业发展以及学校学科布局”

原则，申报了以为航空航天产业培养具有“扎实的飞行器控制与信息工程专业知识，过硬的无人机‘用’‘控’‘研’技能”的高素质应用型工程技术人才为目的的飞行器控制与信息工程（简称“飞控信”）本科专业，于 2018 年正式招生，并于 2022 年通过教育部普通高等学校本科专业备案与审批。

近年来，无人机功能越发强大，发展迅速，但我国对于无人机应用技术的人才培养相对滞后。目前已开设飞行器控制与信息工程专业的高校包括：北京航空航天大学、西北工业大学、南京航空航天大学、四川大学、中国消防救援学院、电子科技大学、成都工业学院、西华师范大学、平顶山学院、吉林动画学院、中原工学院及其他一些专科院校。其中高水平大学大多依托原有相关优势专业进行飞控信专业建设，载体多为大型固定翼飞机；某些高校的人才培养则可能根据学校特色具有特别的应用领域，如消防救援或航拍摄影；专科院校培养目标则较低，主要面向无人机组装、调试、维修、飞手培养[1]。

成都工业学院作为应用型本科院校，在新兴专业建设中需要注重挖掘自身专业特色，坚持“根植地方、魂在应用”的办学定位，防止陷入专业同质化的困境，避免将“新专业”办成“僵专业”。因此，本文将探究教育链与产业链、技术链的有机融合，详细阐述飞行器控制与信息工程专业基于产业需求的人才培养目标设定与“3+X”课程体系建设思路[2]。

一、产业需求分析

（一）无人机产业链

无人机产业链由上游无人机关键部件和原材料的生产制造，中游无人机整机制造和下游无人机应用服务构成（见图 1）。上游为技术密集环节，具体包括机体关键组成部件、任务载荷的软硬件设计制造和机体所用金属材料、复合材料的研制；中游为无人机组成系统的研发与整机的组装生产，整机类型分为军用无人机和民用无人机，民用无人机又可细分为消费无人机和工业无人机。下游是无人机的应用与运营服务，如在军事侦察、航空拍摄、灯光表演、农林植保、灾难救援、物流运输、电力巡检等领域的应用服务，以及由租售服务、适航服务、维护维修、保险与教育培训等环节构成的运营服务[3]。

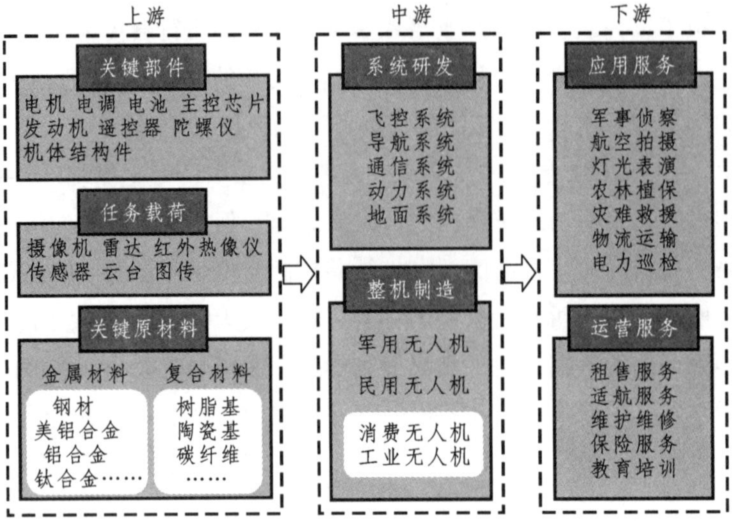

图 1　无人机产业链

四川是我国的航空大省和航空强省，基础雄厚、特色鲜明、产业链齐全，拥有成都飞机（集团）有限公司、中航工业成都飞机研究所、中航工业成都发动机（集团）有限公司等 40 余家中大型国有航空企业，注册了以成都纵横大鹏、沃飞长空、天麒科技等为代表的民营无人机科技公司 2000 余家。省会成都依托深厚的产业基因，在无人机整机制造、应用及运营服务领域发展迅速，已成为我国工业级无人机的产业中心。

（二）无人机技术链

无人机技术链是一系列支撑无人机产业活动关键技术环节的链接，是支撑产业链运行和发展的基础。在无人机产品生产加工过程中，技术链由核心元件技术、关键制造技术、产品架构技术三个环节组成。由无人机组成系统的设计开发所对应的技术来分析无人机技术链，一般可以分为动力技术、飞行控制技术、导航技术、无线通信技术、机体结构设计技术、机体材料技术、图像传输技术、地面站技术、空管技术九部分，如图 2 所示。

（三）教育链与产业链的衔接

无人机产业链上游的人才需求主要是掌握先进技术、具有创造性思维的技术密集型和知识密集型人才，且上游关注无人机零部件的研制，存在“面分散、点深入”的特点，考虑到成都工业学院以培养应用型人才为根本，以建设特色鲜明的应用型大学为目标，并不适宜从上游某细分领域着手创办新专业、打入产业内部以实现教育链与产业链的融合。

图 2　无人机技术链

无人机产业链中游主要为无人机系统集成商，在产业链中占据主导地位，使无人机产业链在商业模式上走上了科技产品批量化的道路。处于无人机产业链中游的人才重在能够结合无人机的实际应用，利用模块化技术进行二次开发、生产、组装、调试。随着信息技术、物联网技术的发展，“无人机+”将会为各种传统行业注入新的活力。目前我国无人机行业优秀企业，如深圳大疆创新科技有限公司、深圳一电航空技术有限公司、广州极飞科技有限公司、广州亿航智能技术有限公司、成都纵横大鹏无人机科技有限公司、零度智控（北京）智能科技有限公司等均属于中游无人机系统集成商，人才需求量大，因此成都工业学院飞行器控制与信息工程专业的人才培养主要面向无人机产业链中游。

无人机产业链下游为应用和运营服务，作为辅助环节，需求主要为劳动密集型人才，目前该类人才主要由高职院校培养，但随着经济社会的发展，劳动密集也不同以往，在向技能密集转型升级。2021 年 10 月，中共中央办公厅、国务院办公厅印发《关于推动现代职业教育高质量发展的意见》，指出“建设技能型社会，弘扬工匠精神，培养更多高素质技术技能人才、能工巧匠、大国工匠，为全面建设社会主义现代化国家提供有力人才和技能支撑”，因此，我国技能型人才得到越来越多的重视，且下游产业直接关联无人机应用领域，也是应用型本科高校不可忽视的教育环节，成都工业学院飞行器控制与信息工程专业的人才培养中需要兼顾对应用能力的培养。

二、飞行器控制与信息工程专业“3+X”人才培养方案

（一）教学对象确定

我国无人机的发展起步于军用领域，随着无人机技术的逐渐成熟，制造成本降低，从 2019 年起，民用无人机市场规模占比已超过军用无人机，达到 58.8%，2022 年我国民用无人机市场规模预计将达到 453 亿元。其中，满足休闲娱乐等航拍需求的消费级无人机最先占领市场主体，提升了无人机的影响力，农业、电力等行业继而探索无人机引入各自领域的可能性，带动了工业级无人机市场增速提升。工业级无人机市场占比逐年提升，发展速度远超消费级无人机，2019 年我国工业级无人机占比 34.88%，2020 年占比达 46%，接近民用无人机市场的一半，而目前其已成为民用无人机市场的主体。

无人机的结构和特性因所采用的航空器平台而不同，主要使用的是固定翼飞机、直升机、多旋翼飞行器等重于空气的航空器。多旋翼飞行器在操控性、可靠性、勤务性上具有明显优势，因此是民用无人机选择的主流航空器平台，而多旋翼无人机一般为电动无人机，即由电机、电子调速器（电调）、螺旋桨和电池构成其动力系统，基于以上对无人机市场主体飞行平台的调研确定成都工业学院飞行器控制与信息工程专业课程所围绕的教学对象即为多旋翼无人机。

（二）“3+X”人才培养方案

通过对无人机产业链与技术链及飞行平台的调研分析，确定本专业的人才培养目标为培养掌握无人机飞行原理、无人机飞行控制技术、信息处理技术和无人机应用领域的基本知识；具备无人机飞控软件集成开发与应用、无

人机设计与制造、无人机维修与测试及无人机行业应用能力，能在国防军事、政府和企事业单位从事无人机应用、集成开发、维护、检测等方面工作的应用型工程技术人才。

根据能力导向的教育理念，明确本专业在专业素质中主要培养学生“3+X”，即三个核心能力与 X 种应用技能，在图 3 所示的飞行器控制与信息工程专业课程体系拓扑图（2021 级）中由四条课程主线体现，由相关的通识必修课、学科基础课、专业必修课、专业选修课和集中教学实践环节串联，落脚于四门核心课程[4]，具体阐述如下：

核心能力一——无人机设计及仿真：面向无人机产业链中游的集成设计能力，涵盖对技术链中动力系统、飞行控制系统、导航系统、无线通信系统的相关技术进行训练，使学生了解军用、民用无人机设计特点，无人机总体设计的基本原理和方法，无人机设计阶段的划分和不同应用场景无人机设计的依据，能够对无人机机型和动力元件进行选择，对无人机主要参数进行选择，掌握总体布局及参数优化方法，为今后从事无人机设计工作打下理论和实践基础。

核心能力二——无人机控制系统技术：以典型飞控产品为例学习并掌握无人机产业链上游飞行控制器的软硬件设计原理；熟悉飞行控制系统的基本设计理论和方法，并应用于飞行控制系统的设计。该过程体现了对技术链中飞行控制器与动力系统、导航系统、无线通信系统、地面站系统、图像传输等任务载荷系统的集成控制，培养学生面向产业链中游的整机集成控制能力，为今后从事无人机控制系统设计、制造以及研究工作打下基础。

核心能力三——信息开发技术：课程旨在培养学生面向中游地面系统的软件设计开发能力，使学生掌握信息技术开发过程中的基本概念、方法和工具，利用面向对象的方法对项目进行需求分析、设计、编码、测试等工程化活动，掌握面向对象编程环境的使用，使学生能够根据应用需求对无人机地面信息系统进行开发与维护，体现了对技术链中以地面站技术为中心，融合无线通信技术、图像传输技术、空管技术的综合能力培养。

应用技能 X——无人机行业应用：课程通过理论讲解和校企合作实践的方式使学生掌握无人机测绘、无人机环保监测、无人机搜索救援、无人机植保等行业应用领域的基本操作技能和设备维护方法，为今后在无人机产业链下游从事无人机应用服务奠定基础，体现了无人机技术链中飞行控制技术、地面站技术、动力技术、导航技术、无线通信技术、图像传输技术的综合应用。由此可知，此处的“X”是指多种多样的应用服务领域，本专业通过师资情况以选修铺垫的形式对具体应用能力进行渐进强化，如图 3 中所列举的无人机摄影测量学、GIS 软件应用是对无人机测绘领域应用能力的培养路径规划。

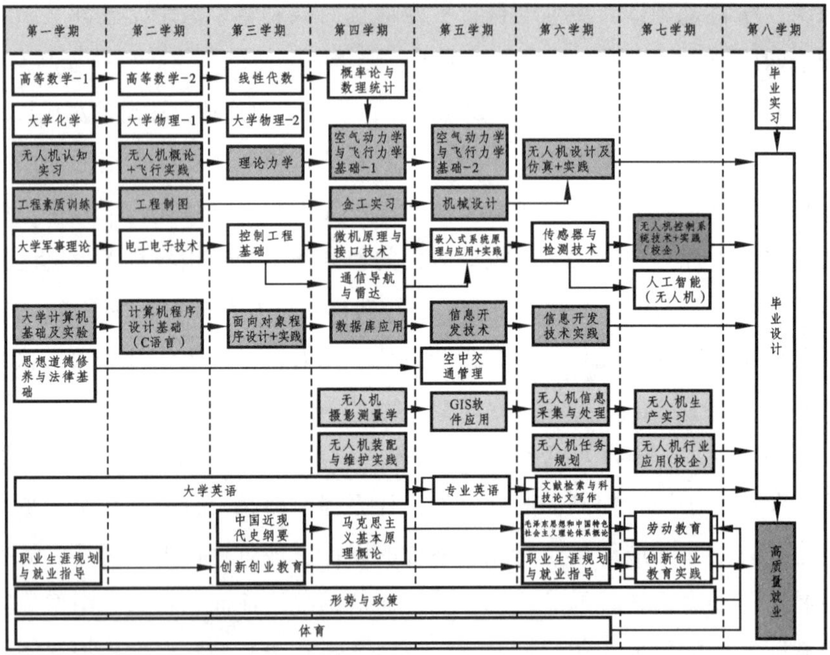

图 3　飞行器控制与信息工程专业课程体系拓扑图（2021 级）

三、结语

成都工业学院飞行器控制与信息工程专业是学校积极响应国家政策，立足产业发展，充分利用学校在机械、电子、信息等学科办学中较为深厚的基础条件，集中现有的学科优势而筹办的，在培养行业人才、服务地方经济之路上任重而道远。

因此本文通过对无人机产业链和技术链进行全面分析总结，明确成都工业学院飞行器控制与信息工程专业围绕的教学对象，由此确定专业人才培养目标，着重培养学生三个核心能力和 X 种应用技能，概括出“3+X”人才培养方案，并以此为依据制定相应的课程体系，通过课程时序图的方式展现。时序图是对学校飞行器控制与信息工程的办学思路与人才培养方案制定流程的详细梳理，有利于提升专业教师对人才培养方案的理解与认识，对开展按课程模块的教学研讨具有指导意义，也便于专业学生早规划早布局，明确大学四年的学习目标与未来发展规划[5]。

参考文献

[1] 丁楠，谭兴龙，张书毕，等. 新工科背景下无人机技术在测绘专业的应用与人才培养[J]. 江苏科技信息，2021，38（32）.

[2] 曹元，马宏建. 无人机应用技术人才“联盟双元”培养模式探索[J]. 中国成人教育，2018（10）.

[3] 陈永灿. 2020—2021 年中国无人机产业发展研究年度报告[J]. 机器人产业，2021（5）.

[4] 高敬阳，朱群雄，尤枫，等. 基于课程地图的计算机专业本科培养方案的制订[J].中国大学教学，2015（12）.

[5] 徐新洲. “三链融合”培养创新型和应用型人才研究[J]. 学校党建与思想教育，2021（24）.

面向产业需求的人工智能专业人才培养模式研究①

◎ 秦飞龙[1] 颜文勇[1] 成和平[2] 叶仲斌[2] 李成大[2] 朱虹锦[1]

（1. 成都工业学院大数据与人工智能学院 四川成都 611730；

2. 成都工业学院党政办 四川成都 611730）

【摘 要】我国高校培养的人工智能专业人才与社会需求的匹配度不高，以产业需求为导向的人工智能专业人才培养模式势在必行。根据产业对人工智能人才需求的特征进行分析，总结人工智能教育链现状与产业缺口特征，探索面向产业需求的人工智能专业人才培养模式，完善校企协同育人机制。成都工业学院人工智能专业学生初步实施结果表明，以行业需求的人工智能专业人才培养能够实现教育链与产业链的有效连接，为地方提供人工智能人才供给。

【关键词】人工智能；行业场景；协同育人；校企合作；人才培养

随着智能时代的到来，人工智能正广泛应用于农业、医疗、制造、交通、气象等现代行业，培养与人工智能相关产业需求的行业人才是当前高校培育学生的主要任务[1]。2018 年教育部首次批准我国 35 个高校可以开设人工智能专业，于 2019 年开始招生。随后几年，高校人工智能本科专业获批量均在新增本科专业数量中高居榜首。2022 年我国高校开设人工智能本科专业数量达到 345 所[2]。然而，人工智能属于交叉性极强的学科，单纯依托于计算机、电子信息等、数学培养模式进行人工智能专业人才培养，无论是专业建设与课程建设，还是培养方案与培养目标都不完善[3]。并且，当前产业面临智能化和数字化高速发展的转型阶段，行业对人工智能专业人才技术能力的要求更高，致使高校培养的人工智能毕业生技术技能水平与行业之间的需求愈发脱离，

① 本文是四川省教育厅人文社科重点研究基地——新建院校改革与发展研究中心课题（XJYX2020B15，XJYX2020C12），四川省教育科研课题（SCJG20A022），四川省哲学社会科学重点研究基地—— 四川性社会学与性教育研究中心课题（SXJYB 2125）的研究成果。

人工智能专业人才缺口更加凸显[1]。

在当今与未来，产业需要什么类型的人工智能专业技术人才？高等院校应如何培养人工智能专业人才，才能完成高校的教育链和行业的产业链进行有效衔接？对于这些急切问题的思考，2021 年 9 月 7 日，四川省委统战部组织“四川人工智能高峰论坛”[4]助力四川高校人工智能人才培养，促进四川人工智能产业发展。来自成都工业学院、四川大学、电子科技大学等近 15 所院校人工智能相关专业的教学院长、专家，以及国内外人工智能相关领头羊企业、四川省产业园区与企业总裁及技术专家参与了此次论坛。各位专家围绕人工智能产业发展，构建人工智能产业良好生态圈，加强高校人工智能人才培养和产业需求对接进行了深度探讨，助力四川地区产业发展。

本文在总结归纳四川人工智能高峰论坛内容的基础上，围绕人工智能产业需求现状与特征，以产业需求为导向，进行专业建设，课程体系建设，探索产教融合协同育人机制，完成高校人工智能人才培养与产业需求对接，探索出一套面向产业需求的高校人工智能专业人才培养新模式。

一、人工智能人才培养相关研究

（一）人工智能教育的不足与对策

人工智能学科旨在培养学生成为扎实的人工智能理论知识、算法设计以及系统开发与实现等问题的应用型工程技术人才[5]。高校是人工智能人才培养的摇篮，近年来高校不断增设人工智能本科专业，为满足产业对人工智能需求提供保障。然而，人工智能专业核心课程如机器学习、深度学习、强化学习、模式识别，计算机视觉、自然语言处理等理论性要求特别强。大多高校在教学中注重理论教学，轻实践，甚至部分高校教学设计混乱，导致人工智能专业学生学习理论课程吃力，知识实践应用能力不强。原因有 3 个方面：① 在课程教学过程中没有强化学生工程应用能力培养，教学模式还是按照传统理论教学，与人工智能新工科专业特点不符合；② 学生进行工程实践的机会较少，大多数学校只在校内进行部分课程实验，未开设与课程对应的实践专周，更没有将人工智能专业学生派出到周边企业进行工程实训，不利于培养学生的工程应用能力；③ 高校的教师大多来源于高校毕业生，教师没有企业工作经验，从而在培养学生应用能力方面存在缺陷。根据人工智能专业特点，学生的工程应用能力培养是专业培养的重要目标，进行真实产业的应用场景能力培养至关重要[6]。可见，根据产业需求优化人工智能课程体系，建设学生实训平台尤为重要。因此，高校与知名企业联合开发在线实训平台，开发真实企业应用教材案例，项目式教学案例以及云端一体化编程环境，对于学生处理真实企业应用场景问题具有重大意义。

（二）课程与教学模式探索

人工智能属于典型的交叉融合学科，但大多数高校依据计算机、电子信息、统计、自动化课程进行拼凑设置课程体系，导致专业课程体系模糊化问题，与新一代人工智能的发展趋势和应用背离[7]。

人工智能专业属于典型的新工科专业，具备多学科交叉融合的显著特征，但目前很多高校建设情况、专业课程零散杂乱，仅将数学、自动化、计算机等专业相应课程进行简单拼凑就认为是进行了交叉课程体系设计，与人工智能核心课程体系形成不了对应关系，导致人才培养在人工智能技术链、产业链中的定位不清晰，对区域经济社会发展起不到支撑作用。部分院校将人工智能最新的研究成果融入课程体系，通过实验和分析体验科研过程，进而提高学生创新能力。该模式在研究生阶段比较有利，但是本科生拥有知识量少，无法完成高难度科研。

在教学方面，随着信息技术的发展，混合式教学、智慧教学被高校广泛使用，尤其是智慧教学已成为高校教学的一种重要手段[8]。智慧教学就是利用自然语言处理知识机器视觉等人工智能技术建立人工智能教学实验平台，满足学生个性化教学要求，这种以科研为依托的教学模式能够改变传统理论知识灌输的缺陷，但忽略了学生创新能力和工程实践能力的培养[1]。

（三）校企合作培养现状

随着人工智能应用于各行各业，企业对人工智能人才的需求极为迫切，推动了我国人工智能校企合作发展，但合作大多仅限于形式。高校投入热情度高，而企业往往表现得较为冷淡，导致校企合作无法实质性开展，未形成良好的校企合作育人机制，合作往往就是初期框架性质内容，后期极少推进或者根本未能开展。本应该是企业深度为高校引入行业资源及技术经验，培训双师型教师队伍、培育学生工程应用能力，但并未开展，不利于校企协同育人。

二、人工智能产业端人才缺口的特征

近年来，人工智能产业呈现爆炸式发展。根据《人工智能产业人才发展报告》[9]：随着产业智能化和数字化的快速发展，人工智能产业需要大量的研发人才、数据智能分析人才、系统设计人才。然而高校人工智能专业开设时间较短，提供给相关人工智能产业的技能人才数量远远满足不了企业的需求。人社部[10]报道，目前国内产业缺口在人工智能相关领域的人才将近 500 万，人才供需比严重失衡。

人工智能人才不仅缺口巨大，而且不同岗位需求缺口特征具有明显差异。依据《人工智能产业人才岗位能力要求》[11]，可以按照人工智能涉及的相关产业需求将人才按照技术能力与专业素养分为实用技能人才、应用开发人才、研发人才以及创新人才 4 个类别（见图 1）。由图 1 可知，目前我国人工智能涉及的产业人才主要体现在应用层（61.8%）方面，创新人才仅为 3.3%，占比极少。这与李国杰院士提出的任何行业需要的人才符合金字塔结构吻合[1]。硕士、博士人才是产业的金字塔部分，以本科、专科学历为主的人才主要集中在产业的中下端。高校本科生是人工智能产业供给的主要力量，但是高校培养的人工智能本科毕业生拥有的知识技能不能与企业应用场景进行有效对接，高校提供的人工智能专业人才高校人水平较低[12]。

三、人工智能人才培养模式探索与校企协同育人模式构建

（一）人工智能人才培养模式探索

高校作为产业人工智能人才培养的基地，如何将人才培养与产业需求有效对接，是教育过程中需要认真思考的问题。

1. 专业课程体系建设

人工智能是以计算机、信息论、数学、自动化等学科为基础形成的一门智能化交叉学科。由于专业为新兴专业，大多数高校在人才培养方面经验不

足，以至于培养方式、培养目标处于探索阶段，具有模糊化特点。为了突出跨学科交叉融合的特性，各高校以计算机为主干，以自然语言处理和计算视觉应用为领域，结合各自学校办学特色，开展一定量的实践应用能力培养，形成如图2所示的人工智能专业课程体系[1]。

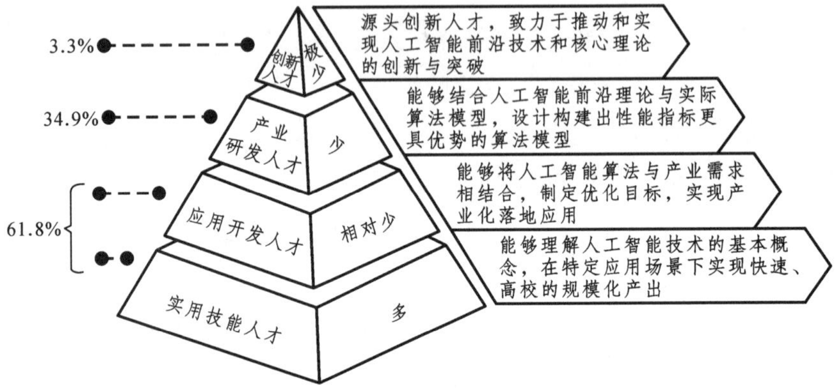

图1　我国人工智能产业人才的分布结构

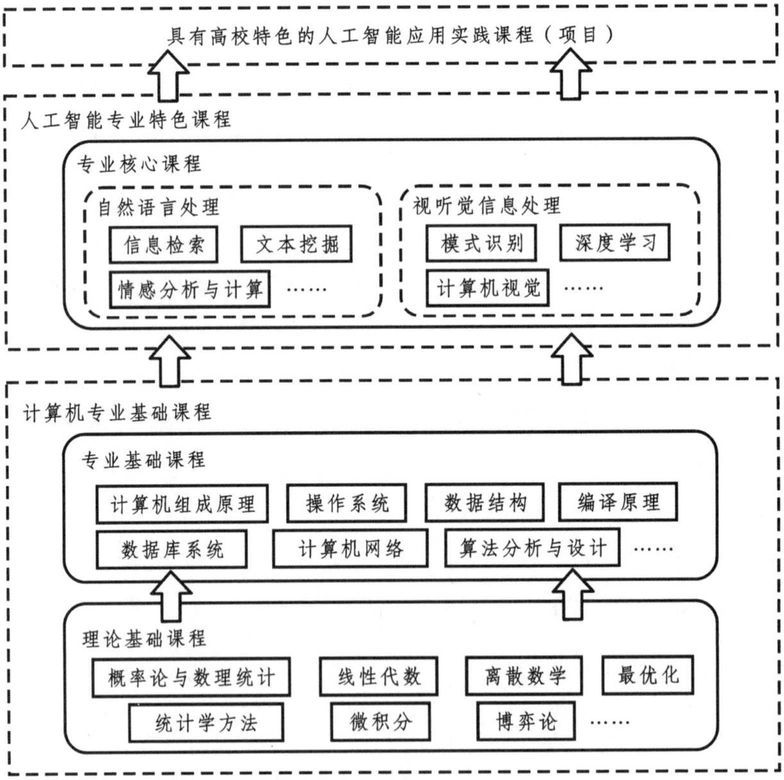

图2　国内高校人工智能课程体系模式

然而，进行人工智能教学的教师大多由自动化、计算机等专业转型而来，没有从事企业产品研发的经验，应用能力存在缺陷，不能将人工智能理论和实践应用进行有效衔接。为了解决上述问题，成都工业学院用大数据方法分析成都周边地区人工智能产业需求特征，全方位、全过程将相关产业需求特征融入人工智能人才培养过程之中，建立人工智能课程体系与产业需求的动态响应新机制。根据人工智能交叉学科特性以及人工智能工程应用实践环境，引入政、行、校、企，充分吸取行业的先进资源，打造人工智能双师队伍，优化校企协同育人机制，构建面向产业需求的人工智能人才培养新模式（见图 3）。

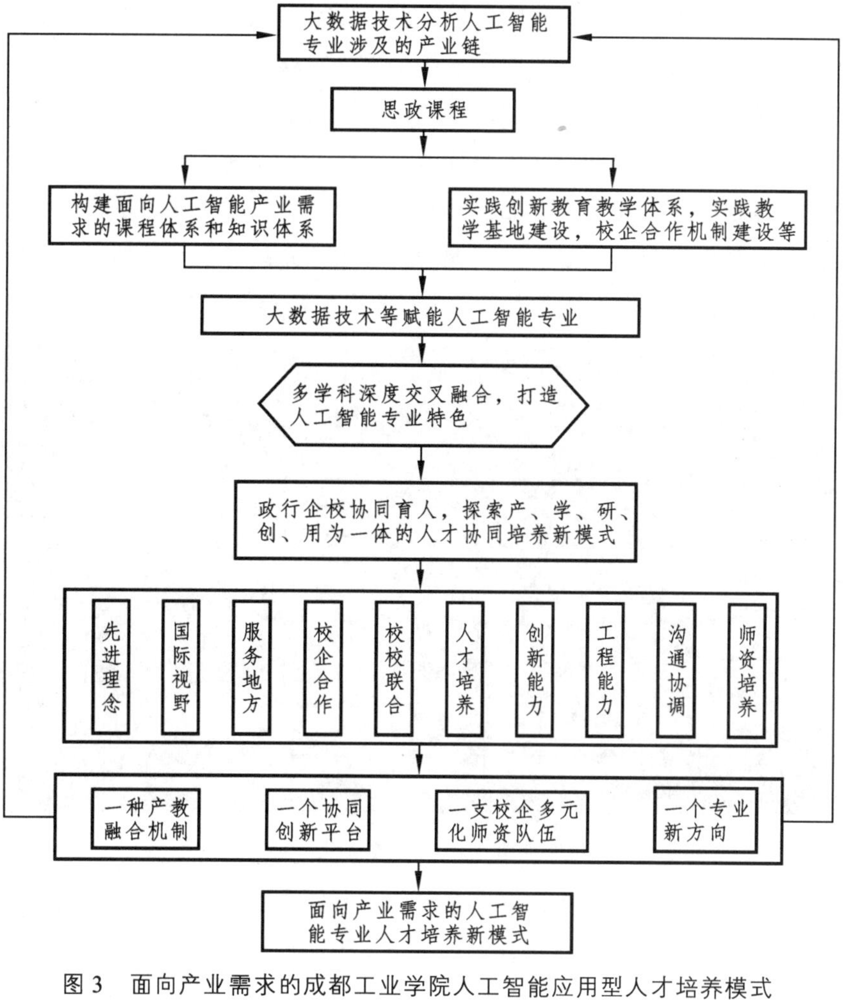

图 3　面向产业需求的成都工业学院人工智能应用型人才培养模式

2. 行业应用场景对接

培养的人工智能学生要适应产业需求，那么在培养过程中，需要融入项目式教学、案例教学，将学校的办学特色与核心专业群融入人工智能课程体系中，并将人工智能技术应用于企业真实问题场景中，以此达到真实行业应用场景实践能力的人工智能人才培养目标。

以成都工业学院为例，该校构建了以“教师与工程师、专业课程教学内容与企业工程应用实际、学生培养与行业标准、教学环境与真实企业环境、教学活动过程与工作实施过程相融合”的产教“五融合”应用型人才培养模式。在人工智能人才培养过程中，学校人工智能专业全面贯彻落实“学生中心、产出导向、持续改进”的国家工程专业认证理念，以四川省人工智能产业需求为导向，面向未来，对传统计算机类专业进行升级改造，探索计算机、电子信息、数学等学科的交叉融合特征，按照企业需求，实施基于产出导向的应用型课程改革，将人工智能课程专业选修课程设置为智能系统开发方向和数据智能分析方向（见图 4），满足对产业智能系统开发和数据智能分析处理。加大课程整合力度，打造人工智能专业人才培养新体系，重构知识体系、

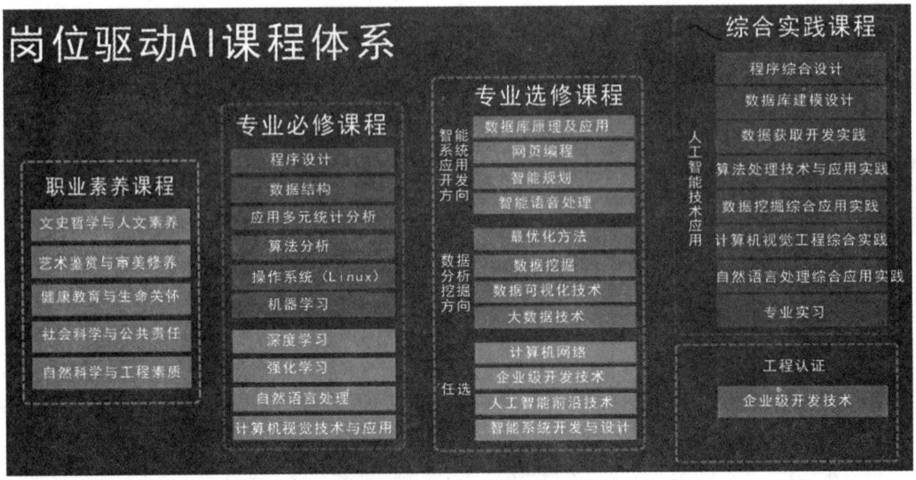

图 4　成都工业学院人工智能专业课程体系

课程体系，将日趋复杂的人工智能工程实景紧密地嵌入教学过程，将工程知识和真实的工程问题很好地结合，将基于工程全周期全方位的工程教育模式应用到专业建设中，构建课内学习和课外实践相结合的体系。实施案例教学、

项目式教学等研究性教学，注重综合性、设计性、创新性项目训练，着力提升学生解决复杂工程问题的能力。

（二）校企协同育人模式探索

围绕产业需求，引产入教，充分吸取企业的资源优势，将高校理论知识教学与企业工程实践环境紧密结合，提高学生发现问题、思考问题、解决问题的能力，按照行业需求的“反向设计，正向施工”（OBE）的理念（见图 5），探索校企协同育人模式探索。

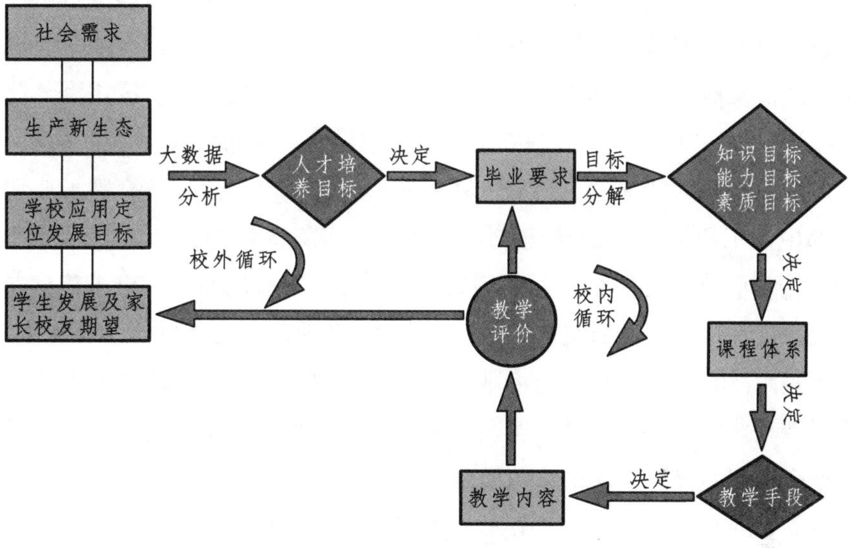

图 5　OBE 校企协同育人模式

1. 构建产教协同育人模式

在成都工业学院“产教五融合”的基础上，与知名企业、政府、高校建设多主体的人工智能现代产业学院，探索“载体共建、人才共育、就业共管、成果共享”的产教融合长效机制，实现合作办学、合作育人、合作就业、合作发展的产教协同融合发展格局，推进人工智能现代产业学院的落地。推行“行业专家+教师”共同管理的育人模式，搭建校企共建人工智能专业人才的协同育人平台，建立优质校外实习实训基地，共同构建交叉融合的创新创业实践基地，开发高水平实训项目。

组建一支高水平“双师双能”型教学团队，聘用重点企业的工程技术人员担任导师，由导师向学生传授技术动态变化趋势。通过“专业+产业”“教学+研发”“培养+就业”等，确保产业发展和人才培养各个环节有机衔接，教师技术能力及时更新，教学资源、教学环境同步信息技术的快速发展。在智能系统开发、智能产品设计、智能数据处理及应用方向、人工智能咨询与管理方面办出特色，办出水平，服务成都区域经济发展和产业转型升级，以产业和技术发展的最新需求推动人才培养改革。

2. 立足特色，打造样板

我国高等院校人工智能专业人才培养不能按照学校自身意愿进行培养，应该以地方产业需求为契机，利用所需人工智能知识不断进行产业更新，推动地方经济发展。以成都工业学院为例，学校秉承“地方性、应用型、开放式”办学定位，“根植地方、魂在应用、产教融合、协同育人”办学理念，实施“产教融合”为特征的应用型人才培养模式改革。对焦《教育部工业和信息化部中国工程院关于加快建设发展新工科实施卓越工程师教育培养计划 2.0 的意见》，在智能时代下，加强人工智能专业与智能制造、电子信息专业和现代物流等传统学科的交叉融合，设计和构建跨学科交叉融合的课程体系。尝试推进跨院系、跨学科、跨专业大数据人才培养，建设一流本科专业和一流本科课程。突破传统的单一学科体系的限制，推动人工智能与其他学科的交叉融合，切实提升人才培养的质量。

建立多元化、国际化育人模式。通过与国外高校联合授予学位、开设国际学院、开展交流学习项目等多种方式，加强国际联合培养和合作教学。已与加拿大爱德华王子岛大学签订“3+1”“2+2”等联合培养模式，引进国外知名教授团队，着力培养实践能力强、创新能力强，具备国际竞争力的高素质复合型大数据人才，将成都工业学院树立成人工智能行业的标杆。

四、结语

本文以人工智能产业需求为导向，分析国内高校人工智能人才与产业需求现状，重塑课程体系，建立产教融合协同育人机制，构建面向产业需求的人工智能人才培养模式，加强高校与人工智能产业相辅相成，教学相长，缩短人才供给端与需求端的距离，在智能系统开发与设计，智能数据处理及应用方向办出水平，打造样板。以产业和技术发展的最新需求推动人才培养改革，切实提升人才培养的质量，从而为行业培养人工智能型人才。

参考文献

[1] 胥帅，关东海，许建秋，等. 面向产业需求的高校人工智能人才培养研究[J]. 软件导刊，2022，21（7）.

[2] 2022 年我国开设人工智能专业的高校数量[EB/OL]. https://www.sohu.com/a/561175748_121119017.

[3] 王雪，何海燕，栗苹，等. 人工智能人才培养研究：回顾、比较与展望[J]. 高等工程教育研究，2020（1）.

[4] 四川新闻网. 聚焦万物互联时代前沿技术，四川人工智能高峰论坛[EB/OL].http://scnews.newssc.org/system/20210908/001204582.html.

[5] 杨波，梁晟. 浅谈高校的人工智能人才培养[J]. 贵阳学院学报（自然科学版），2022，17（1）.

[6] 周树森，邹海林. 人工智能专业学生工程实践能力培养研究与实践[J]. 计算机教育，2020（10）.

[7] 秦飞龙，成和平，颜文勇，等. 人工智能专业人才多元协同培养模式研究[J]. 成都工业学院学报，2021，24（4）.

[8] 鲍乃源，李美琳. 高校智慧教学推进模型（M-PERT）构建与验证研究[J]. 东北师大学报（哲学社会科学版），2022（3）.

[9] 工业和信息化部人才交流中心. 人工智能产业人才发展报告（2019—2020 年版）[EB/OL]. https: //www.miitec.cn/home/index/detail?id= 2249.

[10] 陈颖，孙小兵. 高校人工智能学院建设现状分析[J]. 高教论坛，2019（12）.

[11] 工业和信息化部人才交流中心. 人工智能产业人才岗位能力要求[EB/OL]. https: //www.miitec.cn/home/index/detail?id=2252.

[12] 吴青，景蓉蓉. 人工智能人才的需求现状与对策[J]. 计算机教育，2019（10）.

“两融合三强化”在大学生创新创业教育方面的研究与探索

——以成都工业学院为例

◎ 罗洋　倪磊　余卓阳　蔡方凯

（成都工业学院网络与通信工程学院　四川成都　611730）

【摘　要】创新创业教育是为培养具有开创性个性与创业基本素质的创新型人才，而国内应用型本科高校在创新创业教育方面缺乏将双创知识与学生专业能力的有机结合。为此，本文提出了将教学内容与学科竞赛相融合的思路，并强化对创新创业的帮扶力度、对创新创业项目的建设力度、对开放实验室的支持力度，即“两融合三强化”策略。通过实践分析，学生参与竞赛的积极性环比提高了23.61%，毕业生就业并从事专业相关度环比提高了27.88%。

【关键词】创新创业；两融合三强化；竞赛；就业

2018年9月，国务院发布了《关于推动创新创业高质量发展和“大众创业”升级的意见》，为中国创业教育提供了良好的发展机遇。随着大学生创新创业门槛降低，校内众创空间、产业孵化器发展，政府对大学生创业进行政策支持，开办了诸多对促进大学生和毕业生创业就业，促进产教融合具有重要意义的“互联网+”大学生创新创业大赛等活动。基本上可以理解为创新教育与创业教育是高度契合的，创新创业教育的目的是培养具有创业欲望和基本创业涵养的创新英才。在“人人创业、人人创新”的大背景下，为强化经济转型升级，新工科建设凸显，也对高校人才培养质量提出了新的更高的目标。

笔者在对应用型本科高校的研究中发现，国内多数普通本科高校多重视双创比赛成绩，一定程度上忽略了对创新型人才的培养，没有真正将教学与双创紧密结合，学生也无法把双创知识与个人能力养成有机结合。因此，对于应用型本科高校而言，开展创新创业类训练计划可解决普通本科高校项目实施与孵化能力不足、学生动手操作能力不能解决项目发展过程中实际遇到的情况等问题，为此，笔者团队提出了应用型本科高校基于大创训练的“两融合三强化”策略。实践表明，该策略可有效提高学生的竞赛能力，也卓有成效地培育了大学生的创新思考和创业灵感，有效提升了学生实际动手建设项目的能力，对就业有一定的帮助。

一、应用型本科高校基于大创训练的“两融合三强化”策略

（一）研究思路

成都工业学院有着优良的产教融合基因，与华为有限公司、深圳讯方科技有限公司等开展了校企合作，以网络与通信工程学院来介绍，在大创能力培养中，通过构建“教-赛”两融合的校企合作教学体系和对大创训练的“三强化”力度（见图 1），造就学生创新、创业、创造意识，通过在实践教学和训练计划项目中培养双创技能，不断提高学生的实际运用能力与实操能力。

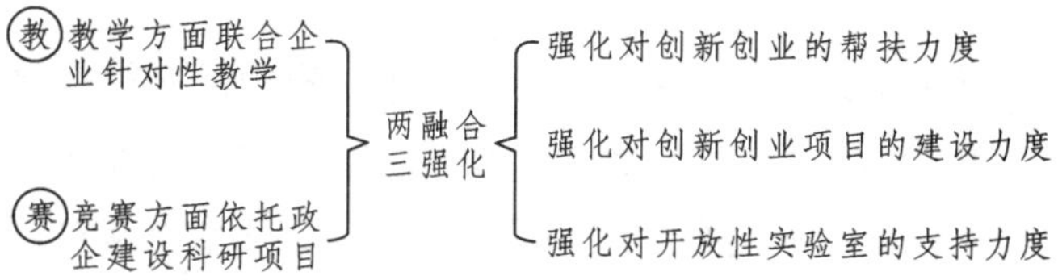

图 1　总体思路

（二）“教-赛”两融合的校企合作教学体系

1. 在教学方面

教师通过引入企业工程案例，突出理论内容在实际工程中的应用价值。学生通过案例来理解课程的工程背景，从中产生学习兴趣与实践热情，并在对案例的研讨、实践过程中进行合作式、闯关式的探索。如在“通信工程设计与应用”课程中，将新一代信息技术智慧学习工厂中 LTE 移动设备引入教学中，通过“虚-实”结合，让学生对通信信息处理有具象认识。同时通过为学生提供翻转课堂机会，让学生自发进行创新创业类学科探索，实现教学相

长。学生通过虚拟仿真软件的学习，将课堂知识和实践能力有效结合起来。全新的培训模式得到了高度赞赏，取得了卓著成果，让学生的创新创业兴趣和核心后劲也得到了有效拓展。

此外，通过深化与企业合作开发教学内容，还可以在一定程度上解决应用型创新创业人才培养过程中存在的课堂教学内容与企业需要的岗位实际联系不够紧密、与企业实际生产相脱节等问题，通过此类育人模式，达成应用型、创新型人才培养成果。在“Java 语言开发”课程中，引入一实际案例——“田间卫士”项目，该项目依托地方政府“智慧农业”政策，联合宜宾市地方农户开展智能虫害识别项目，助力“智慧农业”发展。因此在理论教学过程中，教师要通过教学改革，注重培养学生关注科技发展与社会融合方面的能力。同时，学生参与了项目建设，通过软硬件开发，培养自身的双创能力。而企业参与到学院创新型人才培育的过程中，不但可以为企业培育出大量的技术人才，更能真正实现教学与科研融合，达到双赢。

总之，对大学生创新创业能力的培养是持久性的工作，校企合作完成教学内容可以更深入地扩大校企合作范围，完善校企合作方式。

2. 在学科竞赛方面

造就工科学生实操思维和创新创业实力的强有力的路径是学科竞赛。学生积极参与学科竞赛，通过创新思考、实操历练，将课内外实操和书本资源高度整合，最终可以完成论文和专利的发表，助力学生提高实践思考和应用创新方面的潜能，训练学生适应未来产业转型的创新思维需要。鼓励学生参加企业倡导的重要赛事，从比赛中获取企业产品需求，并捕获工作与实习机会。优秀学生到企业实习在促进大学生创新能力进一步提高的同时，也能培养其专业职场人应具备的敬业精神和社会责任感。

同时，鼓励学生以团队形式参加学科竞赛，不但可以培养学生的团队协作能力，而且可以通过“1+1>2”的头脑风暴打造创新项目，更可以为所有团队创造良好的创新创业背景，为创业就业打下良好且牢固的基础。在比赛中，学生自身的创新创业理念可转化为真实的比赛项目，比如：中国传播学会举办的“互联网+大学生创新创业大赛”“挑战杯”“大学生创新创业训练计划”和“3S 创新杯大赛”等，学校对有重点研究的项目团队可以加入“青年苗圃”

计划，在得到资金支持的同时，也可获得与潜在企业合作的机会。

（三）创新创业项目的“三强化”

1. 强化对创新创业的帮扶力度

学校从学科融合的角度入手，通过跨学科教学团队的组建来加大对创新创业的帮扶力度。因为项目自身的复杂性有很大差异，通常单个学科独立完成项目建设的可能性是很低的，因此完成良好的作品需要与跨学科和跨学院的团队进行合作。在将项目从技术开发阶段转变为实际产品的过程中，多个学科之间需要相互配合、相互补充。而学校鼓励各二级学院相互组队，联合建设项目，以达到对学生创新创业项目的帮扶。

学校还设立了创新创业奖和评比“创新创业优秀青年”，其目的是激励学生参与创新创业活动；对在参与相关双创竞赛、学术科技创新、科技研发、高水准创意设计、高质量创业设计、优秀毕业设计、专利、高质量科研项目、发表高水平论文等方面成绩突出的学生给予奖励。

2. 强化对创新创业项目的建设力度

学院要以综合性的项目为载体强化对项目的建设力度，学校对学生创新创业能力培养的质量很大程度上体现在双创项目的质量上。第一，通过培训教师，让教师对项目有更有力的指导，教师在指导项目的过程中有针对地引导学生学习所建立项目的相关知识，寻找解决项目问题的方法和提升学生解决复杂问题的能力。第二，通过与企业联合，引入企业技术骨干对项目开发提供支持，由企业给出相关项目课题，学生组建团队依据企业要求设计针对性方案，再由企业给出建议进行修改，最终完成项目建设开发。第三，学院充分培育孵化各类有创新的可行性项目，让学生从项目孵化到项目成形过程中，真切感受到创业的历程。

3. 强化对开放性实验室的支持力度

优质的实验室环境和创新创业空间是学院为培养学生而创建的。学生创新创业的平台支撑和重要载体是实验室和双创空间场所。在不断丰富加强已有科研培训项目和高度现代化实验室的同时，学院加强了与创业园、科技园等资源的互动，如鼓励学生加入省科协，成为中国通信学会会员，参加 3S 杯比赛等，不断提高学生创新与实践能力。

学院有飞鸟实验室和 IN 空间实验室两大开放性实验室。实验室负责人通过对学生的培训、引导、孵化和实践，让学生参与创新创业讲座培训及比赛，通过高阶训练提高学生创新创业的主动性。目前，飞鸟实验室已有成员 54 人，IN 空间实验室已有成员 62 人。学院依托两大实验室平均每年能够成功完成结项并且实现产业化与市场接轨的创新创业项目可达 10 余项，不仅支持很多同学在大学期间达成创业理想，更重要的是为学校培养学生创新实践能力积累了丰富的经验。

二、实践成果

网络与通信工程学院重视对学生创新意识、创新精神和实践能力、人文综合素养、社会责任担当等方面的培养，学生综合能力突出，学科竞赛、双创成果数量和质量也逐年攀升。在“两融合三强化”策略的推动下，学生参加各种学科专业竞赛的积极性大幅提升，解决工程实践的相关能力也显著提升，就业平均对口率 75%，并获得企事业单位良好称誉。

（一）学科竞赛方面的成效

1. 参与学科竞赛的积极性方面

从校园调查来看，2021 级新生对互联网+比赛有很高的积极性，有 94.67%的学生了解“互联网+”大赛，68.13%的学生已经有了队伍且参与过比赛。从成都工业学院的实验平台来看，2021 年向飞鸟实验室递交申请的人数达到 68.13%，比 2020 年增加了 23%。（见图 2）

2. 大创项目情况

2021 年的第七届中国“互联网+”大学生创新创业大赛，成都工业学院总共提交 30 余份项目申报书，省级大学生创新创业训练计划立项总计 15 项，其中国家级别达到 5 项，省部级 10 余项；师生在第七届四川国际“互联网+”大学生创新创业大赛中荣获四川省银奖 2 项、四川省铜奖 2 项，获得校级银奖 3 项、校级铜奖 9 项，院级奖项共计 21 项；依托两大开放性实验室举办了科技创业专题讲座 20 余次；入驻学校大学生科技创业苗圃项目 6 个；通过培训及选拔的学生参加各级别学科专业竞赛，其中获得国家级奖项 24 人次、获得省级奖项 88 人次，荣获省级及以上各类奖项共计 128 余人次，如图 3 所示。

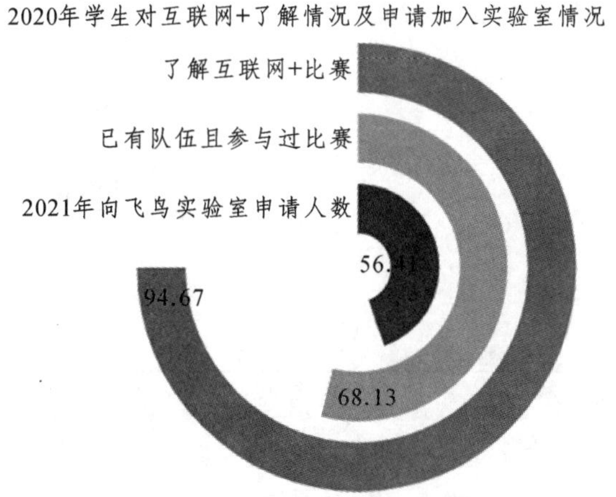

图 2　参与学科竞赛积极性调查情况

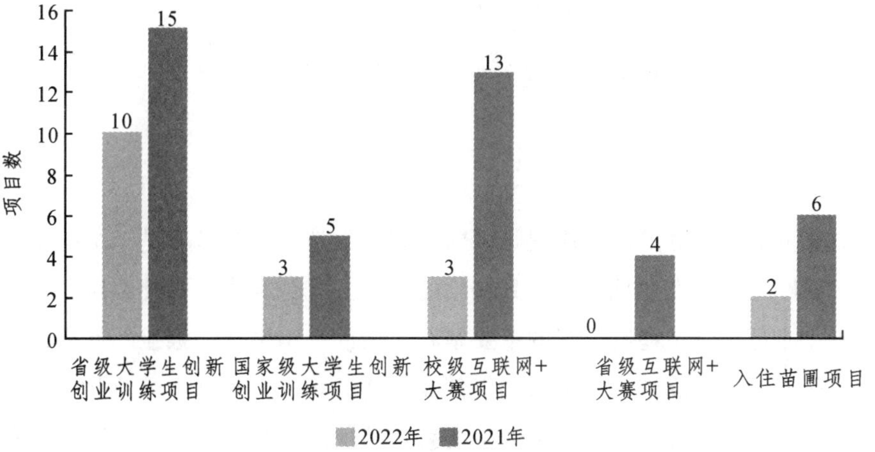

图 3　大创项目数据图

（二）就业方面的成效

从 2021 届毕业生的就业跟踪反馈情况来看，毕业学生签约单位行业和从事就业的相关度达到了 72.42%。其中在飞鸟实验室学习的学生就业行业与专业相关度达到了 76.88%，IN 实验室的学生就业行业与专业相关度为 75.12%，参加学科竞赛的学生就业行业与专业相关度达到了 82.54%。根据社会维度和自身创新创业能力强化的教育，学院 2021 届毕业生的工作与专业相关度为

73.71%，其中通信工程专业毕业生工作与专业相关度为 68.38%；网络工程专业毕业生工作与专业相关度为 81.35%，信息工程专业毕业生工作与专业相关度为 77.41%，如图 4 所示。

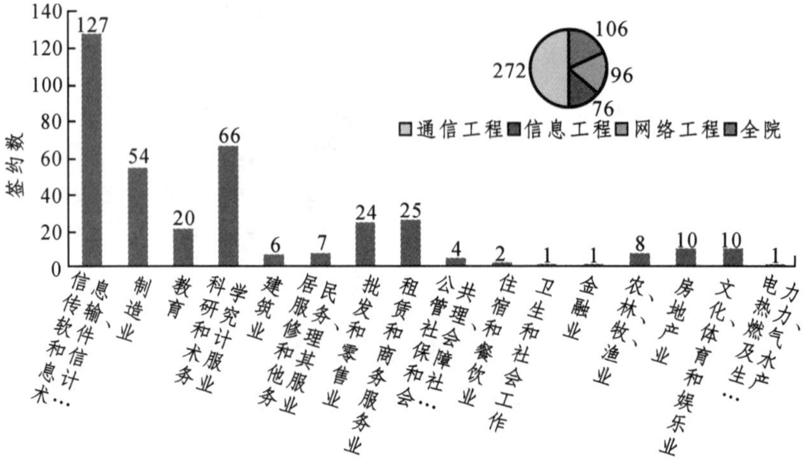

图 4　毕业生签约单位行业及专业相关度比

三、结语

学生综合素养的外在体现是创新意识和创造力，其基础是丰饶的文化遗产、高度综合的专业思维、极具特性的思考方式和高尚的精神领域。创新与创业才能是大学生终身学习的重要基石。借助“两融合三强化”策略，学生的创新创业兴致高涨，且参与创新创业比赛的积极性更高了，获奖人数以及作品质量有了质的飞跃。从毕业生的就业情况来分析，毕业生的选择性和社会发展方向都有了很大的改变，在一定程度上改变了毕业生对就业问题的片面理解，拓宽了毕业生的选择，为毕业生丰厚的创业机会奠定了基础。依托“两融合”，践行“三强化”的创新实践育人体系，凝聚整合资源，将创新创业作为促进专业学习、培养学生实践能力、优化学风建设的重要载体，高度培养学生的创新思考和实操能力，竭力达到造就应用型人才的目标。“两融合三强化”的模式应用于大学生创新创业实际能力培养的实作，不仅改变了学生以往对创新创业的片面理解，提高了学生的创新创业思维与能力，并且通过实例证明了大学生创新创业的发展对自己未来的发展和带动社会就业起到了积极的作用。

参考文献

[1] 张廷. 论大学生课外科技活动体系的构建与实施[D]. 武汉：武汉科技大学，2009.

[2] 国务院关于推动创新创业高质量发展打造“双创”升级版的意见[J]. 科学中国人，2018（19）.

[3] 石智生. 应用型本科高校创新创业教育共同体的建构研究[J]. 河南理工大学学报（社会科学版），2021，22（6）.

[4] 孙朋朋. 当代中国高校创业教育完善问题研究[D]. 济南：山东大学，2017（2）.

[5] 史建伟，赵宝新，任路伟. 高校大学生创新创业教育的意义与对策[J]. 科教导刊（下旬），2018（6）.

[6] 成都理工大学精准定位、三级重构，打造四川地方本科院校创新创业教育升级版[J]. 思想教育研究，2017（10）.

[7] 温文婷，范德荣，魏俊，等. 大学生创新创业训练计划项目管理初探——以四川大学电子信息学院为例[J]. 教育现代化，2018，5（13）.

[8] 陈广明. “双创”视域下的地方高校应用型创新人才培养——以桂林理工大学博文管理学院产品设计专业为例[J]. 文教资料，2020（29）.

浅谈应用型的高校与高校的应用型

◎ 张世凭　王静　陈营

（成都工业学院材料与环境工程学院　四川成都　610000）

【摘　要】应用型高校是随着我国高等教育快速发展出现的高校分类概念。针对其建设内涵即高校的应用型建设，国家先后出台了系列指导意见，引导地方高校，尤其是新建本科院校积极向应用型转型，以适应社会发展和技术进步对人才的需求。本文从高校分类的视角，分析了应用型高校和高校应用型概念的内涵，以及建设要素，并结合新建地方本科院校——成都工业学院内设二级学院及专业的应用型建设实践，阐释了应用型的建设路径。

【关键词】应用型；高校；学院；实践

应用型高校是伴随着高等教育大众化产生的、以本科教育为主体、以应用型人才培养为突出特征的一种高校类型。在高等教育研究中，一般将 1999 年以后升本的高校纳入应用型高校范畴，同时部分 1999 年以前的地方本科高校也在应用型高校之列。应用型高校的概念随着新建本科院校数量的激增，已经成为高教研究领域的热词之一。本文拟结合成都工业学院二级学院的实践，浅谈应用型高校与高校的应用型之间的逻辑关系和建设理念，以期为高校的应用型建设做出探索与实践。

一、应用型的高校

应用型的高校是高校的一种类型。高校的分类一般有国际、国内两个视角。

（一）国际视角

1997 年版的《国际教育标准分类法》中（见图 1），将高中后教育分为三级，序号为 4 的大学预科教育，序号为 6 的博士生教育，以及序号为 5 的包括专科、本科和硕士生教育在内的高等教育。序号 5 又再细分为 5A、5B 两类。5B 是职业性、技术性教育，实施主体是专科层次的职业院校。5A 相当于国内的本科教育，又进一步分为 5A1、5A2 两个部分，5A1 是学术型、研究型高等教育，实施主体是国内“985”、部分“211”或双一流建设高校；5A2 是工程应用型、技术应用型高等教育，实施主体是大部分的普通本科高校，包括 2000 年后升本的绝大部分地方本科高校，也包括成都工业学院。

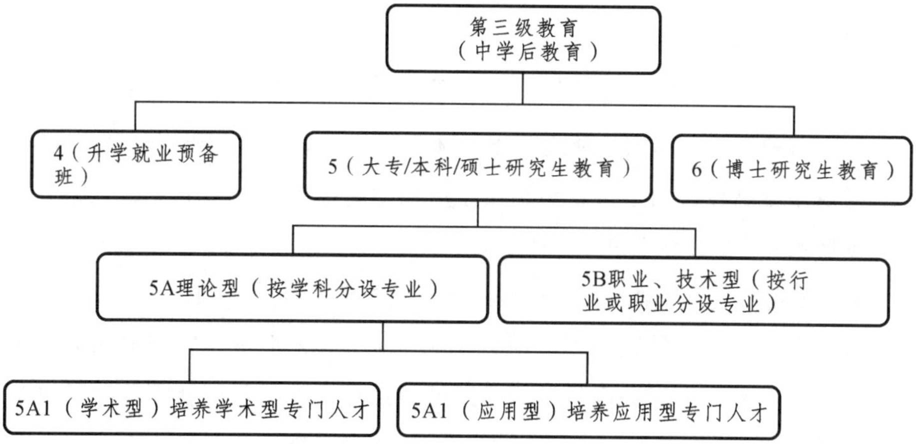

图 1　《国际教育标准分类法》中高等教育的分类示意图

从《国际教育标准分类法》对高等教育的分类可以看出，以 5A2 为代码的应用型高等教育是现代高等教育的重要组成部分。

（二）国内视角

关于国内高校的分类，尤其是从“应用型高校”概念溯源的角度，可以从教育部等部委发布的 3 个有关重要文件入手进行分析。

1.《关于“十三五”时期高等学校设置工作的意见》

该指导意见由教育部于 2017 年发布，提出要探索构建高等教育分类体系，并指出以人才培养定位为基础，我国高等教育总体上可分为研究型、应用型和职业技能型 3 大类型。这 3 个分类，大致对应联合国教科文组织分类中的 5A1、5A2 和 5B。

该文件对三类高校分别进行了阐释，研究型高校是“主要以培养学术研究的创新型人才为主，开展理论研究与创新，学位授予层次覆盖学士、硕士和博士，且研究生培养占较大比重”。职业技能型高校是“主要从事生产管理服务一线的专科层次技能型人才培养，并积极开展或参与技术服务及技能应用型改革与创新”。应用型高校是“主要从事服务经济社会发展的本科以上层次应用型人才培养，并从事社会发展与科技应用等方面的研究”。

这个文件从人才培养的角度将高校分为三类，为高校明确办学定位提供了指南。

2.《关于引导部分地方普通本科高校向应用型转变的指导意见》

该文由教育部、国家发展改革委、财政部于2015年联合发布。文件虽然没有对应用型高校进行定义，但指出了应用型高校建设的若干要点，提出了转型发展的“4个转变”和“3种能力”。

4个转变是“把办学思路真正转到服务地方经济社会发展上来，转到产教融合校企合作上来，转到培养应用型技术技能型人才上来，转到增强学生就业创业能力上来，全面提高学校服务区域经济社会发展和创新驱动发展的能力”。3种能力是增强“为区域经济社会发展服务的能力，为行业企业技术进步服务的能力，为学习者创造价值的能力”。

指导意见发布的背景是普通本科院校数量从1999年的599所激增到2015年的1200余所，600多所新建本科正在院校类型、办学定位方面进行积极探索。指导意见直接向“地方高校”喊话，隐含了“地方高校”与“应用型”的等同关系。

3.《高等学校合格评估指标体系》

指标体系中体现的“4321”，其中的2即指两个突出：突出服务地方（行业）经济和社会发展，突出培养应用型人才的办学定位，为新建本科办学标定了“应用型”的明确定位。

通过对3个文件的解读可以看出，应用型人才培养是我国高等教育肩负的神圣使命，培养应用型人才是包括成都工业学院在内的广大地方高校的主要任务。

成都工业学院在升本以后，面向社会需求，结合自身实际，确立了“地方性、应用型、开放式”的办学定位和“根植地方、魂在应用、产教融合、协同育人”的办学思路，并通过党代会、发展规划等多种形式进行研讨、宣讲，在校内形成了广泛共识，进一步凝练形成了学校建设“全国一流 四川引领的应用型本科示范校”的发展目标。

高等学校的分类还有一个维度，就是将“教学型”“研究型”作为两端，分为研究型、教学型、研究教学型、教学研究型 4 类。如四川大学属于研究型，西南石油大学属于研究教学型，西华大学属于教学研究型，在这个分类体系中，成都工业学院属于教学型院校。

二、高校的应用型

应用型高校的人才培养与其他类型高校一样，其内涵主要包括专业、课程、教材、实习基地、师资、科研、评价等要素，以及贯穿始终的“学生中心”。同时，因为应用型的特质，在上述要素中特别突出与行业企业的融合，如专业的设置要与社会需求紧密结合，课程的设置要与岗位需求相结合，实习基地要建在企业，师资要“双师双能”，科研要面向企业，等等。

国家政策文件既是行政主管部门工作思路的体现，也是基层实践经验的凝练总结，研读文件，对于开展相关研究和指导工作实践具有重要意义。在探索应用型高校建设问题上，开展对教育部等国家部委有关重要文件的研读，十分必要。

在教育部等三部委发布的《关于引导部分地方普通本科高校向应用型转变的指导意见》中，列出了 14 项转型发展任务，其中 7 项与高校密切相关。分别是：建立紧密对接产业链、创新链的专业体系；创新应用型技术技能型人才培养模式；深化人才培养方案和课程体系改革；加强实验实训实习基地建设；加强“双师双能型”教师队伍建设；提升以应用为驱动的创新能力；完善校内评价制度和信息公开制度。7 项任务包括了专业设置、课程体系、实习基地、双师队伍、科研创新、评价制度和培养模式等，基本上涵盖了人才培养全要素。

在教育部、工信部联合发布的《现代产业学院建设指南》中，明确了 7

项建设任务：创新人才培养模式；提升专业建设质量；开发校企合作课程；打造实习实训基地；建设高水平教师队伍；搭建产学研服务平台；完善管理体制机制。7 项任务分别是模式、专业、课程、基地、师资、科研和管理，与“转型指导意见”中的建设任务高度相似，7 项任务排序几乎都是一致的。这说明，高校应用型建设的任务就是聚焦这 7 个方面，把这 7 个方面的任务落实了，高校应用型的内涵建设也就落地了。

国内高等教育学创始人、厦门大学潘懋元教授对应用型总结了一段话：“应用型本科人才培养模式以需求为主导建设学科专业，以学科为基础、应用为导向构建课程体系，以产学研结合为主要培养途径，以行动为导向应用教学方法，以能力为取向进行教学评价，教师队伍注重理论与实践相结合。”两个文件的建设任务与其思想一脉相承。

三、应用型学院与应用型专业

从人才培养的角度，学校是学院的总和，学校是应用型，意味着至少 2/3 的学院应该是应用型学院，同理，学院是应用型，意味着 2/3 的专业应该是应用型。所以第三部分讨论应用型学院与应用型专业。

（一）建设应用型学院和应用型专业的区别

应用型专业的建设，主责在专业教研室，主要任务是围绕课程设置、课程内容、实习实训基地、师资队伍、科研与社会服务等建设要素，通过产教融合与企业合作进行专业建设。应用型学院的建设，主责在学院，主要任务是根据学院实际情况，通过制定学院的绩效分配、岗位职责、评奖推优等制度，调配学院资源，引导教师走出校门，面向需求，产教融合开展应用型的专业建设。

（二）成都工业学院的校本实践

本文以学校材料与环境工程学院以及学院材料成型及控制工程专业（以下简称“材控专业”）的应用型建设实践为例，进行浅析。

1. 应用型专业的建设

（1）专业层面，材控专业定位是面向模具行业培养人才，并且进一步聚焦模具行业中应用最广泛的塑料模和冲压模两类。（2）服务面向的主要是成渝地区和浙江宁波、广东东莞的模具企业，针对性非常强。课程体系与内容方面，根据模具行业对人才的知识能力需求及时调整。如在2021版的人才培养方案中，根据模具行业数字化发展趋势，开设了“冲压模结构分析及建模”“塑料模结构分析及建模”等课程；利用产教融合专项资金，新购进和更新了UG、Solidworks、等模具数字化设计软件，加强了“模具CAD/CAM/CAE”课程建设。（3）实习实训基地建设方面，在校内建有基于真实模具生产线的模具技术中心，中心与实训中心联动，可以完成真实模具的加工、装配和试模；与平伟、宝利根、浙江震裕等行业企业共建专业校外实习基地7个，其中与宏明双新共建的专业实习基地获批省级大学生工程实践教育基地。（4）师资队伍建设方面。计划每年选送不少于2名教师到模具企业工程实践，5年内教研室40岁以下教师全部完成一次实质性工程实践。另外，选聘企业技术骨干担任兼职教师，近3年来，每学期均有1～2名企业教师担任除毕业设计外的材控专业课程教学任务。（5）科研方面，引导教师面向模具企业需求，开展科研和服务。近2年，承接了企业“基于MoldeX3D软件塑料成型仿真研究”“新型管材模具设计及成型方法研究”等企业课题5项。

与浙江宁海模协、宝利根公司分别合作，在大三、大四学生自愿报名基础上，遴选组建宁海模具创新人才班、宝利根模具创新人才班，将每个班的人数控制在20人左右。创新班根据模具行业技术动态，制定专门的“加餐”培养方案，由企业技术骨干授课，利用周末、寒暑假开展教学、培训，使学生知识结构与企业需求紧密对接。学院计划在材控专业组建3个这样的创新班，使60%左右的学生在校期间就能够接收到来自企业一线的动态技术信息。

2. 应用型学院的建设

在学院层面开展应用型建设，学院班子首先要对专业的应用型建设内涵心中有数，在岗位设置与职责、绩效分配等学院资源配置过程中，向开展应用型建设的专业倾斜，向专业开展的应用型建设项目倾斜。引导教师走出去，拥抱产业、联合企业，开展课程、基地、队伍和科研等各项建设工作。

例如，在教师岗位职责中，不同职称教师的岗位职责中均有课程、教材、基地等专业建设任务。在绩效分配制度中，在基础绩效板块切出 10%左右对应专业建设考核任务，在奖励绩效中突出对产教融合校企合作工作成效的奖励。在科研指标任务中，对横向科研项目和经费单列指标，引导教师面向企业需求，开展科研和服务。

3. 产业学院的建设

应用型学院建设的另一个重要任务是推动产业学院建设。产业学院作为校企双主体育人和引企入教的重要平台，是学院应用型建设的标志性工作。学院以材控专业为依托，联合模具龙头企业宝利根公司和省模具协会以及其他企业，按照“1+1+N”模式，成立模具产业学院，探索双主体育人机制下的应用型专业建设新模式。

该专业开展应用型建设实践，取得了初步成效，专业先后被遴选为四川省“卓越工程师培养试点专业”“应用型专业”“综合改革试点专业”和“省级一流专业”。学院毕业生近 3 年平均就业率 91%，专业对口率超过 70%。

四、结语

应用型高校的分类在高等教育研究领域已经基本达成共识，有了较为明确的内涵。但高校的应用型建设亦即应用型的内涵建设还有很长的路要走，一方面，对应用型高校建设规律的认识研究还需要进一步深化，亟须高质量的研究成果指导应用型高校的建设实践；另一方面，应用型高校建设的实践方兴未艾，在培养模式、产教融合、校企双主体利益均衡等领域逐渐步入“深水区”，需要更多高校和二级学院结合校本实际，探索出符合国情、校情、院情的建设发展范式，将立德树人的使命落到实处。

参考文献

[1] 王维坤，温涛. 应用技术大学：新建本科院校转型发展的现状、动因与路径[J]. 现代教育管理，2014（7）.

[2] 李宝银，陈荔. 转型发展中应用型本科院校产业学院建设探究[J]. 教育评论，2017（12）.

[3] 朱士中. 应用型本科人才培养的机制与模式创新—— 以常熟理工学院行业学院探索为例[J]. 江苏高教，2016（5）.
[4] 陈锋. 加快探索地方高校转型发展道路[N/OL]. 中国教育报，2015-11-30.

向更成熟、有效和创新的高校心理健康教育迈进
——来自美国一流高校的经验与启示

◎ 张驰

（成都工业学院学生工作部心理健康教育中心　四川成都　611730）

【摘　要】通过文献查阅、网站分析和教育实践经验总结等方法对美国 15 所一流高校进行心理健康教育工作研究。研究发现，美国一流高校心理健康教育特色鲜明，主要表现为：系统观下的大健康教育模式；心理健康教育服务于社区发展与和谐；以自助和他助为目标的资源取向心理健康教育。高校心理健康教育要在立足国情的同时学习借鉴优势大学经验，树立全员、全过程、全方位心理健康教育观，推进健康心理氛围的校园社区建设，创新工作方法，精细工作内容，朝向更加成熟、有效和创新的高校心理健康教育迈进。

【关键词】心理健康教育；美国高校；启示

近年来，国内许多高校对心理健康教育工作进行了积极的探索，高校心理健康教育工作体系建设渐趋成熟。2018 年《高等学校学生心理健康教育指导纲要》指出，要推动构建教育教学、实践活动、咨询服务、预防干预“四位一体”的心理健康教育工作格局，并围绕师资队伍、平台建设、组织管理、评估督导和科学研究提出了对四位一体工作体系建设的实施保障。[1]2021 年印发《关于加强学生心理健康管理工作的通知》，细化了四位一体工作体系的内容，提高了学校心理健康工作的针对性和有效性，并强调了加强专业支撑、科学管理、家校共育和社区服务的重要性，将高校心理健康教育目标指向学生心理健康素养的提升。[2]尽管在具体实施方面，各大高校会存有现实落地的差异，但基本都围绕四位一体工作格局进行建设，并根据自身发展特色充实与提高。那么，面对已经渐趋成熟的心理健康教育工作体系，哪些部分可以做得更深入、更扎实？特别是近年来新冠疫情给社会心理服务带来的巨大挑

战，网络技术的迅速发展以及三全育人、五育并举的教育理念的持续推进，高校心理健康教育还能如何更成熟、有效以及创新式纵深发展?

现代意义上的学校心理健康教育发源于美国。[3]美国高校对心理健康工作制定了全面、系统的战略规划，将学生的健康成长纳入学校的发展目标中，形成了一套自己的心理健康教育体系和特色。伴随着现代新媒体技术的发展和当前新冠疫情的影响，美国高校的心理健康教育发展迅速，学校心理健康教育制度、设施与服务逐步完善与更新，对其高校的安全稳定与校园社区和谐起着至关重要的作用。因此，深入研究美国高校的心理健康教育工作，探究其规律，挖掘其先进经验，以此为鉴对我国高校心理健康教育工作体系和格局的建设及发展有重大意义。

一、研究对象

心理健康教育网站是一所高校对外展示自身心理健康教育工作的平台。美国大多数高校的心理中心都建设有专业且成熟的专门网站。因此本研究依据"美国新闻与世界报道大学排名"（US News 全美大学排名），选取排在前15 所美国高校的心理健康教育网站作为研究对象。[4]尽管有关美国大学排名的版本很多，标准也各不相同，但是 US News 全美大学排名一直是最有影响力的，并且这 15 所高校在其他的榜单上也同样名列前茅，因此具有一定的代表性。

二、研究方法与过程

在定位了 15 所一流高校后，按照以下步骤对高校的心理健康网站进行分析（见表 1）：第一，考查心理健康教育网站处于学校官网架构中的位置，通过对网站架构进行分析，探究该校对心理健康教育工作在学校整体工作体系中所处的位置以及管理逻辑；第二，考查该校心理健康教育网站的内容，并同时查阅相关文献，以此分析该校心理健康教育的具体工作内容；第三，考查该校的心理健康教育的理念和愿景（Mission），以此分析该校心理健康教育工作的核心理念和价值观；第四，建立在以上分析的基础上，归纳总结美国顶尖高校心理健康教育工作的有益经验与启示。

表 1　15 所美国一流高校心理健康教育网站处于学校官网架构中的位置

<table>
<tr><th>大学</th><th colspan="2">网站架构（心理健康教育网站处于什么位置？）</th></tr>
<tr><td>普林斯顿大学
Princeton University</td><td colspan="2">● Our Community（我们的社区）
● Health & Wellness（健康与保健）
● Mental Health and Wellness Services（心理健康和保健服务）</td></tr>
<tr><td>哈佛大学
Harvard University</td><td colspan="2">● Harvard University Health Services（哈佛健康服务）
● Counseling and Mental Health Service（咨询与心理健康服务）</td></tr>
<tr><td>麻省理工学院
Massachusetts Institute of Technology（MIT）</td><td colspan="2">● Compus life（校园生活）
● Health & Wellness（健康和幸福）
● Student Mental Health and Counseling Services（学生心理健康与咨询服务）</td></tr>
<tr><td>耶鲁大学
Yale University</td><td colspan="2">● Life at Yale（生活在耶鲁大学）
● Health & Wellness（健康与幸福）
● Yale Health（耶鲁健康服务）
● Mental Health & Counseling（心理健康与咨询）</td></tr>
<tr><td>斯坦福大学
Stanford University</td><td>● Faculty & Staff（机构）
● Health & Wellness(健康与幸福）
● Mental Health Resources for Students（心理健康资源）</td><td>● Student（学生）
● Student Life（学生生活）
● Student Affairs（学生事务）
● Mental Health Resources for Students（心理健康资源）</td></tr>
<tr><td>芝加哥大学
The University of Chicago</td><td colspan="2">● Life at Chicago（生活在芝加哥大学）
● Health & Wellness（健康与幸福）
● Mental Health（心理健康）</td></tr>
<tr><td>宾夕法尼亚大学
University of Pennsylvania</td><td colspan="2">● Life at Penn（生活在宾夕法尼亚大学）
● Health & Wellness（健康与幸福）
● Counseling & Psychological Services（咨询与心理服务）</td></tr>
<tr><td>杜克大学
Duke University</td><td colspan="2">● Students（学生事务）
● Department（机构）
● Counseling & Psychological Services（咨询与心理服务）</td></tr>
</table>

续表

大学	网站架构（心理健康教育网站处于什么位置？）
约翰霍普金斯大学 Johns Hopkins University	● Campus Life （校园生活） ● Health & Wellness（健康与幸福） ● Counseling Center（咨询中心）
西北大学 Northwestern University	● Campus Life（校园生活） ● Campus Safety（校园安全） ● Counselling and Psychological Services（咨询和心理服务）
达特茅斯学院 Dartmouth College	● Campus Life（校园生活） ● Residential Life（社区生活） ● Health & Wellness（健康与幸福） ● Counseling Center（咨询中心）
布朗大学 Brown University	● Life at Brown（生活在布朗大学） ● Health & Wellness（健康与幸福） ● Counseling and Psychological Services（咨询与心理服务）
范德堡大学 Vanderbilt University	● Campus Life （校园生活） ● Health & Safety（健康与安全） ● Counseling Center（心理咨询中心）
圣路易斯华盛顿大学 Washington University in St. Louis	● Campus Experience（校园经历） ● Student affairs（学生事务） ● Health & Wellness（健康与幸福） ● Mental Health Services（心理健康服务）
康奈尔大学 Cornell University	● Life at Cornell（生活在康奈尔） ● Health & Safety（健康与安全） ● Health & Well-Being（健康与幸福） ● Counseling & Psychological Services（咨询与心理服务）

全面考查 15 所美国高校心理中心网站所涵盖的心理健康教育工作内容后，将其归纳、总结如表 2 所示。

表 2　15 所美国高校心理中心网站所涵盖的心理健康教育内容

<table>
<tr><th>领域</th><th>具体内容</th></tr>
<tr><td rowspan="2">基础介绍</td><td>中心介绍（愿景、目标、地点等）</td></tr>
<tr><td>师资介绍</td></tr>
<tr><td rowspan="4">心理咨询专业服务</td><td>个体咨询预约</td></tr>
<tr><td>团体咨询预约</td></tr>
<tr><td>危机预约与干预</td></tr>
<tr><td>Let’s Talk</td></tr>
<tr><td rowspan="2">医学服务</td><td>精神科咨询</td></tr>
<tr><td>药物管理</td></tr>
<tr><td rowspan="2">信息资源</td><td>线上资源（知识）</td></tr>
<tr><td>校外转介资源</td></tr>
<tr><td rowspan="4">社区资源</td><td>社区拓展服务（团体辅导、工作坊、培训等）</td></tr>
<tr><td>社区联络员</td></tr>
<tr><td>同辈心理员</td></tr>
<tr><td>提供实习</td></tr>
<tr><td>远程服务</td><td>远程热线</td></tr>
<tr><td>建议与意见</td><td>Q&A</td></tr>
</table>

三、美国高校心理健康教育的经验

（一）系统观下的大健康教育模式

从网站架构来看，美国高校的心理中心网站大多隶属于 Health & Wellness（健康与幸福）这一个大板块之下（美国大多数高校心理中心是隶属于健康中心的机构）。与心理中心相平行的板块还有医疗服务、运动服务、残疾人服务、儿童照料、学生健康保险服务甚至部分学校还有安全稳定、社区建设等内容。这样的层级逻辑架构反映出美国高校大健康教育的理念，即心理健康教育的内涵重在全面的健康提升而非仅仅指心理的健康。只有达到身体状态、精神状态、人际关系、社会适应全面平衡才是真正的心理健康的人。

如此理念下，美国高校积极探索系统性、整合式的心理健康教育工作模式。普林斯顿大学心理中心的愿景中写道：At Princeton, we believe in taking care of your whole self and have dedicated resources to sustaining and enhancing your physical, psychological and emotional health（在普林斯顿，我们希望全方位照顾您，并提供专业资源来维持和增强您的身体、心理和情绪健康）。遵循这样的理念，普林斯顿大学心理中心的工作实践具有身心整合的特点，诸如推出了“身心一体化项目”（Mind-Body Program），提供身心一体的活动——瑜伽、太极、普拉提、正念冥想等。师生通过身体实践来促进心理健康，如缓解压力、焦虑症和慢性疼痛等。再如芝加哥大学心理中心的愿景中提道：Our mission is to provide students with comprehensive health, counseling, and wellness services to support their academic, personal, and professional success（我们的使命是为学生提供全方位的健康、咨询和保健服务，以支持学生获取学业、职业和个人人生的成功），充分强调了个体心理健康的系统性和整合性。贯彻这样的理念，芝加哥大学心理中心致力于在充分了解学生需求的基础上，提供以能促进个体终身良好健康习惯、提高生活质量和发挥潜能的教育活动，如酒精教育、睡眠课堂、婚恋课堂、幸福课、正念冥想练习等。

（二）心理健康教育服务于社区发展与和谐

首先，美国高校重视心理健康教育在校园社区发展中的作用。本研究中的15所美国高校中心愿景和理念中都提到了心理健康教育对于社区和谐与幸福感的促进。如康奈尔大学心理中心愿景中提道：At Cornell, we strive to create a truly diverse, inclusive and egalitarian community in which all groups are included in the conversation and all members communicate effectively across differences（在康奈尔，我们努力创建一个真正多元化、包容和平等的社区，在这个社区中，所有群体都参与到对话中，所有成员都能跨越差异进行有效沟通）。再如杜克大学中心愿景提道：Consultation and Advising with students, faculty, and staff on efforts to improve campus mental health and create a more supportive community（我们向师生提供咨询以此改善校园心理健康和创建更具支持性的社区而努力）。可以看出，美国高校的心理中心都重视维护个体心理健康的同时增进社区互动与联系，通过培养个体社区感以促进身心发展和改善社区生活质量。

其次，15所高校的心理中心都有社区拓展服务（Outreach）。社区拓展服务让心理健康教育走出中心办公室，延伸到了校园社区的各个空间。其包含的主题、内容和形式多样，主要有工作坊、团体辅导、特定主题的培训等。立足于创新工作的方式方法来满足师生的心理健康需求，提升校园社区中师生的心理健康意识，习得心理知识与技能，并同时增进多样、包容和关爱的校园健康心理氛围。在社区拓展服务中，令人印象深刻的是 15 所高校都提供了定制化服务（Outreach Request），即师生如果有特定的需求，可以通过网络填表的方式报送至中心。中心在经过需求统计和可操作性衡量后开设相关的培训。定制化服务所提供的内容是非常专业的，诸如睡眠、酒精成瘾、寝室关系、身体焦虑、性侵等方面的主题，师生能通过参加特定的专业工作坊解决实际的心理健康问题。

再次，在美国的部分高校中设置有校园社区心理联络员制度（Community Liaisons）。如康奈尔、范德堡等大学心理中心将校园社区心理联络员比喻为师生与心理中心的桥梁，他们的主要职责是协助心理中心向校园社区中的师生提供有关心理健康相关服务的信息与知识，并收集来自社区师生的需求，以便心理中心提供更加恰当、有效和精准的服务。心理联络员通常会由心理、社工、精神病等专业的学生、学生社区管理行政人员或者宿管来担任，也会在一定程度上代表诸如非裔、拉丁裔、亚裔等群体。他们并非专业的心理治疗师，而是通过向师生提供心理健康服务和支持渠道来实施帮助。

最后，部分高校的心理中心建有完善的同辈心理健康教育工作体系。如哈佛大学、宾夕法尼亚大学开设同辈心理咨询项目（Peer Counseling）。提供心理咨询的人员一般都是学生，当同辈咨询员觉得个案超过他们的胜任力时，也会被及时转介给更加专业的心理咨询师或者治疗师。当然，朋辈心理员不仅仅局限于心理咨询工作，更多的还是参与到校园心理辅导与服务中，如范德堡大学建有专门的学生关怀网络（The Student Care Network），该组织致力于促进社区师生的心理健康。学生关怀网络中的同辈心理员被称为学生关怀协调员（Students Care Coordinator），他们将向社区师生提供校内、校外各方面的心理资源，并给予求助者安慰与支持。再如哈佛大学的同辈心理组织会不定期地开展诸如性别认同、酒精成瘾、身体印象、进食、焦虑等半专业化的主题活动，通过同辈互助的形式，运用同辈之间平等、包容和接纳的氛围让更多的学生受益。

（三）以自助和他助为目标的资源取向心理健康教育

美国高校心理中心强调在自身积极寻求帮助的基础上，自助与他助相结合，积极并且善于帮助他人。特别是新冠疫情后，美国大学生的心理健康问题凸显，其多样性和复杂性更加明显，美国高校心理中心加强了自助与他助各方面的工作内容。[5]

美国高校心理中心在自助方面的工作比较完善，主要提供个体咨询、团体咨询、同辈咨询、网络心理咨询、危机干预、校外转介等服务。师生在预约心理咨询的时候会先与咨询顾问有一次 15 ~ 30 分钟简短的谈话，顾问将对来访者的情况做一个整体性评估，并进一步介绍到适合的心理咨询师处。另外，美国高校心理中心还提供一种叫作“Let’s talk”或者“Drop-in Talk”的咨询方式，其类似于一次单元咨询。如在宾夕法尼亚大学，“Let’s talk”项目的理念是：No appointment needed，first come，first serve（无须预约，随到随诊，先到先得）。“Let’s talk”主要针对自己是否需要进行心理咨询有困惑，或者目前正面临着一些现实性困扰的师生。同时在服务指南里也明确说明了本项服务秉承的是“一次单元、资源取向”的咨询理念。而需要长程咨询、面临心理危机以及患有精神疾病的来访者则不属于该项目的服务范围。这种服务形式拓展了学校心理咨询的广度，对在校园社区中推广个体心理咨询、树立积极的自助意识有很大帮助。

在他助方面，美国则是通过信息知识宣教和培训完成的。如大多数的美国高校会有相关的助人专栏，主要介绍自杀干预、抑郁症干预等心理健康助人知识与技巧。再如美国西北大学心理中心自杀干预培训，旨在使校园社区内的师生能够识别和正确回应意图自杀者，以更好地帮助他们。诸如此类的培训在其他高校也有很多，如帮助新生适应、反校园霸凌、性侵援助等主题。

此外，美国高校心理中心重视师生对心理健康服务的反馈建议与评价，在网站上专门设置了评价反馈信箱或者表格栏目，如耶鲁大学的在线反馈问卷调查表（Comment Card），让每位来访者都填写反馈意见。心理中心能够及时接受到来自师生的反馈，不断改进方法，提高服务水平。在这样的驱动下，高校心理健康教育工作更加规范，有力促进了专业化发展。

四、美国高校心理健康教育的有益启示

（一）系统观下的全员、全过程、全方位心理健康教育观

系统观理念下的心理健康教育强调全员、全过程、全方位的心理育人。《“健康中国 2030”规划纲要》提出“共建共享、全民健康”的大健康理念。[6]这是一种全局健康的理念。它围绕着人生活的各个方面，关注各类健康因素的交互影响，包含身体、精神、生理、社会、环境、道德等方面的完全健康。

回归到心理健康教育实践工作场域，具体的做法是在现有的心理健康教育四位一体格局下融入更多大健康的内容。首先，在心理健康教育教学方面，要充分发挥课堂主渠道的作用，在课堂内容中全方位融入身心一体、健康生活方式、性教育、环境保护、人际关系甚至是社会文化的内容，以知识教育的方式让学生理解人是一个整体，个体的心理健康与身体、环境等因素是密切相关的。其次，要结合更多元的内容来开展心理健康教育活动与宣教。如开展园艺、绿植栽培等活动，将环境、生命、绿色等主题融入心理健康教育中。再如，许多研究已经证明身体活动与心理健康有密切的联系，要充分将体育与心育融合，实现协同育人等。要重视全员和全过程的系统性心理育人，重视家校共育，促进学生的健康成长。从新生到毕业生的全过程心理健康教育，面向不同阶段的学生开展有针对性的教育。

（二）推进健康心理氛围的校园社区建设，增强师生校园社区感

2020 年，教育部等八部门联合颁布《关于加快构建高校思想政治工作体系的意见》，提出要“推动‘一站式’学生社区建设。[7]伴随着建设的逐步推进，一站式社区被视作兼具学校管理与学生学习与生活的多重角色和特性，被视为是实现立德树人、协同育人的空间载体。[8]而在学生一站式社区的建设过程中，心理健康是重要部分之一。

基于美国心理健康教育的社区理念与工作实践，主要有三点启示：第一，心理健康教育的校园社区网格化、精细化和全覆盖工作。尽管目前国内高校中已经逐步建立起了“学校、院系、班级、寝室/个人”的四级心理健康服务与预警体系，但是其专业化程度还比较低。目前高校所推行的心理委员制度与美国高校中的校园社区联络员制度就非常相似，但是国内高校中心理委员

的建设上，无论从制度层面、队伍设置、专业技巧、身份认同和助人意识等方面都还有所欠缺。高校需要结合自身校园社区实际，在心理委员的队伍设计、身份意识和知识培训上下功夫，提升心理健康社区网络建设的实效性。第二，心理健康教育活动在校园社区的自发性和自创性。与我国实际有所区别，美国高校的心理中心主要以个体咨询服务为主，即便是开展活动也主要以小型多样的专业化团辅、工作坊活动为主，鲜见大规模的党团活动。因而在活动方面主要依靠学生心理组织开展特色鲜明的学生活动。[9]而我国高校中建设有完善的党团组织，心理社团隶属其中。加大对学生组织活动开展方面的专业性的培训，撬动心理活动的自发性和自创性，让这些同辈教育者深入到学生中开展教育活动很有必要。第三，目前在知识宣教方面，往往比较重视自助知识和技巧的传授，并鼓励学生个体积极寻求帮助是一种强者的表现，但是他助的资源则比较欠缺。在心理健康教育中融入他助知识与技巧能在更大程度上增强学生的社区观念和集体意识，更好地推进校园人际网络联结，促进良好心理氛围。

（三）创新工作方法，精细工作内容

随着《普通高等学校学生心理健康教育工作基本建设标准（试行）》《高等学校学生心理健康教育指导纲要》以及《关于加强学生心理健康管理工作的通知》等高校心理健康教育相关通知文件的颁布，我国高校心理健康工作有了具体要求和工作标准，提供个别咨询、团体咨询以及开设相关的心理健康课程成为当下高校心理健康教育工作的主要内容。如在个体咨询领域，目前国内高校心理咨询主要还聚焦在中长程的咨询实践上，整体上也较为规范。有无可能增加类似于“Let’s talk”的焦点解决抑或者一次单元咨询的个体咨询板块，以此提升校园咨询效率和覆盖面，值得讨论和尝试。再如，在国内高校中普遍以班级为单位，实行心理委员制度，这与美国高校中的社区联络员制度异曲同工，并且目前业内也非常重视心理委员的专业性培养，但是各大高校体系化的心理委员培养模式还在形成之中，心理委员的身份意识和在班委中的地位还有待进一步加强。

参考文献

[1] 中共教育部党组. 高等学校学生心理健康教育指导纲要[EB/OL]. [2022-07-31].http://www.moe.gov.cn/srcsite/A12/moe_1407/s3020/201807/t20180713_342992.html.

[2] 教育部办公厅. 关于加强学生心理健康管理工作的通知[EB/OL]. [2022-07-31].http://www.moe.gov.cn/srcsite/A12/moe_1407/s3020/202107/t20210720_545789.html.

[3] 董雪，李欢，阮云志，等. 美国高校心理健康教育特点及启示——以 6 所美国一流大学为例[J]. 高教学刊，2021，7（31）.

[4] Best National University Rankings[EB/OL]. [2022-07-31]. https://www.usnews.com/best-colleges/rankings/national-universities.

[5] 李嘉超，储祖旺. 美国大学生心理健康服务的新问题与应对策略[J]. 清华大学教育研究，2021，42（6）.

[6] 中共中央 国务院印发《"健康中国 2030" 规划纲要》[EB/OL]. [2022-07-31]. http://www.gov.cn/xinwen/2016-10/25/content_5124174.htm.

[7] 教育部等八部门. 关于加快构建高校思想政治工作体系的意见[EB/OL]. [2022-07-31].http://www.moe.gov.cn/srcsite/A12/moe_1407/s253/202005/t20200511_452697.html.

[8] 史龙鳞，陈佳俊. 新时代高校学生社区协同育人的机制研究——基于浙江大学"一站式"学生社区综合管理模式的观察[J]. 思想教育研究，2021（3）.

[9] 赖海雄，张虹. 中美大学生心理健康教育比较及其借鉴[J]. 思想理论教育，2016（9）.

新建地方本科院校校园文化品牌建设研究
——以成都工业学院为例①

◎ 程迪 朱薇薇

（成都工业学院党委宣传部 四川成都 611730；
成都工业学院宜宾校区 四川宜宾 644000）

【摘 要】校园文化品牌是一所学校特色的重要体现，对学校的发展产生深远的影响。已占全国本科高校半壁江山的新建地方本科院校在不断增强办学实力的同时，切忌忽视文化软实力的建设。本文从新建地方本科院校校园文化品牌建设的现状出发，并以成都工业学院为例，探讨新建地方本科院校校园文化品牌建设的思路和途径。

【关键词】新建地方本科院校；校园文化品牌；成都工业学院

校园文化是一所高校长久的办学历程中凝练的精神价值，以潜移默化的方式影响着师生的思想和行为，是高校的灵魂，是高校提升办学水平和特色发展的内在支撑，是高校长远发展的重要支柱。新建地方本科院校作为2000年后随着高等教育体制改革的不断深入迅猛发展而来的新兴院校，业已占据我国本科高校的半壁江山。经过20多年的发展，新建地方本科院校在办学规模和办学实力上逐渐取得了一定的成就，但总体上讲文化建设滞后于物质基础建设，文化软实力还无法与老牌本科院校比肩，有效的竞争力不足，需从学校实际出发，找准关键的突破口，构筑自身的特色，打造特色校园文化品牌，从而增强自身生命力，不断地提升办学实力。

① 本文是四川省高等学校人文社会科学重点研究基地——新建院校改革与发展研究中心项目课题“基于文化软实力的新建地方本科院校品牌建设研究”（XJYX2022B13）的研究成果。

一、校园文化品牌的内涵

校园文化品牌是指一个学校在办学过程中形成的特色鲜明文化特色项目以及具备较强影响力的文化标识，其内核就是校园特色文化体现。总体来说，校园文化品牌具有以下四个方面的特征。

（一）独特性

校园文化是学校在自身漫长的办学历程中逐渐形成和凝练出的独特的精神文化形态。无论是校名、校址、校史，还是办学定位、学科建设、人才培养目标等方面，每个学校都是不一样的，形成和凝练的校园文化也是独一无二的。

（二）公知性

校园文化中的精华部分才能成为文化品牌，可以是颇具学校特色的特色文化项目，也可以是学校精神文化凝练的品牌标识。而形成的校园文化品牌的一个重要特性就是得到了广大师生以及社会公众的认可，并成为学校对外广泛传播的标志品牌。

（三）发展性

校园文化品牌不是一成不变的，文化本身也是与时俱进的。学校的办学定位、人才培养目标等都是根据时代和社会需求不断做出调整和变化的，校园文化品牌也是不断成熟、不断发展的，从而凝练出当下的具备学校特色的文化品牌。

（四）教育性

高等学校的根本任务就是“立德树人”，高校的所有工作必须围绕这一根本任务展开。培育和建设优秀的校园文化，就是用文化引领大学的理想信念，用文化熏陶大学生的思想行为，用文化浸润大学生的人文素养。所以，校园文化品牌不同于其他文化品牌，不具备功利性，是独有的教育性的文化品牌。

二、新建地方本科院校校园文化品牌建设的现状

目前，我国新建地方本科院校总体而言，大致可以分为三类：一是由本身已经具有较长办学历史的专科学校独立升格为本科；二是由多所高职高专院校合并升格为本科；三是新建的民办独立院校。这些新建地方本科院校大多由于历史文化积淀不够、办学环境条件相对薄弱等因素，所以在本科办学经验、办学特色、校园文化建设等方面与老牌本科院校还存在一定的差距，特别是在作为大学软实力标志的校园文化特色建设方面，还存在诸多不足，不同程度地影响着这些院校的发展和品牌的提升。

（1）新建地方本科院校的本科办学历程普遍较短，大部分新建地方本科院校存在历史文化底蕴相对缺乏的问题。大学理念和大学精神都是在学校发展的过程中成长起来的，需要高校自察自省，逐步挖掘，不断提炼。除个别历史悠久的老牌专科学校独立升本外，合并升本的新建地方本科院校大部分都是专科或者更低层次办学历史的院校，本科办学历史相对较短，又面临多个专科学校历史文化的融合，一方面要努力承继历史上优秀的办学理念，另一方面也要提炼确定本科的办学理念，这需要一个过程。还有部分是全新的学校，基本就没有文化底蕴可言，就需要新的探索，去建立一个独有的校园文化。

（2）新建地方本科院校办学特色凝练不够。新建地方本科院校由于本科办学时间较短，办学规模又扩张过快，大多尚未形成具有较高辨识度的办学特色，专业核心竞争力尚显不足，所以在一定程度上，有专业无优势、有规模少特色、有建筑缺精神是目前新建本科院校的普遍问题。

（3）新建地方本科院校文化品牌建设意识不够。新建地方本科院校对校园文化的建设有的还停留在过去粗浅的物质文化建设层面上，没有品牌意识。老牌本科院校有的专业就是品牌，有的建筑就是品牌，有的活动就是品牌，有的文创就是品牌，而新建地方本科院校鲜少有大家耳熟能详的文化品牌。

三、成都工业学院特色校园文化品牌建设实践探索

成都工业学院前身为成都电子机械高等专科学校，百年来一直立足成都办学，学科专业一直以工为主，是教育部命名的首批示范高工专院校，2012

年升格为本科院校。经过十年摸索，成都工业学院始终坚持“地方性、应用型、开放式”办学定位，坚持传承红色基因、应用型基因的优良传统，秉承“手脑并用、学做合一”的校训，通过开展校园特色活动、营造特色校园文化育人氛围，形成了特色鲜明的红色+工业校园文化品牌。

（一）弘扬百年老校的红色基因

学校建立于1913年，办学之初就秉承“实业救国”的理想信念。民主革命时期，创办染织、化工，为民族工业萌芽贡献力量；抗战时期受命创办中技科，为抗战贡献绵薄之力；新中国成立后，大力兴办机械、电子学科，为新中国建设添砖加瓦；改革开放后，开设厂长经理班，培养了一大批优秀企业高端人才；进入新时代，学校又在智能制造、电气信息、现代服务业领域努力发挥作用，积极建树，为中华民族的伟大复兴培育更多建设者。百年来的办学历程，始终与祖国发展同频共振、同行同向，红色基因深入骨髓，成为学校浓厚的文化底蕴。

在悠久的办学历程中，涌现了一大批的优秀校友，其中最为杰出就是陈毅元帅。陈毅曾在学校50周年校庆发来贺电，表达了对母校深厚的情谊。学校为弘扬红色基因，在校园内树立陈毅半身像，设立以陈毅命名的奖学金，开展以陈毅冠名的足球杯赛等。多年的历史传承，“陈毅”已经成为学校的一张红色名片。

升格为本科后，学校凝练了以“追求真理，坚定信念的政治品格；忠心报国，勇于献身的爱国精神；胸怀坦荡，无私无畏的人格魅力”为主要内容的“陈毅精神”，这既对陈毅的革命意志、精神境界和人格魅力进行了高度概括，又便于师生理解、记忆、学习，变为师生所认同和接受的理想信念、价值取向和道德规范，形成学校可持续发展的精神动力和校园文化建设的精神内核。2018年，学校在郫都校区建落成面积为2000多平方米的陈毅纪念园，作为四川省爱国主义教育基地以及学校重要的红色文化教育基地，发挥着重要的育人功能。2021年陈毅纪念园也成为四川省党史学习教育的重要学习场所。校园软硬件建设上也增加了更多陈毅精神元素，逐渐形成了以陈毅精神为核心的特色校园文化。如用陈毅名字命名两个校区主要建筑和道路：郫都校区广场命名为弘毅广场；教学楼命名为“允明楼”（“允明”为陈毅读书时用名），让红色元素深入渗透入校园文化的各个方面，形成独有的红色文化品牌。

（二）传承工业文化的优良传统

学校自建校以来一直具有浓厚的工业文化基因，办学历史上 12 个校名 9 个都含有“工”字，学科专业上更是以“工”为主，在四川省机械、电子行业深具口碑传承。学校曾经先后隶属二机部、四机部、电子工业部以及四川省原电子工业厅等部门，学科专业一直以工为主。2012 年升本后，依然围绕时代和社会需求，坚持以工为主的育人传统，推进以“产教五融合”为特征的应用型人才培养模式的全面改革与创新，进一步面向“智能制造”“电子信息”“现代服务业”3 个领域培养服务地方区域经济发展的高水平应用型人才。历经一个世纪的发展，以“工”为特色的学科优势不断凸显。

与此同时，学校自 1965 年起就在校内建有真实的工厂——成都六三三机电科技有限公司（原国营无线电专用设备厂），建成本科后，依托该工厂，学校创建了国际级实训基地，已经成为学校一个重要的文化品牌。学校还建有省级科普教育基地——机械博物馆，有长期从事工业文化研究的团队和平台，在课程思政中也不断融入工业文化。学校工业文化特色不断凸显，是学校校园文化品牌的重要核心内容。

（三）打造特色文化育人品牌

校园文化精神、价值的传承和弘扬需要通过一定的载体予以呈现。这个载体包括报告提炼的文字、标识的精神载体，以及打造的校园景观的物质载体，还包括学生活动的活动载体。在校园文化品牌的构建过程中，这些隐形和显性载体既起到宣传校园文化的作用，也是校园文化传承的重要呈现方式。

学校升格为本科院校后，重新梳理提炼了“艰苦奋斗、严谨治学、崇尚实践、追求卓越”16 字的“成工精神”，再次明确了学校校训、校风、学风、教风，梳理确定了学校的办学定位、人才培训目标，确定了学校的校徽、校歌，规定了学校的 VI 标识。学校的主体建筑物基本都是以学校杰出校友名字、体现学校重要办学时期寓意命名的，文化品牌深入人心。校园景观的打造上，也突出红色+工业文化的特色景观打造。郫都校区中轴线的世纪大道、图书馆前的陈毅青松雕塑、工业化进程中的机器雕塑、校园文化石、宜宾校区的校徽广场等景观无处不彰显学校的红色基因和工业文化基因。在学校重大典礼活动、新生进校、毕业生离校等关键时刻，学校还设计了一系列颇具学校特色的文创产品。

学生活动方面，学校已经形成了“工聚华彩”“工创未来”“工韵华章”三大文化活动品牌，并形成了以陈毅命名的弘毅讲坛、陈毅诗词大赛、讲解员风采大赛等思政类特色活动，陈毅杯足球赛、“一二·九”文艺汇演等文体类特色活动，三月学雷锋、暑期三下乡等实践类特色活动。在新的时代要求下，学校注重五育并举，培养充满活力、自信、健康向上的新时代大学生。一是将校园文化建设与体育课程改革充分融合。推行体育课程改革，将课堂教学与课外活动有机融合，即学生除上体育课外必须参与至少一项体育课外锻炼，形成了成熟的机制和模式，每天参加体育锻炼已经成为成工学子的习惯。二是将劳动教育纳入人才培养方案，广泛组织学生开展各类劳动实践活动，教育引导学生崇尚劳动、尊重劳动，形成以劳树德，以劳增智，以劳强体，以劳育美，以劳创新的育人格局。通过这一系列显性与隐性载体，积极打造具有红色+工业特色的校园文化品牌，并在育人实践中不断彰显强化，为学校又好又快发展提供有力支撑。

（四）融入地域文化特色

成都工业学院两个校区分别在成都和宜宾。宜宾是有 2200 多年建城史的历史文化名城，养育了李硕勋、赵一曼等无数革命先烈和文坛大师，积聚了多姿多彩的长江文化、酒文化、红色文化，底蕴深厚。成都作为省会城市，更是有着深厚的城市文化底蕴及历史人文感。地处两地的成都工业学院，挖掘当地文化资源，将古蜀文化和宜宾本土文化融入校园文化中，不仅在第二课堂开设蜀绣、竹编等特色文化课程，还组织学生多途径进行本土爱国主义教育，也给打造特色鲜明的校园文化品牌增光添彩。

四、成都工业学院特色校园文化品牌建设路径

成都工业学院与老牌本科学校相比，在本科办学层次上的校本优势并不明显，学校在现有的条件下能取得今天的成就，与学校特有的历史文化传统

和不断与时俱进的凝练打造不无关系。

（1）提升办学理念，凝聚学校精神。办学理念是指引全校师生员工贯彻教育思想、实现教育目标的行动指南，引导大学发展的强大动力。大学精神是根植于大学办学传统与办学经验之上积淀而成的独特的精神气质，是学校全体师生员工广泛认同的群体意识。新建地方本科院校首先要重新梳理自己的办学理念，准确定位，凝练自己的学校精神，构建全校师生都认同的价值目标和价值追求。

（2）坚持历史传承，实现特色兴校。历史是最好的教科书，大部分新建地方本科院校都有专科办学历史，不管是独立升本还是合并升本，都必须要正视历史，梳理学校的发展脉络，找到学校的立校之基，回归办学的初心和使命。这是学校最独特的特色文化品牌。

（3）坚持与时俱进，赋予文化“新”意。时代在不断发展，高等教育也不断被赋予新的使命和任务。校园文化也不能一成不变，要根据时代和社会的需求，根据学生不断变化的时代特点，不断创新，让文化更具有吸引力，以真正实现文化的引领力，更好地发挥育人功能。

（4）融入地域文化，服务社会发展。新建地方本科院校就是根植地方，服务地方区域经济和社会发展的高校。地域文化是一个地区最为宝贵的资源和财富，富有鲜明的特色亮点。在校园文化的建设中充分融入地域文化，一方面，可以增强师生的文化认同感，引导师生更好地扎根地方做贡献；另一方面，可以极大地丰富校园文化，为校园文化的品牌建设赋予新的亮点。

五、结语

校园文化品牌是大学软实力的重要组成部分，也是学校精神和价值的集中体现。新建地方本科院校除了重视办学实力的提升外，也要重视文化软实力的建设，要在日益成熟的校园文化基础上，不断完善和提升，凝练出自己的特色，建设独特的文化校园品牌，用文化引领、浸润、培育大学生全面发展，对外进一步提高知名度、影响力和美誉感，获取更多的社会资源和经济效益，推动新建地方本科院校高质量发展。

参考文献

[1] 朱毅峰. 高校校园文化品牌建设探析[J]. 浙江师范大学学报（社会科学版），2007（3）.

[2] 董云川，周宏. 大学的文化使命[M]. 北京：人民出版社，2012.

[3] 教育部思想政治工作司. 高校校园文化建设理论与实践[M]. 北京：中国人民大学出版社，2012.

[4] 马鸿飞，夏为. 高校品牌竞争力构成要素分析[J]. 黑龙江教育，2008（4）.

[5] 侯旻翡，谭钊. 高校校园文化活动品牌培育探究——以广东省高校校园文化活动优秀品牌为例[J]. 广西青年干部学院学报，2013，23（3）.

[6] 杨震. 校史编研：高校校园文化传承的一个重要路径——以武汉科技大学为例[J]. 武汉科技大学学报（社会科学版），2013（4）.

[7] 王承杰，王春梅. 地方高校与地域文化融合发展的创新研究——以潍坊科技学院为例[J]. 中国成人教育，2016（13）.

[8] 何小梅. 高校校园文化品牌培育策略研究[J]. 思想理论教育导刊，2016（12）.

[9] 方文彬. 行业特色高校专业文化建设的价值意蕴与实践路径[J]. 长沙理工大学学报（社会科学版），2022（3）.

[10] 汪津生. 如何理解党的文化软实力建设新思路——基于中国共产党十八大报告的考察[J]. 新东方，2013（1）.

应用型大学教研组文化建设的路径探索

◎ 何翠华　王科

（成都工业学院大数据与人工智能学院　四川成都　611730）

【摘　要】教研组文化是教师文化发展的动力，探索教研组文化建设路径，从而实现学校文化发展。本文从关注教师专业成长，激励教师队伍发展，塑造教师新时代角色，鼓励从不同理念与不同教学方法等论述角度，研究建设富有特色的教研组文化的路径。

【关键词】专业成长；教师角色；内部争论

随着发展观的转变，确立什么样的发展观，是学校发展面临的重要课题。学校是伴随着社会的演变，影响和完善个体发展功能的主要场所。在社会历史领域，学校同样是社会发展需求的聚焦与反应。教师是学校功能的主体，保证师资队伍建设就是保证学校发展的重要基础。学校要坚持与时俱进，培养创新精神，那么以教育事业发展为首要资源理念的教师文化的发展壮大是发展的重要途径。学校文化与教研组文化相辅相成，教研组文化又是教师文化的发展动力。关注教研组文化建设，激励教师队伍发展，坚持人才强校，建设富有特色的学校文化，是学校发展的核心竞争力。

所谓文化是一个外延丰富而且动态运作的范畴，文化流变的主要形式和功能之一是文化传递[1]。文化是一种历史现象，是社会历史的积淀物。不同传递机制的教研组文化，在学校教育过程中分别扮演着不同的角色，因此对教研组文化建设路径的探索直接关系到教育发展的良好机制。本文分三个路径进行阐述：首先，关注教师的成长，关注教师的专业发展，激励教师的成就感；其次，教研组适时地讨论当代教师面临的敏感冲突，塑造新时代下的教师角色；最后，教研组文化要建设讨论的气氛，鼓励不同理念与不同教学方法的交流，权威老教师注意对不同思想观念的支持与补充。

一、教师专业成长新理念

（一）教师对专业知识的整合与深化

教师不能被看成一般性的职业，而是真正的专业。教师深厚的学科知识并不一定代表着成功的教学方式和新的教学理念，如何利用教师的知识基础产出对教学内容的“深刻理解”，不仅要对教材做精细与批判性的理解，还要求教师对专业知识进行整合与深化。

所谓“整合与深化”是一种实践性知识，不仅仅是依靠单纯的理论研究，因此这项工作要求体现在两个方面：一方面，专业知识的整合与深化不是唯一的理论研究，而是具有综合化的实践性质，对教育者具有实际可操作性。换句话说，以教育者已有的理论基础为载体，解决相应的社会实际问题为主要目标。另一方面，教学是具有创造性的脑力劳动而不是简单的重复性劳动，由于工作对象思维的复杂性与教育实施过程的不确定性，仅仅照搬某一套万能的教育理论，教育者不进行整合与深化则不能有效地促进教育者的专业成长。换句话说，主要依靠教育者的创造性劳动。实现由理论性知识向实践性知识的转变，只有切实立足教学活动实践，以改进教学活动方式作为直接目标，教师才能更有效地发展自己的专业知识，从而得到成长[2]。

（二）实践性智慧是教师专业成长的主要途径

为教学工作服务的不同的教学方法与模式，不应成为教育者思想的桎梏、专业成长路上的绊脚石。“在实践中和向实践中学习”是国际数学教育界关于教师专业发展的整体趋势，即认为以实践作为教师专业发展的直接基础，认真地教学实践和积极地反思总结，不断地增长自己的“实践性智慧”[3]。

实践性智慧是包括一种把握具体行动的特征的实践性直观，以及一种寻求如何达到目的的途径与手段。英国学者威廉姆认为，“实践性智慧”具有“行动指向”特征而不是简单的“结果指向”，即实践性智慧的主要作用是帮助教育者确定行动的方式方法。同时“实践性智慧”不代表适用于各种具有复杂性与不确定性场合的普遍性研究理论，这里强调教育者借助优秀案例进行再创造，是思维分析过程。这就是为什么案例分析应重在分析，单纯地对“案例”进行收集，不能代替真正的研究工作。

一般意义的“案例”不能帮助教育者专业成长，而“课例”是对一节课进行剖析研究，让教育者深度挖掘再思考，从而促进教育者专业的成长。以近几年得到迅猛发展的“翻转课堂”为例，它将将简单的记忆、理解、运用放在课下，而将高层次的综合运用和创新放在课上[3]。当然，这非常适合具有思维性与审判性的大学生群体。一堂课是否有效，主要体现在是否有效促进学生更积极的思考，并能让更多的学生逐步学会想得更深细、更合理有效。课堂更应强调动脑而不仅仅强调动手。这也能直接阐明“深度学习”“深”在哪里，从教师的教学内容中思考其知识内在的思想和思想方法，通过教育者的课堂教学促进学生的思维发展。显然学生的思维是否得到发展是评判一堂课是否成功的重要标志。当然还有更多课例，如“先学后教”“视频导学”等。

综上就教师的专业成长而言，增长教育者的“实践性智慧”，用具体的案例说出普遍性的道理，用数学思想解释“从特殊到一般”，重视“课例”的研究，拒绝一般意义的“案例”。

（三）反思性实践

相关的理论审思应被看成对实践工作的自觉反思，教师经由教学活动所获得的经验未必是数学的活动经验，也可能与数学完全无关。“反思性实践者”是一个关于专业性实践新定位的观念，可以帮助人们很好地去理解现实中长期存在理论与实践严重脱节的弊病[4]。弗赖登塔尔在《作为教育任务的数学》中说：“数学化一个重要的方面就是反思自己的活动，从而促使改变看问题的角度。”[5]“数学化和反思是相互紧密联系的，事实上我认为反思存在于数学化的各个方面。”[5]

综上可见，借用郑毓信老先生在《新数学教育哲学》中所言：“智慧教育不应该理解成简单的经验积累，而应是重视数学思维由低层次向高层次的发展，即肯定数学智慧的反思性质。”[4]这帮助我们就如何去认识和处理理论与教学实践之间的辩证关系指明了努力的方向。

（四）反对迷信专家，坚持独立思考

美国文化人类学家米德提出的“后喻文化”“同喻文化”“前喻文化”被称为“三喻文化”。同时强调世界发展的方向正由“前喻文化”向“同喻文化”

与“后喻文化”悄然转变。

随着科学技术的发展，促使“网络后喻文化”时代盛行千里，科技改变知识传播途径，使知识资源实现全民共享。教育者对信息技术的接触和运用日渐娴熟，专家不再拥有绝对的知识优势。同时“专家引领”不是鲁班系统，往往基于规则不具有记忆功能，无法记忆自己的错误，甚至部分专家的意见有很大的随意性和笼统性，致使一线教师花费大量时间研究，依旧感到无所适从。从学术严谨性出发，教育者需独立思考，不迷信权威并发挥监督与批评学术的作用。

二、教师角色的再创造

此处借用文献[6]对教师权威的理解，教师权威在教师角色中扮演着至关重要的作用，它是教师权力的一种形式，能有效促进学生发展，保障教学活动实施，促进教学研究活动的开展，从而保证复杂的教学活动能够高效地运行。教育领域中必须构成一种权威性的社会组织形式，以保障组织活动的有序化。合理的教师权威就是这种真正的师生民主与自由的保障。

（一）当代教师角色中“教师权威”的新转化

随着信息技术的发展，学生获得知识的渠道丰富多样，对世界的认知急剧膨胀，教师不再是学生知识“绝对的权威”，传统价值观逐渐被淡化，形成对学校教育的巨大冲击，从而使学校德育遭遇了严峻的挑战。在教育过程中教师权威的时代转换，是学校教育工作改革与发展的必要要求，是教研组文化探索实践路径的重要基础。研究教师权威消解的实质是帮助教师实现优质教育活动的重要路径之一。

（1）后喻文化背景下的教师权威消解。

文化传递奠定“三喻文化”的根基，而学校教育是主要的文化功能。在传统意义上，学校就是知识的播种地。随着网络后喻文化时代的急速变迁，教师角色发生了巨大变化，专业知识的优势逐渐被瓦解，“知识上位者”被重新定义。有文献[7]更是指出，随着学生信息储备的增多，批判能力的增强，他们开始质疑、审视教师的知识权威。

（2）“程序正义”的缺乏导致教师权威消解。

一句共知的法律格言“程序正义”，一方面强调正义应得到实现，另一方面解释要以人们看得见的方式加以实现。在现实的德育过程中，学校各类常规守则以及各种班级的管理制度，过于追求正式化、系统化。一旦不能坚持适当的规范，烦琐的过程中不能做到公正地对待每一个人，最后“程序正义”缺乏导致教师权威的消解。虚拟的网络人际关系，极大地挑战现实的人际关系，在虚拟的网络世界中让缺乏人文关怀的学生获得与现实生活中无差别的存在感。制度的制定和执行缺乏伦理精神，从而走向了道德教育的反面。教师不再是“绝对正义”的代表者，批判能力日益增强的学生开始质疑教师的正义角色，教师“个人感召权威”也随之瓦解。

（3）教师职业“去圣化”导致教师权威消解[8]。

在不同的历史和文化背景下，“尊师重道”的传统也跌宕起伏。在传统的社会中，教师职业被赋予极高的社会地位，具有很大的权威。“红烛”“园丁”“春蚕”等形象深入人心，歌颂教师的无私奉献精神，从而把教师职业“神圣化”。其一，随着信息全球化，经济时代引起人们价值观偏移，教师职业逐渐成为一种谋生的手段或是工具。其二，学生自主性增强。学生作为教师权威关系中的被影响者，其自主性的程度是影响教师权威的一个重要因素。开放的信息扩大了他们的视野，教师不再“唯我独尊”。其三，大众素养的普遍提高使人们懂得如何有效维护自身及其子女的权益，导致他们根据自己的需求来约束教师权力的运用。

（二）塑造新时代下的教师角色

文献[8]指出，教师的外在权威可以主要唤起学生的服从感、敬重感和敬畏感，内在权威主要培养学生的敬爱感、敬佩感、信赖感和亲切感。其具体关系如图 1 所示。

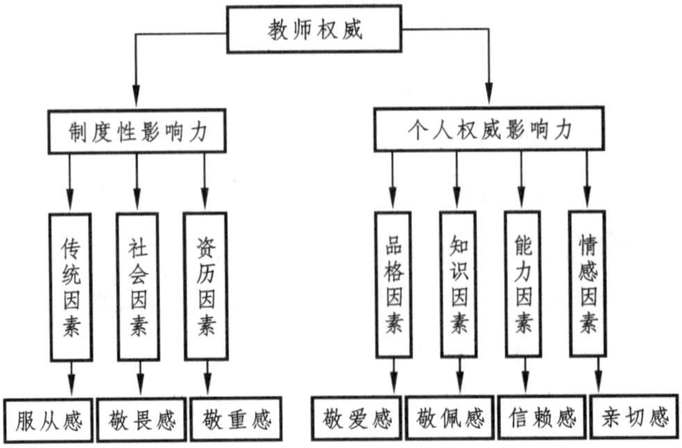

图 1　教师教权

结合图 1，并综合多个教育家的观点，提出教师新角色再创造的客观方向。

第一，教育者必须与社会的进步相适应。

学校教育是一项培养人才的宏伟工程，社会的进步促进教育发展，教育的发展提高了国民素质的整体水平，从而促进社会发展。在国民素养普遍提高的当今社会，教师已有的专业知识、经验能力也必须相应提高。这就要求教育者保持长期学习，用心思考教育，提升教育理论，不辜负教师职业所肩负的使命。时代在进步，对学生的要求也要与时俱进。在学习过程中帮助学生保持明确的方向，以适应社会的新要求，增强学生对教师的信赖与敬佩。

第二，教育者与教育理论相辅相成。

塑造教师的新角色，教育内容要适应时代进行必要更新，用现代数学教育理论指导数学教学，也需要当代数学教育内容反哺数学教育新理论。科学的教育观是教育者在教育中灌输知识的同时训练学生，在有限的时间内更有效地促进学生心智的发展，手脑并用实现知识的迁移。教育目的重要的是能力的发展而不是局限于知识的掌握。科学的教育理论制度是实现学生发展的重要保障。

三、内部争论是教研组文化提升的核心

内部争论是指不同的思想、理念、教学方法等的交流和冲突。课堂是传播知识的重要场所，是文化传承的场所，是思想迸发的场所，允许不同的知

识交流，冲突思想的碰撞，对学生而言感受到风格迥异的知识存在，对不同的问题持有不同看法的思想熏染，培养学生独立思考与辩证思维的能力。同时教研组文化建设需要营造一个教师各抒己见、互相争论的气氛环境，谈论不同的方法去解决问题，形成自己的教育风格，进而激发组员把教育当作崇高事业的热情。

综上所述，教研组文化建设方向不能盲目追随各种时髦潮流，我们更应该重视自己的专业成长，只有通过积极地教学实践和认真反思才能取得新的进步。

四、结语

任何事物的发展规律都是需要满足该事物自身规律的向外延伸，研究事物的发展规律，首先应遵循事物本身固有的规律。作者以教研组文化三个视角为切入点，研究当代教育新理念，遵循教育固有规律，粗略勾勒出教研组文化与教师之间的改进路线。在应用型本科院校建设师资队伍，提升全体教师的教学实践能力，建立并逐步完善教研组文化是重要途径，从而促进学校发展。同时期盼为提高当代教研组文化建设的质量与水平，提供一点有益的启示。至于更全面有效地建设教研组文化路径方式与评价机制等，还有待于进一步探讨。

参考文献

[1] 柳士彬，杨启亮．“三喻文化”与家庭教育[J]．教育评论，1996（1）．

[2] 郑毓信．从“整合数学”到“整合课程”[J]．小学数学教师，2016（2）．

[3] 郑毓信．数学教师专业成长的 6 个关键词[J]．中学数学教学参考（上），2015（4～6）．

[4] 郑毓信．新数学教育哲学[M]．上海：华东师范大学出版社，2015．

[5] 弗赖登塔尔．作为教育任务的数学[M]．上海：上海教育出版社，1999．

[6] 彭阳红，沈翰．“消解”还是“重构”——课程改革背景下对教师权威的思考[J]．中学教师培训，2004，11．

[7] 屈小曼．后喻文化背景下教师权威的应然转变[J]．教育现代化，2018（7）．

[8] 熊国清．中小学德育过程中教师权威的消解与重塑[D]．重庆：西南大学，2014．

“整体智治”理念下高校辅导员现代化胜任力的提升路径

◎ 王宇眉　罗涛

（成都工业学院大数据与人工智能学院　四川成都　611730）

【摘　要】本文旨在探讨将现代管理理念“整体智治”的管理模式融入高校辅导员现代化能力的提升路径中，以地方高校和辅导员为治理主体，以大学生的精准思想政治需求为治理客体，以提高地方高校和辅导员本身两个层面的“整体智治”能力为出发点，通过建立以数据共享为基础的跨部门、跨主体的智慧化校园共同体平台、开发辅导员智慧化培训体系，构建一支稳定的智慧化人才队伍，引导辅导员树立“智治”思维，从而提高辅导员信息化智慧化专业能力，以此提升大学生思想政治教育效果。

【关键词】整体智治；辅导员；现代化胜任力

一、研究背景

2019 年 2 月，中共中央、国务院印发了《中国教育现代化 2035》，文件中明确部署了面向教育现代化的十大战略任务，其中就包括建设智慧化校园，统筹推进建设一体化、智能化教学、管理与服务平台，加快形成现代化的教育管理与监测体系、推进学校的管理精准化和决策科学化、推进教育治理体系和治理能力现代化[①]。教育现代化包括教育理念、教育管理体系、教育手段和教育主体的现代化。随着新一轮科技革命和产业革命的到来，高校教育面临着转型和改革的挑战，从高校整体层面来看，高校思想政治教育伴随中国特色社会主义进入新时代而迈入新征程，必须因事而化、因时而进、因势而

① 中华人民共和国教育部. 中国教育现代化 2035 [EB/OL].http://www.moe.gov.cn/jyb_xwfb/s6052/moe_838/201902/t20190223_370857.html.

新，在开展大学生思想政治教育的过程中必须做到响应迅速、发力精准、有的放矢，新时代的思政教育意味着高校必须加快智慧化平台的建设，实现思政教育资源的共享，推进管理体系的现代化发展，用先进的管理理念来武装自身，提高思政教育的效率与质量；从个体来看，辅导员作为开展大学生思想政治教育的骨干力量，必须与时俱进，不断提升自身的现代化胜任力，运用现代化的教育理念和管理思维，创新思想政治教育方式，不断提高思想政治教育的实效性。

高校辅导员的现代化能力包括信息技术手段的掌握与应用，现代化的教育理念和教育素质的现代化，体现在辅导员处理事务的整体协同能力、管理学生的智慧化、开展思想政治教育的精准性与高效性上。辅导员职业能力素质和现代化水平直接影响高校思想政治教育的质量，关系着学生的成长成才和学校的高质量发展。对辅导员能力素质的研究一直是热门的学术研究内容。在中国知网上以“辅导员素质能力”为关键字进行检索，截至 2022 年 8 月共有 444 条结果；以“辅导员职业能力”为关键字进行检索共有 1488 条结果；以“辅导员现代化”“辅导员信息化”为关键词进行检索，搜索到相关文献 113 篇；以“整体智治”为关键字进行检索，搜索到相关文献 111 篇，主要集中于研究如何将“整体智治”的理念用于现代化政府的治理；以“整体智治”“辅导员素质能力”为关键字进行检索，搜索到相关文献 1 篇。通过搜索文献发现，目前对辅导员能力素质的研究主要集中于能力素质内涵、发展现状、提升路径等方面，研究视角主要集中于从思想政治教育相关理论出发对辅导员能力素质展开研究分析，在研究视角中虽然涉及一些管理学领域，但研究数量不多，代表性文献不足，主要集中于将管理学理论与思想政治教育相结合进行研究，而将现代管理学理论和理念与辅导员现代化能力提升相结合的研究成果较少。

2020 年 3 月 31 日，习近平总书记在浙江考察期间指出“从数字化到智能化再到智慧化，让城市更聪明一些、更智慧一些，是推动城市治理体系和治理能力现代化的必由之路”[①]。习近平总书记的讲话指明在信息化时代，管理

① 让城市更聪明更智慧——各地加快形成数字新功能 促经济社会行稳致远[EB/OL]. 新华网，2020-04-07.

主体可以通过广泛运用数字技术、现代化信息，推动治理主体、治理客体之间的有效协调，实现精准、高效的公共治理，在此意义上，“整体智治”的管理理念在学界掀起一股研究热潮，“整体智治”理念最先运用于政府公共治理，用于实现政府精准、高效的公共治理。“整体智治”有两个关键词，“整体”和“智治”，“整体”即在治理的过程中把所有的主体和资源视为一个“整体”，“智治”即采取先进的治理手段。这一概念包含三个关键元素：一是治理主体要实现治理手段的智慧化、治理资源和治理平台的集中共享；二是治理外部环境的整体协同性；三是在治理效果上，要实现精准的、高效的治理客体的需求。整体智治理念可以进一步推动治理主体之间的有效协调，从而实现精准而高效的治理。

将“整体智治”的现代管理理念融入辅导员现代化能力提升，首先是将高校和辅导员视为一个有机结合的“治理整体”，而“智治”就是“智慧治理”，强调高校和辅导员的治理手段，即将智慧化的治理手段融入辅导员开展思想政治教育的过程中，强调数字技术的广泛运用，将学生的思想政治教育需求视为治理客体，通过大数据手段精准掌握治理客体需求，给予学生精准的思想政治教育内容。

二、辅导员现代化能力的特征

现代化是一个适应社会发展趋势的过程，现代化的核心内涵是能够主动求变，以顺应未来趋势的过程。随着大数据时代的到来，辅导员面临来自社会现代化的压力，辅导员的现代化能力提升意味着其能够采用现代教育理论和方法，成为现代的、适合现代需要的新时代辅导员，既能够满足国家对当下环境下辅导员职业能力的要求，又能契合新时代大学生思想政治教育的需求。

（一）辅导员的现代化能力具有自我管理的特征

自我管理意味着搭建自己的规则和系统，让实际工作更有效地符合预期的运行。辅导员的现代化要求辅导员自身能够更加科学地分析自我、管理自我，增强自我规划能力，以积极的心态来应对工作中的压力和挑战，不过分受到外来环境的影响与压力，有清晰的自我定位和职业规划目标，能够与时俱进。

（二）辅导员的现代化能力具有个性化的特征

与传统的辅导员职业能力要求不同，现代化的辅导员更提倡辅导员的个性化发展，要求发挥辅导员的个人特长，一方面高校应该结合辅导员的专业背景、个人特长、工作专项为其量身定制个性化成长方案；另一方面辅导员自身应在充分了解自我的基础上，找准发展方向，做到共性学习和个性成长相结合，能够成为大学生思想政治教育、心理健康教育、党建工作、就业指导等某一领域的行家里手。

（三）辅导员的现代化能力具有协同性的特征

高校思想政治工作改革创新要做到“因事而化、因时而进、因势而新”，辅导员在思想政治教育过程中应履行 9 项工作职责，现代化的工作方式就要求辅导员应该有机结合这 9 项工作内容，挖掘各项工作中的共同育人要素，以 “一体化”的思维搭建辅导员思想政治教育工作体系，一方面，学校应统筹开展学生思想政治教育内容，将党建引领、日常教育、心理教育、就业指导等分模块进行推进，系统开展相关教育内容；另一方面，辅导员应善于总结日常思想政治教育的规律，将不同的教育内容融合开展，譬如在就业指导中融入理想信念教育，在日常管理中融入公民道德教育，在学业指导中融入心理健康教育等，达到事半功倍的效果。

三、“整体智治”的管理模式融入高校辅导员现代化能力的可能性

提高辅导员现代化教育能力势在必行，只有不断适应现代化才能切实提高大学生思想政治教育的时效性和针对性。虽然目前在各个领域已开启了对现代化能力的广泛研究，但就实际情况来看，现代化能力尚未较好地融入高校辅导员工作之中，缺少系统全面的研究成果。“整体智治”是一种较为前沿的政府治理理念，当前在政府管理过程中已经显现出一定的成效，并与提升高校辅导员现代化能力的环境背景具有相当的适配度，“整体智治”着眼于提升高校及辅导员教育能力的整体性与智慧化能力，尝试将此理论融入辅导员现代化能力提升中，能够给予思政教育在理论研究和实践方面一些重要启示，

从而创新思想政治教育方法。

四、“整体智治”的现代管理理念融入辅导员现代化能力提升的必要性

（一）有利于拓宽高校辅导员工作理论的思路和维度

“整体智治”最先运用于政府公共治理领域，用于实现政府精准、高效的公共治理。当前世界进入数字经济时代，推动辅导员能力智慧化发展和提高其数字化胜任力已迫在眉睫，在此背景下展开对高校辅导员智慧化、协同化能力的提升，使辅导员拥有更大的空间和平台去拓宽工作思路，走职业化、专业化的道路。

（二）有利于加强高校思想政治教育的理论建设

提高高等学校的整体协同能力和促进其管理方式、管理理念的智慧化发展是新时代高校适应时代发展和社会所需而进行的自我能力升级。高校在具体实施发展的进程中，必须实现现代化治理与思想政治教育的有机结合，积极加强辅导员现代化能力的提升，将现代治理理念融入辅导员现代化职业能力的提升过程中。

（三）有利于提升思想政治工作质量

辅导员是开展高校思想教育工作的一线人员，其开展思想工作的水平直接影响高校思想政治教育的整体质量。开展此项研究，有助于提升辅导员的现代化素质能力，促进辅导员在实际工作过程中借助现代化的管理手段提高管理学生的水平，用先进的教育理念武装自身，提升思想政治教育的实际效果，从而提升大学生思想政治教育的质量。

五、“整体智治”的现代管理理念融入辅导员现代化能力提升的逻辑思路

着眼于当前以人工智能、大数据等为代表的智能时代，辅导员所面临的时代环境及成长需求，总结当前“整体智治”在政府管理过程中所具有的规

律和实践经验，尝试将“整体智治”的管理模式应用到高校辅导员现代化能力提升的过程中，通过在“整体智治”视阈的研究框架下，结合现代化能力的要求，从地方高校和辅导员自身层面分析，智慧化高校行政管理流程、促进高校思政教育整体性协同发展、建立辅导员“智慧化”培训体系，构建一支专业大数据人才队伍，引导辅导员树立业务“整体协同”思维，“智慧”认识自身等方面提出合理化建议，从而提高整体智治下高校辅导员的现代化能力。

六、“整体智治”的现代管理理念融入辅导员现代化能力提升的具体路径

（一）建立以数据共享为基础的跨部门、跨主体的智慧化校园共同体平台

在思政格局上形成整体协同性，包括建立现代化的工作流程，协同一体的工作系统，高校相关管理部门将数据共享在一套平台当中，设计学生管理工作流程，减少数据重复收集和管理工作流程烦琐以及信息不对称问题，通过一套精准高效的现代化系统精准掌握学生思想动态，增强智慧化和信息化能力，实现现代化的管理流程，并储存包括辅导员整理在内的高校管理部门所需要的思政教育资源，形成“整体智治”中的“整体”。

（二）提前定位治理平台功能

由于当代大学生的学习、生活偏网络化，以及成长环境的多样化，其思想政治教育的需要也呈现多样化趋势，譬如城镇学生和农村学生的差异，单亲家庭、留守儿童和一般家庭的差异，不同地域的差异以及男女生教育的差异等；高校在建立平台时应提前设立需求标准和目标定位，结合思想政治教育目标和学生的实际需求，对平台功能进行精确完整的部署，针对不同的群体开展个性化的服务内容，对学生进行分类。针对不同类型的学生的不同功能需求，在节约资源的同时能够实现服务的精准性。

（三）开发辅导员智慧化培训体系

高校教育管理部门和辅导员管理部门应注重搭建辅导员网络培训平台，结合当前的数字化手段，除开展辅导员系统培训外，还应该根据辅导员工作

内容的不同、自身特点的不同，制定个性化的培训方案，利用技术手段，满足辅导员的个性化需求；通过针对性的培训提高辅导员自身的现代化、智慧化能力，并对辅导员进行课程培训，以满足在校大学生的信息化和智慧化需求。

（四）构建一支稳定的智慧化人才队伍

高校要构建数据人才队伍，除了对辅导员进行数据运用专项培训外，还应利用社会人力资源，聘请数据技术专家、校外公司对思政资源与学生思政需求进行精准分析预测。

（五）在辅导员层面，需学会树立“智治”思维

辅导员要主动适应大数据时代对辅导员现代化胜任力的要求，转变工作思路，将智慧的治理手段与传统的工作方式相结合。学生的思想政治教育具有严肃性和生动性两种特点：一方面，在教育过程中要坚持思想政治教育的正确引导，坚持正确站位；另一方面，要结合当代大学生的群体特点，采用生动活泼、大学生喜闻乐见的教育手段，主动学会利用技术化的手段使教育效果更加生动、更加精准，做到守正创新；通过智慧化的教育手段精准了解学生思想现状及需求，弥补治理主体——辅导员与治理客体——学生之间的信息不对称，避免思政资源的浪费及教育的无效性。

（六）辅导员需树立业务工作的“整体协同”思维

“整体协同”思维不仅应用于各个主体之间，在辅导员开展思政教育的各项职能之间也要注重整体协同，这就要求辅导员必须精确掌握每项业务工作的教育内容、教育目标和教育特点，找出各项业务工作的有机联系，协同开展工作，如将指导“党团和班级建设”“思想政治教育”“学业指导”和“职业生涯规划与就业指导”等各项业务工作协同开展，达到业务工作协同育人的效果，进而提升活动的实际价值。

参考文献

[1] 中华人民共和国教育部.《中国教育现代化 2035》[EB/OL]. http://www.moe.gov.cn/jyb_xwfb/s6052/moe_838/201902/t20190223_370857.html

[2] 让城市更聪明更智慧——各地加快形成数字新功能 促经济社会行稳致远[EB/OL]. 新华网，2020-04-07.
[3] 蒋俊杰. 整体智治：我国超大城市治理的目标选择和体系构建[J]. 理论与改革，2022（5）.
[4] 杨道远. 大数据时代高校辅导员发展创新路径探析[J]. 学校党建与思想教育，2020（20）.
[5] 郁建兴，黄飚. “整体智治”：公共治理创新与信息技术革命互动融合[J]. 人民周刊，2020（12）.
[6] 余敏江. 整体智治：块数据驱动的新型社会治理模式[J]. 行政论坛，2020（4）.